Preguntas de los muchachos sobre la

sexualidad

respuestas sinceras para **cada** edad

Instituto Médic
para la Salud Sexual

Melissa R. Cox, Editora

Publicado por
Editorial Unilit
Miami, Fl. 33172
Derechos reservados

© 2007 Editorial Unilit (*Spanish translation*)
Primera edición 2007

© 2005 por The Medical Institute for Sexual Health
Originalmente publicado en inglés con el título:
Questions Kids Ask About Sex
por Fleming H. Revell, una división de Baker Publishing Group,
Grand Rapids, Michigan, 49516, USA.
Todos los derechos reservados.

Producto 496819
ISBN 0-7899-1451-4
ISBN 978-0-7899-1451-4
Impreso en Colombia
Printed in Colombia

Categoría: Vida cristiana/Relaciones/Crianza de los hijos
Category: Christian Living/Relationships/Parenting

«Como pediatra durante más de treinta años, todavía no he encontrado otro libro para padres sobre educación sexual tan completo y exhaustivo como *Preguntas de los muchachos sobre la sexualidad*. Gracias por ayudarnos a los pediatras, como yo, a educar niños sanos, felices y que funcionen bien.

JOSEPH R. ZANGA, doctor en medicina
Presidente del *American College of Pediatricians*
Anterior presidente del American Academy of Pediatrics
Jefferson-Pilot Distinguished Professor,
Universidad East Carolina

J.T.
Gracias por soñar con que este libro se convertiría en realidad. Tu paciencia, persistencia y determinación absoluta fueron la fuente de fortaleza para todos.

El Instituto Médico

Alan
Gracias por soñar con nosotros durante tantos años respecto a este proyecto: sin tu enfoque perspicaz no habríamos llegado hasta aquí.

Melissa Cox y J. Thomas Fitch

Logan y Keegan
Este proyecto fue una pasión antes de sus nacimientos. Su curiosidad fue la base de muchas preguntas, y su inocencia nos motivó a todos. ¡Aquí tienes tu futuro! Gracias por ser nuestra inspiración creativa.

Melissa Cox

Contenido

Reconocimientos

Este libro no hubiera sido posible sin los incansables esfuerzos de todos los individuos que participaron. Al Instituto Médico de la Salud Sexual le gustaría agradecer a cada uno de ellos por su contribución y pasión para ayudar a motivar a los padres a conversar con sus hijos acerca de la sexualidad.

Equipo de escritura[1]

Melissa R. Cox, Highlands Ranch, Colorado

J. Thomas Fitch, M.D., Pediatría, San Antonio, Tejas

Patricia Francis, M.D., Pediatría, Moraga, California

Wilson Wayne Grant, M.D., Pediatría, San Antonio, Tejas

Marilyn A. Maxwell, M.D., Medicina Interna/Pediatría, St. Louis, Missouri

Joe S. McIlhaney, hijo, M.D., Obstetricia/Ginecología, Austin, Tejas

Margaret J. Meeker, M.D., Pediatría, Traverse City, Michigan

Paul A. Warren, M.D., Pediatría Conductivista, Plano, Tejas

Colaboradores

W. David Hager, M.D., Obstetricia/Ginecología, Lexington, Kentucky

Joneen Krauth Mackenzie, RN, BSN, WAIT Training, Denver, Colorado

Lynn Lutz, Ph.D., Dallas, Tejas

Mary Anne Nelson, M.D., Cedar Rapids, Iowa

Curtis C. Stine, M.D., Tallahassee, Florida

Editor de investigación

Anjum Khurshid, MBBS, MPAFF, MA, The Medical Institute, Austin, Tejas

Revisores

Lisa Beck, Colorado Springs, Colorado

Reed Bell, M.D., Pensacola, Florida

Kate Hendricks, M.D., M.P.H., Austin, Tejas

Gaylen M. Kelton, M.D., Indianapolis, Indiana

David Roper, San Antonio, Tejas

Brooke Spencer, San Antonio, Tejas

Lynne Tingle, Ph.D., Charlotte, Carolina del Norte

El Instituto Médico para la Salud Sexual

El Instituto Médico para la Salud Sexual es una organización sin fines de lucro, dedicada a la salud, a la esperanza y a la felicidad de todas las personas. Hemos descubierto que uno de los mayores riesgos para que un individuo experimente estas cosas es involucrarse en la actividad sexual extramatrimonial. La ciencia muestra con claridad que los jóvenes solteros que comienzan a tener actividad sexual corren un gran riesgo de tener consecuencias a largo plazo, incluyendo los embarazos fuera del matrimonio y las infecciones de transmisión sexual.

El Instituto Médico, considerado un líder en la comunicación acerca de los riesgos en la conducta de los jóvenes, les proporciona a los individuos y a las organizaciones comunitarias los recursos a la venta que ayudan a iniciar las conversaciones con los jóvenes y los padres. En la actualidad, el Instituto Médico distribuye casi cien mil materiales a los individuos y a las organizaciones en todos los Estados Unidos y el mundo.

Líderes en los Centros para el Control de Enfermedades, del Departamento de Salud y Servicios Humanos de los Estados Unidos, de la Casa Blanca y funcionarios del gobierno en el ámbito estatal, como también educadores y padres de toda la nación, buscan el consejo del Instituto Médico en cuanto a problemas sexuales que afectan a los adolescentes de nuestra nación.

Con una junta nacional consultiva de doctores en medicina, consejeros y sicólogos, educadores (incluyendo a líderes de abstinencia) y padres, el Instituto Médico para la Salud Sexual tiene su sede en el apartado de correos 162306, Austin, TX 78716-2306. A fin de ordenar material, llamar los días laborables al 512-328-6268, de ocho de la mañana a cinco de la tarde (hora estándar del centro estadounidense).

También puedes comunicarte con el Instituto Médico por correo electrónico en medinstitute@medinstitute.org o en el sitio Web www.medinstitute.org/contact/contact.htm. La oficina en Washington DC se encuentra en 3250 Prospect St. N.W., Washington, DC 20007; el número telefónico es 202-342-7444.

Editora

MELISSA R. COX es vicepresidenta de Cox Creative, Inc., una empresa de mercadotecnia de servicios completos y publicidad en Denver. Antes prestó servicios en el Instituto Médico para la Salud Sexual como directora de mercadeo y relaciones públicas, donde creó y produjo materiales aclamados como los vídeos vanguardistas *Sex Is Not a Game* y *Just Thought You Oughta Know*, que ganó un premio Telly por «mejor trabajo en filmación y vídeo en cable y televisión».

Fue editora de la revista *Physician* de Enfoque a la Familia y editora general del éxito de librería *Complete Book of Baby & Child Care*.

Lleva quince años de casada con Alan, su amor del instituto que conoció en la iglesia cuando tenían doce años; tienen dos hijos jóvenes, Logan y Keegan, y un labrador dorado, llamado Stormy.

Colaboradores

J. Thomas Fitch, M.D., es pediatra en San Antonio, Tejas. Tiene especial interés en ayudar a los padres de sus pacientes adolescentes de modo que comprendan cómo pueden ayudar a sus hijos para que no se mezclen en actividades riesgosas como el uso del alcohol y las drogas, así como en la actividad sexual extramatrimonial. Se ha convertido en un experto en la eficacia del uso del preservativo y fue uno de los expertos miembros del Panel de Eficacia del Preservativo del Instituto Nacional de la Salud. Como ex presidente de la Sociedad de Pediatría de Tejas, ha hecho numerosas presentaciones profesionales frente a colegas y ha estado en diversas publicaciones periódicas. Es profesor clínico del departamento de pediatría en el Centro de Ciencias de la Salud, de la Universidad de Tejas, en San Antonio, Tejas. Fue editor de contenidos en el libro *Complete Book of Baby & Child Care*, de Enfoque a la Familia, y es miembro del Consejo de Recursos Médicos de Enfoque a la Familia, así como presidente de la junta de directores del Instituto Médico.

Patricia Francis, M.D., pediatra de Lafayette, California, se encuentra en la práctica privada desde 1985. Como madre de dos hijas, se concentra en temas que influyen en las jóvenes, incluyendo los trastornos alimenticios y las enfermedades de transmisión sexual. La Dra. Francis es voluntaria de varias organizaciones en la zona de Bay Area. Es miembro de diversas organizaciones médicas profesionales y fue editora de contenidos del libro *Complete Book of Baby & Child Care* para Enfoque a la Familia. También es miembro de la junta asesora nacional del Instituto Médico.

Wilson Wayne Grant, M.D., es un pediatra que desarrolla una de las prácticas privadas más activas en San Antonio, Tejas. Trabaja con niños de poblaciones de riesgo. Es especialista en desarrollo del niño, con más de treinta años de experiencia y una habilidad única para comunicarse con sus pacientes a su nivel, además de tener un interés especial en ayudar a los adolescentes a tomar decisiones sabias. Ha escrito muchos libros que incluyen: *From Parent to Child about Sex, Growing Parents Growing Children, The Caring Father and Strategies for Success* y *How to Help Your Child with Attention Deficit Disorder*. Es miembro de varias organizaciones médicas profesionales, ha prestado servicio como director médico del Centro de Rehabilitación para Niños del sur de Tejas y se encuentra en la facultad clínica de la Universidad de Tejas, en la Escuela de Medicina de San Antonio. También es miembro de la junta asesora nacional del Instituto Médico.

Marilyn A. Maxwell, M.D., es profesora de medicina interna y pediatría, y directora adjunta del Programa combinado de Residencia de Medicina Interna y Pediatría de la Universidad de St. Louis. Antes fue directora médica de People's Health Centres, Inc., un gran centro de salud comunitario fundado por el gobierno federal, donde estableció una clínica para adolescentes que trataba, en forma específica, sus problemas de salud. Muchas de sus pacientes eran madres solteras y adolescentes con infecciones de transmisión sexual. Es miembro de diversas organizaciones profesionales y fue editora de contenidos del libro *Complete Book of Baby & Child Care* para Enfoque a la Familia. En el presente, presta servicios en el comité ejecutivo de la sección de bioética de la Academia Estadounidense de Pediatría. También presta servicios en el Consejo de Recursos Médicos de Enfoque a la Familia y en la Junta Consultiva del Instituto Médico Nacional.

Joe S. McIlhaney, hijo, M.D., obstetra y ginecólogo de Austin, Tejas, estableció el Instituto Médico para la Salud Sexual en 1992. Dejó su práctica particular de veintiocho años en 1995, a fin de unirse a tiempo completo al Instituto Médico. Durante el ejercicio de la obstetricia y la ginecología, era miembro activo del personal médico del Hospital Comunitario St. David y estaba dedicado a las tecnologías de reproducción, a las técnicas anticonceptivas, la educación sexual, las enfermedades de transmisión sexual y la educación del comportamiento social. Junto con otros tres médicos, el Dr. McIlhaney tuvo un papel decisivo en traer la fertilización in vitro y la implantación de embriones a Austin. Durante el tiempo de su práctica, escribió cinco libros con un énfasis en el problema de las enfermedades de transmisión sexual. En la actualidad, habla y escribe acerca de las epidemias gemelas de las enfermedades de transmisión sexual y los embarazos extramatrimoniales. Es el autor de seis libros, incluyendo a *1,001 Health-Care Questions Women Ask y Sex: What You Don't Know Can Kill You*. Ha sido consejero del presidente George W. Bush sobre aspectos relacionados con las enfermedades de transmisión sexual y los embarazos extramatrimoniales. En la actualidad, presta servicio en el Concilio Presidencial sobre VIH / SIDA, el comité asesor del director de los Centros de Control de Enfermedades y de la fuerza de investigación en la Campaña Nacional para Prevenir los Embarazos Adolescentes.

Margaret J. Meeker, M.D., es especialista en medicina para niños y adolescentes y trabaja en Traverse City, Michigan. Es oradora nacional acerca de los problemas de salud de los adolescentes y siente pasión por ayudar a las jóvenes adolescentes. Es la autora de *Epidemic y Restoring the Teenage Soul*. Contribuye a menudo con cierta cantidad de publicaciones para padres. Es miembro de la Junta Consultiva del Instituto Médico.

Paul A. Warren, M.D., es un pediatra conductual en la práctica particular en Dallas. Se especializa en trabajar con niños con problemas de conducta y de desarrollo, y presta servicio como consultor de servicios de educación especial para múltiples distritos escolares. Ha escrito tres libros y es coautor de nueve, con un énfasis en los asuntos emocionales que le impiden a un niño crecer de manera saludable. Ha prestado servicio como conferenciante invitado en muchas organizaciones y ha aparecido en numerosos programas de radio nacionales. Es miembro del Concilio de Recursos Médicos de Enfoque a la Familia. Es miembro de la Junta Consultiva del Instituto Médico.

Introducción

El Instituto Médico para la Salud Sexual creó *Preguntas de los muchachos sobre la sexualidad* con el propósito de ayudar a los padres como tú a transitar por este terreno, muchas veces difícil, de hablar con los hijos acerca de la sexualidad. Es probable que eligieras este libro porque sabes que necesitas comenzar la conversación, pero no estás del todo seguro de cómo hacerlo. No eres el único, y este libro se diseñó justo teniéndote en mente.

Los médicos, los educadores y los padres del Instituto recopilaron más de cuatrocientas preguntas de educadores, profesionales de la salud y sitios educativos de la Web a fin de descubrir las cosas que les despiertan curiosidad a los chicos. Las preguntas y respuestas presentadas en este libro no pretenden ser todo lo que necesitas, sino más bien un buen lugar por el que comenzar en el viaje que ayude a tus hijos a alcanzar un futuro lleno de salud, esperanza y felicidad.

Para algunos, hablar con sus hijos acerca de la sexualidad es muy vergonzoso. Para otros, no es nada del otro mundo. Lo que esperamos es que las respuestas que se ofrecen aquí mejoren la experiencia de todos, al proporcionar recursos prácticos y precisos que pueden fomentar discusiones más profundas (y relaciones más significativas) con tus hijos.

La primera parte de este libro (los capítulos del 1-6) se elaboró para proporcionarte a ti, el padre, un contexto filosófico básico en el cual enmarcar las conversaciones con tu hijo.

La segunda parte que es el grueso del libro (los capítulos del 7 al 13) está dividida en secciones de acuerdo a las edades, primero con respuestas a las preguntas que hacen los padres, seguidas por las respuestas a las preguntas que hacen los hijos. Las respuestas para los niños pequeños se escribieron de modo tal que puedas usarlas línea por línea o para que las reformules con tus propias palabras. En el caso de los adolescentes, las preguntas se escribieron como para que solo puedas entregarle el libro a tu adolescente, mirar juntos la respuesta o crear tu propia respuesta basándote en la información proporcionada.

Quisimos que *Preguntas de los muchachos sobre la sexualidad* fuera algo que puedas tomar una y otra vez a través de los años, a medida que maduran tus hijos. Por lo tanto, a lo largo de este libro encontrarás recuadros con ayuda práctica acerca de aspectos clave referentes a cómo forjar el carácter y entablar amistades. Se trata de asuntos que se pueden aplicar a todas las etapas de la vida y que de seguro influyen en la comprensión que cada uno tiene de la sexualidad.

Una última sección breve, la tercera parte (capítulos 14 y 15) te lleva a la discusión de las infecciones de transmisión sexual y a las opciones de anticoncepción. Esto les proporciona a ti a tu hijo una comprensión completa de los riesgos asociados con la actividad sexual extramatrimonial.

En conjunto, nuestra meta es capacitarte para que hables acerca de la sexualidad con más libertad, con más confianza y de manera más eficaz. A cambio de tu inversión, creemos que puedes ayudar a tu hijo a experimentar una vida sexual muy satisfactoria dentro del contexto del matrimonio; una vida sexual que esté libre de culpa, de dolor y de enfermedades.

Recuerda, sexualidad no es una mala palabra, y la investigación muestra que tus hijos quieren que les hables de este asunto.

Primera parte

Enmarquemos tus discusiones

1

¿Dónde está la fiesta?[1]

El mundo espera por tu hijo, ¿y tú?

¿Alguna vez te has detenido a pensar en la influencia que tiene la cultura popular en tu hijo? El sexo vende y, lo creas o no, tu hijo es la audiencia meta. Los comerciales de cerveza impactan a los espectadores con cuerpos hermosos, pechos abundantes y música seductora. MTV seduce a los espectadores con horas de entrevistas que muestran a chicas y chicos sin otra ropa más que crema batida. Una cantidad de «*reality shows* de citas» alienta a los jóvenes a abandonar toda reserva; incluso alientan las citas en tríos. Los «artistas» nos traen con temas musicales como «It's Gettin' Hot in Here» y otros que se esfuerzan por destruir cualquier inhibición que quizá quede todavía.

¿Acaso debemos asombrarnos de que los niños (e incluso muchos adultos) estén confundidos con respecto a la sexualidad? La información errónea se filtra en la radio y la televisión, y las insinuaciones sexuales crean fantasías irreales acerca de lo que «debería» ser la sexualidad. Los adolescentes esperan la fiesta que crean las publicidades (creyendo de verdad que llenarán sus anhelos de felicidad personal), pero se desilusionan cuando la realidad los deja vacíos y fríos.

La pregunta inmediata es: ¿Pueden los jóvenes evadir esta trampa de insatisfacción?

Estándares imposibles

Los publicistas promueven el placer, incluyendo el sexual, como si fuera el pináculo de la vida. No importa si el producto es un crucero exótico o comida congelada, se presentan personas hermosas como si fueran felices. Las personas felices son individuos que beben y fuman. Además, son sensuales. Los vídeos de música pintan este cuadro con claridad. ¿Debemos asombrarnos de que la gente joven esté tan obsesionada con la sexualidad?

Entonces, ¿es culpa de los medios que los chicos practiquen el acto sexual oral en el séptimo grado y que tengan bebés en el noveno? ¿Los medios tienen la responsabilidad de que los adolescentes jóvenes recreen películas pornográficas cuando están solos en casa por la tarde? ¿También tendrán la responsabilidad de la tendencia a la experimentación entre personas del mismo sexo que existe entre los adolescentes? ¿O es acaso Hollywood tan solo un inocente que está allí tratando de entretener a una población cada vez más cínica?

Algunos expertos creen que los medios no representan otra cosa más que el mundo que nos rodea. A otros, les parece que los medios influyen y dirigen de manera profunda nuestra cultura y que contribuyen de manera significativa al creciente interés en el placer sexual y la sensualidad.

Para ser realistas, ambos puntos de vista son verdad: es cierto que los medios reflejan nuestra cultura cuando se trata de la sexualidad y nuestra fascinación con el placer, y también al mismo tiempo la impulsan, la dirigen e influyen en la misma de manera profunda.

No hay lugar en el que esto sea más evidente que en la cultura de nuestra gente joven. Piénsalo. Los adolescentes están entumecidos frente a las referencias sexuales y al comportamiento que ven y oyen a diario. Aunque las tasas de actividad sexual entre adolescentes parecen decrecer, las infecciones de transmisión sexual se están disparando. De los casi diecinueve millones de infecciones de transmisión sexual (ITS) que se presentan cada año, el cincuenta por ciento se produce en personas menores de veinticinco años[2].

Si tienes un hijo pequeño, esto tal vez te parezca una locura. Si tienes un hijo en el instituto, puedes ser cínico y tener una sensación de desesperación a la hora de ayudar a tu hijo a adoptar una sexualidad saludable.

¡Es hora de abrir los ojos y de no perder la esperanza! Tu hijo no tiene por qué ser la víctima de las influencias culturales. Tú eres la influencia más poderosa en su vida (aunque parezca que no te escucha). Los medios pueden crear humo y espejos, pero tu hijo sabe que tú eres lo real. Quiere que le hables de manera franca, sincera y con frecuencia acerca de cómo encaja el sexo en el contexto de la vida.

Evitemos los mensajes mezclados

Dentro de la trama de nuestra cultura se encuentran con claridad diferentes mensajes acerca de la relación sexual y la sexualidad. El primero es que el sexo es lo más importante en la vida: la manera en que uno se ve y se viste, y los sentimientos sexuales no son más que una medida de nuestra existencia. Si el sexo es tan solo una parte de nuestra contextura física y emocional, se justificaría procurar satisfacer nuestros deseos sexuales mediante relaciones nada más que físicas. El problema que tiene este punto de vista es que solo se trata del placer personal, no de las relaciones personales, lo que siempre conduce a usar a los demás. En nuestra sociedad, el resultado del mensaje «usar de manera amistosa» ha sido un alarmante aumento en los embarazos adolescentes, en las adicciones sexuales, en las dificultades de identidad sexual y en las infecciones de transmisión sexual. Sin embargo, aun debe preocuparnos más el aumento de soledad, dolor, pena y depresión que acompañan al acto sexual separado de ser una relación íntima y de profunda satisfacción.

Otro mensaje tan destructivo como este sugiere que el acto sexual es una parte secreta (a diferencia de privada e íntima) de la vida, de la cual nunca debería hablarse. Esta forma de pensar indica que el acto sexual y la sexualidad no forman parte del don de la vida. El mensaje es algo así: «Una buena persona no experimenta tentaciones, pensamientos ni sentimientos sexuales». Es evidente que esto es una mentira. El acto sexual es una parte integral de la vida y los sentimientos sexuales son ineludibles a lo largo de ella. Esta visión negativa del acto sexual ha traído como resultado un aumento en la ignorancia, la vergüenza y la reserva con respecto al acto sexual y la sexualidad que se traduce en un aumento de los embarazos adolescentes, en las infecciones de transmisión sexual, en las adicciones sexuales (como la pornografía) y en las dificultades en cuanto a la identidad sexual, pero por sobre todas las cosas en soledad, pena, vergüenza y culpa.

Estas dos mentiras dejan a los adolescentes con una obligación imposible de cumplir: la sexualidad y el acto sexual son solo impulsos biológicos y emocionales que uno tiene el derecho a gratificar de cualquier manera en que a uno le parezca adecuada, o bien es algo asqueroso, sucio y vergonzoso que se debe evitar a toda costa.

Considera un enfoque más equilibrado de la sexualidad. Este enfoque sugiere que si el acto sexual está integrado a la vida de una manera sana y productiva, le dará realce a la misma y ayudará a la persona a experimentar satisfacción. Debido a esto, la relación sexual no se vuelve compulsiva ni dañina; más bien se experimenta como el regalo para el que se creó: para darle realce al lazo íntimo entre el esposo y la esposa. Este enfoque también permite una discusión exhaustiva con información precisa, médica, apropiada para cada edad, acompañada por valores sicológicos, espirituales y éticos, esenciales para una expresión sexual humana saludable.

Esto no es otro manual más acerca de la sexualidad

Este libro está escrito desde una perspectiva única. Los autores creen que la relación sexual es un regalo hermoso. Este regalo no es un sentimiento ni una actividad física, ni un impulso biológico. El acto sexual y la sexualidad son asuntos relacionales, emocionales y espirituales, así como físicos, muy profundos. Esta idea puede ayudar a la gente joven a aceptar su sexualidad con poder y conocimiento.

A través del libro, discutiremos diversos asuntos. Estas cosas subrayan nuestra pasión y entusiasmo por escribir acerca del acto sexual y la sexualidad:

• La sexualidad saludable requiere que cada persona respete a los demás. El verdadero placer proviene de reconocer el valor de los otros y el valor de las relaciones.

El poder de los padres

1. **Aprendan juntos.** ¿Qué aprende en la escuela que tú puedes aprender también? Lee los libros que le encantan, vean las películas que disfruten los dos y busca a propósito cosas que puedan hacer juntos como viajes, excursiones o caminatas.
2. **Escucha, escucha, escucha.** Antes de decirle a tu hijo qué hacer o de enojarte con él, pídele que te ayude a comprender lo que lo hace comportarse de cierta manera.
3. **Vive tus valores.** Ser modelo de lo que se enseña es la mejor manera de enseñar. Tus opiniones en cuanto a cómo él ve su cuerpo y su sexualidad tienen importancia.
4. **Ama de manera incondicional** y díselo mucho a tu hijo, aun si no te gusta la manera en que actúa o las decisiones que toma. Haz de tu hogar, y de ti, un lugar seguro.

• La salud sexual proviene de una autoestima positiva basada en fuertes rasgos de carácter, como el dominio propio, la responsabilidad personal, la sinceridad y la amabilidad.

• El acto sexual dentro de la adecuada clase de relación, una relación conyugal monógama, es saludable y bueno.

• Los deseos sexuales son normales y saludables; una decisión para actuar sobre estos deseos sexuales es una conducta de control.

• El dominio propio es saludable y necesario para alcanzar la satisfacción. La gente que actúa solo basada en sus sentimientos físicos y emocionales encuentra poca alegría y felicidad en la vida.

• Evitar la actividad sexual temprana y promiscua es una elección saludable desde el punto de vista emocional y físico.

• Los padres son la influencia más poderosa en la vida de un hijo. Tienen la responsabilidad suprema de formar el carácter de sus hijos y el derecho y la responsabilidad primarios de participar en su educación, en especial con respecto a los asuntos de los valores como el carácter y la sexualidad.

Tal vez te sientas abrumado por la condición de nuestra cultura, por los mensajes mezclados de los medios, los mensajes negativos acerca de la sexualidad y la sobrecogedora naturaleza de la responsabilidad de enseñarles a tus hijos acerca del carácter y de una sexualidad saludable. No te desalientes. Hablar con tus hijos acerca de la relación sexual y de la sexualidad no es más que otra aventura en tu travesía como padre. ¡Puede ser divertida! Además, los beneficios durarán para toda la vida.

¡Tú eres el gran problema!
¡Claro que puedes influir en el resultado!

Tú eres la influencia más poderosa en la vida de tu hijo. Cuando a un adolescente se le pregunta: «¿Quién tiene más influencia en tu vida?», es sorprendente que las estrellas de rock y los atletas no estén al principio de la lista. Una abrumadora mayoría de adolescentes responden: «Mis padres».

Los hijos se crearon para ser seres relacionales. Por lo general, las primeras relaciones que desarrollan son con sus padres. La gente joven desea intimidad y la oportunidad de comunicarse con respecto a las cosas más importantes de la vida, incluyendo la relación sexual. Es lamentable que muchos padres no se sientan preparados para hablar de la relación sexual con sus hijos. Piénsalo: cuando tus padres te hablaron (si es que lo hicieron) acerca de la sexualidad, ¿no fue doloroso y hasta quizá vergonzoso en gran medida?

Los tiempos han cambiado. Nuestra sociedad saturada de sexo no te permite la opción de no hablar del acto sexual o de la sexualidad con tu hijo, debido a que hay mucha información, o deberíamos decir mala información, que satura la cultura que nos rodea. En la actualidad, las opciones son claras. O bien puedes optar por iniciar y dirigir la conversación, o puedes permitir que las ideas preconcebidas de la cultura dicten las creencias de tu hijo acerca de la sexualidad. Lo creas o no, pasar por alto el tema siempre trae un resultado desastroso de ignorancia y, tal vez, mucho dolor y soledad para tu hijo en el futuro.

Como padre, tu mayor desafío y oportunidad deberían ser proporcionarle información acerca de la sexualidad a tu hijo. Es importante que recuerdes que puedes ser una influencia. Tu hija espera que formes su vida, no solo en el aspecto físico y emocional, sino también en las esferas del carácter y la sexualidad. Sin embargo, también debes recordar que no tienes la responsabilidad por el resultado. Cada uno de nosotros nace como un agente libre con el derecho de tomar decisiones. De todos modos, el hecho es que sigues teniendo responsabilidad, a través de lo que dices y haces, de preparar a tu hijo para una vida de sexualidad saludable.

Entablar una relación saludable con tu hijo es el acto de mayor influencia que puedes hacer para ayudarlo a desarrollar un carácter fuerte y una sexualidad saludable.

Conócete

¿Quién eres? Tienes que conocerte antes de conocer a tu hijo. Ningún padre es perfecto. Ningún padre tiene todos los problemas resueltos. El bagaje del pasado es un asunto pendiente común para la mayoría de los padres. Lo cierto es que la vida es difícil, y es raro encontrar una persona que completara la jornada sin cicatrices. La paternidad no es un llamado a la perfección, solo a la realidad. No tienes que obviar tu dolor; tan solo comprométete a no permitir que tus asuntos pendientes contaminen el futuro de tu hijo.

Si estás casado, mantener fuerte tu matrimonio y las líneas de la comunicación abiertas con tu cónyuge son aspectos cruciales. Para un hijo es saludable observar que mamá y papá no siempre están de acuerdo, pero que pueden conversar acerca de los asuntos de la vida, de las relaciones, del carácter y de la sexualidad.

Incluso si ya no estás casado (o si nunca lo estuviste), lo mejor que puedes hacer es seguir conversando con tu ex cónyuge o con otro adulto de confianza acerca del crecimiento, el desarrollo del carácter y la sexualidad de tu hijo.

Conoce a tu hijo

Para enseñarle a tu hijo de manera eficaz acerca de la sexualidad saludable y del carácter, necesitas conocerlo. Necesitas comprender su temperamento individual y respetarlo como persona. Es lamentable que pocos padres conozcan de verdad a sus propios hijos: quiénes son por dentro y por fuera.

Entonces, ¿cómo llegas a conocerlo? Pasa tiempo a su lado a lo largo de cada etapa de su desarrollo. Pasar tiempo significa entrar en su mundo: conocer sus puntos fuertes y débiles, sus alegrías, sus pasiones y temores, y no solo tratar de darle una visión de tu mundo. Es literalmente el arte de darse a uno mismo al decir: «Me preocupo lo suficiente por ti como para querer entrar en tu mundo». El capítulo 6 proporcionará algunas maneras de hacerlo. Conocer a tu hijo es una parte importante de comprender el poder de tu relación a fin de desarrollar un carácter y una sexualidad saludables en tu hijo.

Permite que tus hijos te conozcan

Esto no quiere decir que debas contarles todos tus errores y debilidades. Más bien, deberías contarles de qué manera tus propias experiencias han influido en tu travesía. Permite que tu hijo sepa que has sentido las mismas emociones que experimenta él. Ayúdale a ver que has estado en sus zapatos. Cuando consientes que tu hijo sepa que experimentaste algunas de las mismas luchas mientras crecías y que tenías muchas de las mismas preguntas, es menos probable que se sienta solo en su búsqueda de madurez.

El poder de los padres

Un aspecto final de desarrollar una relación saludable con tus hijos es aprender la manera de suplir sus necesidades de relación. Todos los hijos necesitan relaciones para llenar las esferas del carácter y de identidad propia en su interior. Esto no quiere decir que malcríes a tu hijo dándole todos los caprichos que se le antojen; en realidad, significa justo lo contrario. El desafío que tienes es proporcionarle tiempo, atención, afecto, afirmación y consuelo mientras que, a la vez, le das las estructuras apropiadas, los límites y la dirección. Todas estas cosas contribuirán a un sano sentido de identidad, de modo tal que tu hijo pueda desarrollar su propia autoestima y su confianza en sí mismo.

Los padres son poderosos. ¡Tienes más influencia de la que puedas haber imaginado! Si estás pensando: *Lo he intentado todo y aun así mi hijo es un desastre*, no te desalientes. No tienes la responsabilidad por las decisiones que tome tu hijo. Tu responsabilidad es solo enseñarle y ser modelo de una vida sana, y desarrollar, lo mejor que puedas, una relación saludable con él.

¿Cómo es tu vida sexual?

¿La describirías como grandiosa? Antes de hablar con tu hijo acerca de la relación sexual, es importante que pienses cómo te sientes, en primera instancia, con respecto al asunto. Las revistas proporcionan abundantes consejos acerca de cómo «condimentar» tu dormitorio aburrido o cómo volver loco a tu cónyuge en un abrir y cerrar de ojos, ¿pero acaso todos estos consejos se equiparan de verdad con una relación sexual grandiosa? La investigación indica que las personas que tienen las mejores relaciones sexuales y las más frecuentes son las casadas, monógamas y religiosas; justo lo opuesto a todo este estereotipo de Hollywood[1].

La verdadera pregunta de este libro es: ¿quieres que tus hijos tengan una maravillosa vida sexual? Es de esperar que tu respuesta sea un resonante ¡SÍ! Si eres como la mayoría de los padres, deseas que tus hijos tengan una vida mejor que la que experimentaste tú: en lo personal, en lo profesional e incluso en lo físico. Tal vez nunca pensaste en el acto sexual desde el punto de vista de cómo se relaciona con el crecimiento personal de tu hijo. Ahora sería una excelente oportunidad para comenzar a pensar en cómo puedes ayudarlo a alcanzar una vida sexual extraordinaria en el futuro.

Una relación sexual grandiosa comienza por ti

Ya lo sabes: eres la persona que mayor influencia tiene sobre la vida de tu hijo cuando se trata de asuntos sexuales[2]. Tus actitudes y comportamientos (expresados y tácitos) con respecto a la relación sexual quedarán impresos para siempre en su vida. Algunos padres sienten temor de hablar con sus hijos acerca de un asunto tan personal. Otros son inexpertos por completo (en lo académico y lo emocional).

Como quizá no seas médico ni tengas títulos que te avalen en anatomía o fisiología, anímate. No estás solo. Uno de los beneficios

Enmarquemos tus discusiones

Escucha a tu hijo

1. **Deja de hacer lo que estás haciendo.** (Sabe si tratas de hacer otra cosa al mismo tiempo).
2. **Mírale a los ojos cuando habla,** concéntrate en prestarle atención.
3. **No interrumpas ni termines sus oraciones:** permítele expresar sus pensamientos.
4. **Reflexiona** en lo que escuchaste que te dijo.
5. **Hazle preguntas que aclaren o le ayuden** a encontrar su propia solución si es que te pide consejo.
6. **Solo ofrece tu opinión si te la pide** o si quiere considerar tu punto de vista.
7. **Dale gracias por hablar contigo** y dile cuánto lo disfrutaste.

de ser padre en la sociedad actual saturada de sexualidad es que hay muchos recursos y lugares en los que ir a buscar consejo acerca de este asunto; pero asegúrate de que el consejo apoye tu visión del mundo.

Tal vez la vergüenza te impida ahondar en aspectos sexuales con tu hijo. Considera lo siguiente: a MTV no le avergüenza hablar con franqueza con él acerca de sexualidad. ¿Por qué te avergonzarías tú de hablar con él acerca de algo tan asombroso?

Si el temor es lo que te retiene de explorar este importante asunto, es hora de examinar la raíz de este temor. ¿Te da vergüenza hablar con tus hijos porque tuviste muchas parejas en forma prematura y te apenan los errores que cometiste? Tal vez nunca experimentaste el acto sexual en el contexto de una relación comprometida y saludable (de manera emocional, física y espiritual), o quizá abusaron de ti cuando eras niño.

También es probable que no estés listo desde el punto de vista emocional para conversar con tu hijo acerca de la relación sexual porque te violaron o porque ese hijo se concibió mientras estabas bajo la influencia del alcohol o de las drogas, o no estabas casada cuando quedaste embarazada. A lo mejor tus adicciones sexuales o una aventura amorosa te costaron tu matrimonio y tu familia, y no estás listo para presentarte vulnerable ante tu hijo con respecto al dolor de tu pasado.

Recuerda que las experiencias de tu vida se pueden usar en la vida de tu hijo tanto como ladrillos que construyan o como ladrillos que lo hagan tropezar. ¿Por qué no usar tus experiencias del pasado como medios para crecer?

Todos estos asuntos son comprensibles, pero no son lo bastante fuertes como para permitirte que guardes silencio. Necesitas manejar tus asuntos de modo tal que logres proteger a tu hijo del dolor que experimentaste en el campo sexual en tu vida.

¿Dónde comienza la sanidad?

Cuando se experimenta la sanidad, se abren las puertas para influir de manera positiva en la vida de tu hijo. Hay varios pasos que puedes dar para comenzar el proceso sanador.

1. Dale una mirada sincera a tu vida. La sanidad vendrá luego de una genuina revisión de las experiencias y errores vividos. Esto incluye mirar cómo te han decepcionado otros y de qué manera las decisiones pobres que tomaste han tenido un impacto en tu vida.

2. Cuéntaselo a un amigo de confianza o a un consejero profesional. Busca una persona de confianza con la cual puedas hablar no solo de las experiencias descritas más arriba, sino también los sentimientos que produjeron esas experiencias. Es poco probable que la sanidad se produzca fuera de las relaciones, y conversar con un amigo de confianza o con un consejero te puede proporcionar una inmensa sensación de alivio del dolor y la tristeza de tu pasado.

3. Perdona. Es probable que esta sea la parte más difícil del proceso. Perdonar a los que te han hecho mal y perdonarte a ti mismo por los errores que cometiste en el pasado son dos cosas esenciales para liberarte de tal manera que seas capaz de ayudar a tu hijo a desarrollar un saludable sentido del valor personal y de la sexualidad. Perdonar no es lo mismo que olvidar; y no importa si la persona pidió perdón o si se lo ganó. De seguro que es un proceso de soltar y seguir adelante. El perdón es un regalo que te haces tú mismo.

Enmarquemos tus discusiones

4. Aprende más. Nunca es demasiado tarde para volver a convertirte en estudiante. Durante el proceso de conversar con tus hijos acerca de la relación sexual y de su sexualidad, aprovecha la oportunidad para recoger nueva información de fuentes confiables, de modo tal que logres darle forma de manera positiva a las futuras relaciones de tu hijo.

Nunca es demasiado tarde para comenzar

Adoptar una actitud positiva hacia la relación sexual y la sexualidad te ayudará a comunicarte de manera más eficaz con tu hijo acerca de este maravilloso asunto. Liberar tu dolor le otorgará a tu hijo las habilidades para darle realce a su vida sexual en el futuro. Si tu hijo se encuentra en el instituto y apenas comienzas este proceso, pídele perdón y trata de reparar cualquier información errónea que quizá le comunicaras (o dejado de comunicarle) en el pasado, debido a tu falta de perspicacia y conocimiento.

Nunca ha existido un tiempo que esté más lleno de entusiasmo para poder darle a tu hijo el don de un mensaje positivo y fuerte acerca de su sexualidad creciente. Recuerda, tu hijo aprenderá acerca de la actividad sexual de alguien. La pregunta es: ¿será de ti?

Lo que quiere una jovencita
Atención, afecto y afirmación

Si has ido al cine en los últimos tiempos, sabes lo que quiere una jovencita: poder, prestigio, belleza, riqueza y un hombre fuerte que se ocupe de ella al final del día. Los éxitos de taquilla muestran a mujeres que hacen todo lo que pueden hacer los hombres, pero con un estilo sensual capaz de hacerte perder la cabeza. Hollywood sugiere que para que las mujeres tengan éxito, deben ser inteligentes, hermosas, atléticas, aventureras, poderosas y, por supuesto, sensuales y seductoras.

Es lamentable que el enfoque extremo de Hollywood de mujeres que entran en las tallas más pequeñas de ropa les haga un daño increíble a las jóvenes vulnerables que buscan su identidad. Muchas jovencitas se matan de hambre para lograr la atención de los muchachos. No necesitas ser un científico nuclear para saber que la necesidad primaria de una joven es que la nutran en lo emocional. A las muchachas les gusta tener éxito, ser inteligentes y atractivas en lo físico, pero lo que más quieren es que las amen, las valoren y las aprecien.

Los rasgos más sobresalientes de las muchachas
Cuando las niñas crecen, sobresalen dos rasgos. En primer lugar, son muy verbales. Les encanta conversar acerca de cualquier

cosa, incluso de sus sentimientos y experiencias. En segundo lugar, les encanta que las cuiden y cuidar a otros. Una parte importante del cuidado es recibir afirmación y valoración por lo que son: sin importar si son bajas, altas, inteligentes, delgadas, atléticas o delicadas. La crianza también incluye la necesidad de recibir cuidado y protección.

El tiempo de juego para una joven, a menudo representa los trozos de relación de la vida. A muchas niñas les encanta jugar con muñecas, vestir a sus Barbies, cocinar en la cocina y tomar el té con sus amigas. (Todas estas actividades se realizan con amigas, reales o imaginarias). Si a esta altura la palabra *estereotipo* resuena a gritos en tu cabeza, ten paciencia. La realidad es que, ya sea que una niña juegue con una pelota o una Barbie, su tendencia natural (comparada con la de los niños) es a concentrarse en el aspecto de las relaciones de un juego, en lugar de hacerlo en lo físico.

Muchachas materiales

Los creadores de productos y los expertos en publicidad gastan millones monopolizando el deseo de las jovencitas de que se les cuiden. Los productos se concentran en el encanto, la moda y en cómo atrapar al hombre adecuado. En los comerciales (en los vídeos musicales), las mujeres hablan más con las caderas que con los labios. Es de lamentar que los mensajes que reciban las jóvenes en cuanto a su papel en la sociedad se concentre en forma primaria en lo físico y deje los asuntos de las relaciones librados al azar; o lo que es peor aun, sugieren que si tienes el equipamiento físico, estarás satisfecha en lo relacional y en lo emocional. Los cirujanos plásticos se benefician con la desesperación de las mujeres por verse más atractivas. (¿Te has puesto Botox en los últimos tiempos?) Estas influencias culturales refuerzan la falsa idea de que las jovencitas pueden satisfacer sus necesidades al verse seductoras y al actuar de manera acorde.

Evadamos la trampa

Si de verdad quieres que tu hija tenga una vida sexual fabulosa cuando se case, es importante que la ayudes a entender que la sensualidad y la sexualidad no son lo mismo. Enséñale a lograr sus objetivos sin usar el sexo como un arma.

Enmarquemos tus discusiones

Momentos mágicos de la niñez

Es importante que celebres a tu hija a lo largo de la vida. Algunas de las cosas que puedes hacer para hacerla sentir especial y para abrir situaciones cuando pudieran soñar juntos con respecto a su futuro incluyen:

- **Traerle una docena de rosas** (o de su flor favorita) cuando saque buenas notas
- **Ayudarla a decorar** su habitación (¡quizá cincuenta veces!)
- **Elegir juntos algún traje especial** para que recuerde un suceso importante
- **Escribirle cartas de amor** y proporcionarle una caja especial para que las guarde
- **Llevarla a cenar o prepararle una comida especial** donde la trates como a una princesa (esto es bueno en especial que hagan los papás de modo que tenga altas expectativas en cuanto a los hombres de su vida)

Para ayudarte a alcanzar esta tarea, veamos el papel de las madres y los padres. El amor de una madre es ante todo el que nutre y se preocupa por su pequeña hija. Si una madre hace una verdadera inversión en ayudarla a crecer y desarrollarse, se dará cuenta de que la valoran y que merece cuidados, sin importar cuál sea su apariencia externa. Recuerda, estás inundada de mensajes acerca de tu propia apariencia y de manera inconsciente puedes responder haciendo un comentario acerca del peso de tu hija. No caigas en esta trampa, o serás tan culpable como esos de los que quieres protegerla. Esto la llevará a creer que su apariencia física es lo que vale. En su lugar, elógiala por sus cualidades de carácter tales como el valor, la sensibilidad y la integridad.

Al mismo tiempo, el amor de un padre es protector ante todo. Se experimenta en su mayor parte como afirmación y protección a medida que crece una jovencita. Cuanto más tiempo le dedique un padre a su hija, más le enseñará que es valiosa y que puede sentir satisfechas sus necesidades, porque hay un hombre dispuesto a ofrecerle su amor y su afecto. No es difícil entender que cuando falta el amor de un padre, una joven buscará a otros hombres para satisfacer sus necesidades de relación. Al hacerlo, puede volverse seductora, puede andar coqueteando y hasta quizá llegue a tener actividad sexual a una temprana edad porque desea y necesita el amor protector y aseverativo que da un padre. El mayor regalo que un padre puede darle a su hija es la atención, el afecto y la afirmación.

Si eres una madre soltera (y el padre de tu hija no participa en su vida), es imprescindible que busques un modelo masculino positivo para que influya en tu hija. Puedes buscar a alguno de los miembros inmediatos de tu familia, a un maestro o entrenador, o al líder de tu iglesia. Este hombre puede ayudarte a reparar la pérdida de un padre.

Otro componente crítico a fin de preparar a tu hija para una vida de excelentes relaciones sexuales es estar seguro de que sea testigo de una relación matrimonial saludable, relaciones en las que el esposo y la esposa se muestren respeto mutuo. Si no estás casado, es importante identificar a matrimonios saludables y exponer a tu hija a los mismos de modo que comprenda los beneficios. Estas relaciones le ayudarán a reconocer cómo se debe tratar a una mujer y le ayudarán a establecer expectativas realistas para su futura relación matrimonial.

Amor hacia uno mismo

En la medida en que una mujer vea el modelo de relaciones positivas a través de sus padres y de otros mentores importantes, también es importante que aprenda a valorarse a sí misma. Necesita saber que es valiosa como persona, más allá de sus talentos específicos o de su belleza.

En la medida que tu hija madure, enséñale a protegerse de relaciones inadecuadas y de situaciones peligrosas que pueden quitarle la confianza en sí misma. Recuérdale que no necesita ser seductora ni provocativa al buscar el afecto masculino para tener valor. Será un desafío, en especial a la luz de las presiones culturales y de los de su edad, a las que se enfrentará en una sociedad saturada de sexualidad.

Recuérdale a tu hija: el sexo es sexista. Si una jovencita se vuelve sexualmente activa fuera del matrimonio y tiene múltiples parejas, la que saldrá herida será ella (tanto en el aspecto físico como en el emocional). La realidad de la mayoría de las

Enmarquemos tus discusiones

infecciones de transmisión sexual es que las mujeres son las que experimentan el dolor y los problemas relacionados con estas infecciones.

Como padre, tu hija te necesita más de lo que jamás sabrás. Recuérdale su valor a diario, porque si no lo haces, algún otro lo hará, y los resultados pueden robarle la satisfacción personal y sexual que desea para el futuro.

Deja que comience la aventura
Los ingredientes de un hombre

Palos, piedras, pistolas, espadas, bates y pelotas: estos son los instrumentos en la caja de juguetes de un niño. A partir de estos instrumentos, uno puede calcular que los varones de todas las edades desean la aventura, la conquista y la competencia. El proceso de ser padres de varoncitos y de ayudarles a madurar para convertirse en jóvenes tiene un delicado equilibrio. En el aspecto de las relaciones, es probable que los varones no necesiten la intensidad de horas que precisan las niñas, pero requieren con desesperación la dirección de sus padres en cuanto a qué viaje emprender y qué batallas pelear.

¿Cuántas veces has oído «Los varones son varones» para explicar el comportamiento de los niños y los jóvenes? Se espera que los niños corran riesgos en forma intensa y que procuren romper cualquier límite que se les pueda aplicar. Como padre de un varón, tienes la increíble oportunidad de permitirle explorar, pero también tienes la responsabilidad de recordarle que sus acciones tienen consecuencias.

Siempre un poquito más allá del límite
Los muchachos tienden a buscar la aventura mientras tratan de

descubrir dónde encajan en este mundo. Es menos probable que los varones participen de juegos de relación que se concentren en cuidar de la gente, y se concentran mucho más en aventurarse, en conquistar y en explorar el mundo. A medida que un niño crece y madura, sus impulsos físicos, emocionales e incluso sexuales serán más intensos que los de las niñas. Además, algunos varoncitos tienden a tener más problemas para controlar su enojo, expresar sus sentimientos y actuar de acuerdo a sus emociones y a su sexualidad que lo que tienen las niñas. Debido a esto, es esencial que tu hijo aprenda a comunicar sus necesidades con eficiencia.

Contracultura

La mayoría de las propagandas dirigidas hacia los hombres se concentran en la aventura y en la fantasía sexual, sin importar si el producto es la cerveza de moda o la última pizza rellena. Como a los varones jóvenes los bombardean día y noche con mensajes sexuales desde los medios masivos, debes estar vigilante en la ayuda que le das a tu hijo para que se dé cuenta de que la sexualidad no debería tener que ver solo con la conquista ni con el encuentro físico. De ahí la gran importancia de la estructura familiar que rodea al varón joven.

La familia es importante

Si quieres que tu hijo tenga relaciones sexuales grandiosas (en una relación amorosa y duradera) se necesitarán más que palabras. Los jovencitos necesitan ver relaciones saludables. Aquí es clave el concepto de aprender a través del ejemplo.

El papel de una madre en la vida de su hijo es esencial. Su habilidad para ayudarlo a crecer y a desarrollarse, y para satisfacer sus necesidades físicas y emocionales desde temprano, es inigualable. Muchas veces, esta clase de amor es lo que fortalece a un muchacho y lo alienta a crecer y a volverse fuerte en lo físico, en lo emocional y, a la larga, en lo sexual.

Sin embargo, el amor de un padre tiene la misma importancia. Como sucede con las niñas, la relación de un padre y su clase de amor apunta ante todo a afirmar y proteger a un varoncito. Los padres están calificados de manera única para ayudar a los niños a comprender el mundo que los rodea. Este amor es sin duda alguna esencial para la salud emocional y sexual de un niño.

Cuando un padre se esfuerza por pasar tiempo con su hijo, jugar con él y protegerlo de los peligros del mundo exterior, esto contribuye de manera significativa al creciente sentido de valor propio de un hombre joven. Además, el amor de un padre ayudará al niño a crecer y madurar con la capacidad de sentirse cómodo consigo mismo. Si falta el amor de un padre, no debe sorprendernos que ese joven pase el resto de su vida buscando esa afirmación y protección en otros.

¿Qué hace a un hombre?
A medida que tu hijo madura, hay un par de conceptos que necesitas inculcarle.

Autodominio
Como los varones experimentan el mundo a través de la exploración y también perciben sus impulsos físicos, emocionales e incluso sexuales en un grado más fuerte que las mujeres, aprender el dominio propio es imprescindible para la autoestima, la confianza, la identidad y el éxito definitivo de tu hijo. El dominio propio se debe enseñar, se debe hacer obedecer y se debe dar como modelo mediante fuertes relaciones paternas, y es de esperar que se muestre como ejemplo a través de un matrimonio fuerte.

Respeto
Otra lección importante que deben aprender los varones es el respeto hacia los demás, en especial hacia las mujeres. La vida ofrece muchas oportunidades de enseñarles a los jovencitos acerca de la importancia de respetar a los demás y de preocuparse por ellos. La práctica de deportes, la construcción de casas en los árboles e incluso los juegos rudos son oportunidades para aprender a tener dominio propio, a seguir reglas y a respetar a los demás.

El respeto por los sentimientos de los demás es un rasgo que un joven no puede dejar de tener, en especial si desea algún día ser un esposo y un padre. Los muchachos necesitan aprender la manera de controlar sus sentimientos y emociones sin ser irrespetuosos y sin violar los límites de sus padres. A medida que un joven madura y tiene más relación con los de su edad, se desafiarán sus límites y se burlarán de su dominio propio.

En el proceso de aprender acerca del respeto y el dominio propio, un niño también debería aprender a recibir el afecto físico y a dárselo a otras personas. (Por lo general, esto es muy difícil para muchos muchachos y, en realidad, para muchos padres).

Debes comprender, educar al respecto, afirmar y celebrar todos los cambios físicos y emocionales que tienen lugar en tu hijo mientras madura. Demasiadas veces, los muchachos experimentan el proceso de la pubertad, de los sentimientos sexuales, de los sueños mojados y de las erecciones sin ninguna clase de apoyo, educación ni consejo por parte de sus progenitores (en especial de sus padres). Tu hijo necesita estar informado acerca de los cambios físicos que le suceden en el cuerpo, de modo tal que entienda que se trata de una transición positiva hacia la madurez como hombre, en lugar de ser una razón para tener miedo o vergüenza. Ayudar a tu hijo para que adopte su masculinidad le proporcionará la oportunidad de evitar aprender de boca de sus amigos, que casi siempre son excelentes fuentes de mala información o ideas sin valor, acerca de su recién descubierta sexualidad.

Verdaderos hombres
Una de las lecciones más difíciles con las que te encontrarás a lo largo del camino del desarrollo sexual de tu hijo será ayudarlo a distinguir la «charla» de la «verdad». Todos sabemos que los vestuarios están llenos de muchachos que alardean de sus logros, tanto en el campo de juego como fuera de él. Necesitas ayudar a tu hijo para que comprenda (si no lo ha hecho ya) que los muchachos exageran, en especial en la esfera de la actividad sexual. Recuérdale que no todos tienen relaciones sexuales y que sus amigos pueden decir estupideces para forjar su propia autoestima.

Además, necesitas ayudarle a darse cuenta de que los verdaderos hombres demuestran dominio propio para lograr las metas a largo plazo. Para los muchachos, la satisfacción sexual es una meta a corto plazo. Y a menudo no piensan en los posibles problemas a largo plazo que pueden venir como resultado de tener relaciones sexuales extramatrimoniales tan solo una vez con una muchacha.

Otro asunto en el que debes preparar a tu hijo es el de la pornografía. Es lamentable que la pornografía comience a entrar en el mundo de los varones mucho antes de lo que puedas

Haz que la vida con tu hijo sea una aventura

Cuando te conectes con tu hijo, busca cosas que disfrute de verdad:

- Cultiven juntos un pasatiempo, como tomar lecciones de guitarra al mismo tiempo
- Alístense como voluntarios para servir a otros
- Llévalo a pescar, a excursionar, a esquiar (¡alguna aventura «solo para varones»!)
- Enséñale a preparar su comida favorita
- Lee libros con él

anticipar. Muchos expertos creen que la mayoría de los jóvenes han estado expuestos a sus primeras imágenes pornográficas cuando tienen ocho años, ya sea a través de la Web, de películas o de revistas. Como padre, debes hablar con tu hijo acerca del poder de la pornografía y de cómo puede inhibirlo a fin de experimentar una vida sexual fantástica.

Por último, necesitas prepararlo para soportar la presión de sus amistades femeninas. En la cultura actual, no es raro escuchar que las muchachas tengan un comportamiento sexualmente activo hacia los varones. Los jóvenes necesitan estar preparados para decir que no a los avances físicos y también precisan que les enseñen cómo evitar caer en las trampas de las mujeres activas.

Es demasiado frecuente que, en especial los muchachos, queden librados a descubrir su sexualidad teniendo a Hollywood y a sus pares como sus únicos maestros. Con el fin de equipar a la próxima generación de gente joven con los recursos que les posibiliten desarrollar una vida sexual increíble, debemos proporcionarles modelos de relaciones saludables, expectativas realistas y el conocimiento de que la mejor relación sexual los espera si antes logran dominar el arte de fomentar relaciones emocionales saludables, sin caer en la trampa de adaptarse a relaciones físicas carentes de significado en su travesía hacia la madurez.

Reglas para el compromiso
Maneras de escuchar
de modo que hablen

Algunos dicen que hablar es barato, pero si no hablas con tu hijo acerca de la sexualidad, puede ser costoso. Antes de sumergirnos en este importante asunto, recuerda que el acto sexual es algo muy personal y de relaciones. Hablar de la relación sexual no puede ser un suceso de una vez. Deja que tu hijo sepa que quieres ser su guía en esta travesía tan importante y apasionante, a medida que aprende acerca de su sexualidad. Si ya es mayor, es probable que le lleve algún tiempo acostumbrarse a la idea, pero antes de ofenderte por sus respuestas a tus esfuerzos, recuerda que tu relación con él determinará cuánto quiera aprender de ti. Ten en mente que esta travesía es un proceso de compromiso, la enseñanza acerca de la esencia misma de la vida, las relaciones y la sexualidad.

El arte de conversar respecto a la sexualidad se desarrollará mientras crece tu hijo. En un comienzo, las respuestas que le des deben ser muy prácticas, pero a medida que madure, querrás rodear tus respuestas en el contexto de las relaciones y unirlas con los rasgos del carácter, con la moral y los valores religiosos que tratas de enseñar. Un aspecto importante en esta travesía de hablar acerca de la relación sexual y de la sexualidad es proporcionar seguridad y permiso para hacer más preguntas en el futuro. Puedes decir: «Me alegro de que me preguntaras eso. Sé que es una pregunta difícil de comprender».

Las relaciones importan

Todas las relaciones, en especial las de padre-hijo, deberían basarse en un respeto saludable del uno hacia el otro. En otras palabras, como padre, tu preocupación principal debe ser lo que sea mejor para tu hijo.

No existe otra manera de desarrollar una relación saludable con tu hijo que no sea entrando en su mundo. Como mencionamos antes, esto quiere decir comprender cuáles son sus necesidades, sus intereses y sus pasiones del momento. No puedes ahondar en la vida de tu hijo a no ser que juegues con él y que comprendas y oigas lo que piensa, siente y lo que disfruta.

Sin duda, a medida que madura tendrá cada vez más preguntas acerca de la relación sexual y la sexualidad. A decir verdad, no solo tendrá más preguntas, sino más experiencias. Estas preguntas pueden surgir a raíz de escenas de una película o de la exposición a la pornografía y la estimulación que proviene de la misma, o de experiencias como la masturbación, o de escuchar acerca del abuso sexual que tiene lugar en la comunidad. Cada una te dará oportunidades para responder sin reparos a las preguntas y afirmar los pensamientos, las ideas y la creciente identidad de tu hijo.

Consejos para el éxito

La mayoría de los padres se preguntan cómo pueden influir de manera más eficiente en los pensamientos de su hijo acerca de la sexualidad. He aquí algunos consejos que pueden ayudarte en esta importante excursión:

• Comienza desde temprano. Prepara el terreno para hablar acerca de la relación sexual. Mejora las habilidades de trato personal con tu hijo mientras crece, al conversar acerca de asuntos personales apropiados de salud y de seguridad. Será más fácil tanto para ti como para tu hijo conversar acerca de la sexualidad si ya has desarrollado una relación de comunicación y un patrón para hablar acerca de cuestiones delicadas. Puede tratarse de la higiene personal, del trato con los extraños, de resistir la presión de los compañeros, de evitar el uso de drogas y de anticipar los cambios de la pubertad.

• Cree en tu hijo y forja su confianza (y dominio propio). Tanto los hijos como los adultos tienden a sobreestimar el número de adolescentes que tienen actividad sexual. Nunca supongas que tu hijo es incapaz de resistir la tentación. En su lugar, equípalo con conocimiento, confianza, amor incondicional y apoyo. Ayúdalo a establecer metas altas y expectativas por sí mismo, y elógialo con regularidad por sus éxitos.

• Busca oportunidades para enseñarle y úsalas. Muchos padres admiten que les resulta bastante difícil encontrar un buen lugar para comenzar una conversación acerca de la relación sexual, pero si estás atento, encontrarás «rampas de lanzamiento» naturales para conversar. Puede tratarse de un comercial provocativo en la televisión, la vestimenta que usa una cantante popular para llamar la atención o una escena gráfica de acto sexual en una película.

• Relájate y crea un ambiente accesible para conversar (y escuchar). Tu hijo sabe cuándo estás tenso. A fin de fomentar un entorno que conduzca a una conversación significativa, necesitas estar en calma y tener confianza. Alienta a tu hijo a que te pregunte cualquier cosa que desee (y dale las gracias cuando lo haga). Si no lo haces, es probable que busque una respuesta en alguna otra parte. No reacciones de manera exagerada a algo que diga, aun cuando no sea lo que esperas escuchar. El objetivo es hacer que tu hogar sea el lugar preferido para las conversaciones. No digas nada más. Haz preguntas. Escucha sus respuestas.

• Da una información precisa y apropiada para la edad. Escucha con atención las preguntas que te hace. No te pierdas en los detalles si tu hijo te hace una pregunta muy general. Considera su edad y lo que es apropiado que sepa, pero también recuerda que los chicos de hoy experimentan la pubertad más temprano que nunca. Además, están expuestos a imágenes y vocabularios sexuales en mayor cantidad y a una edad mucho más temprana.

• No temas decir: «No lo sé». Si admites delante de tu hijo que no conoces la respuesta a su pregunta, es probable que con este acto ayudes a que prospere la relación. Debe saber que tienes limitaciones. En lugar de permitir que esto te retrase, utiliza tu falta de conocimiento como una oportunidad para que ambos investiguen juntos con mayor profundidad.

• Anticipa la siguiente etapa antes de que suceda. Siempre es mejor ser preventivo que actuar después. Puedes ser un defensor aun mayor de tu hijo al prepararlo para lo que le espera por delante. Si tomas la iniciativa, esto te da la oportunidad de conversar con tu hijo acerca de respuestas apropiadas a diversas situaciones que quizá surjan.

• Sé consciente de tus acciones. En la medida en que te sientas cómodo al conversar con tu hijo acerca de temas sexuales, ten cuidado de sacar conversaciones durante momentos que le pudieran ser vergonzosos (como por ejemplo, cuando sus amigos andan cerca).

• Enséñale a fomentar relaciones saludables. Mientras le hablas de la importancia de reservar la relación sexual para el matrimonio, es importante que le proporciones alternativas en cuanto a qué hacer con sus emociones y deseos físicos. El desarrollo de amistades fuertes es una habilidad que todo niño necesita aprender. Muchos jovencitos crecen sin aprender acerca de las amistades saludables, así que no debe sorprendernos que cuando comienzan a buscar una relación con el sexo opuesto, obvien la fase de la amistad. Enséñale a tu hijo lo que es una amistad sana. Aliéntalo también a entablar relaciones saludables con otros adultos que no seas tú. Estos individuos pueden servir como excelentes modelos, como fuentes para sus preguntas y como apoyo para el crecimiento psicológico y emocional de tu hijo.

• Integra la fe y los valores de tu familia a la conversación. Nunca subestimes el poder de la fe cuando se trata de que tu hijo tome una decisión en cuanto a comenzar a tener actividad sexual. Según el Estudio Longitudinal Nacional de Salud Adolescente (el mayor estudio que se hiciera con respecto al comportamiento adolescente), los estudiantes que informaron que se habían comprometido a permanecer vírgenes eran en gran medida más propensos a posponer su iniciación sexual[1]. En otra encuesta, los adolescentes citaron

Enmarquemos tus discusiones

la religión como la segunda influencia más fuerte en sus vidas, justo después de sus padres[2].

• Ama a tu hijo de manera incondicional. Recuérdale cuánto lo amas por quién es, no por lo que hace. Y si se equivoca, no tomes sus errores de manera personal. Sal al ruedo y ayúdalo a través de la crisis.

Mientras digieres esta información y ahondas en la segunda sección de este libro, recuerda que las respuestas que se proporcionan no son más que un fundamento para dar comienzo a la conversación. Sé creativo y sincero al explorar conversaciones que jamás soñaste que tendrías con tu hijo. *Tus hijos escuchan. ¿Serás tú el que les hable?*

¿Alguien tiene preguntas?

Lo que necesitan saber los padres

Cuando estabas en la escuela, es probable que escucharas una y otra vez: «No hay tal cosa como preguntas tontas». Esto no podría ser más cierto cuando hablamos de la relación sexual y la sexualidad. Si todavía no te has dado cuenta, la paternidad es una travesía que debe hacerse con humildad, y en la que también debes decirle a tu hijo que no sabes todas las respuestas a sus preguntas, pero que estás dispuesto a ayudarlo a encontrarlas.

Si eres como la mayoría de las personas, la conversación con tus padres acerca de la sexualidad estuvo muy lejos de ser interesante. Tal vez encontraras las respuestas a las preguntas sexuales en el campo de juegos o en el dormitorio con tu primer amor. O a lo mejor tomaras algunas decisiones excelentes cuando eras adolescente y esperaste a experimentar la relación sexual como debía ser, en tu luna de miel. En pocas palabras, es probable que conozcas los aspectos fundamentales del acto sexual y que hasta tengas una idea de cómo referirte a algunos temas profundos, pero es posible que no tengas las palabras exactas para responder a las preguntas que te harán tus hijos con seguridad. El propósito de este libro es que sea un trampolín para las preguntas con las que de seguro te encontrarás a medida que crezca tu hijo. También puede responder algunas de las preguntas que tengas pendientes en el fondo de tu mente, pero que tuviste temor de hacer.

Piensa en lo siguiente: hablar con tus hijos acerca de la relación sexual puede terminar siendo uno de los recuerdos más queridos al recordar tu jornada paternal en el futuro. Es probable que no sepas cómo comenzar la conversación, así que tómate tu tiempo; la oportunidad apropiada se presentará sola. ¡Toma aliento y deja que comience la aventura!

¿Por qué es importante que le enseñe a mi hijo acerca de la sexualidad?

Alguien se lo enseñará. Tú lo conoces mejor que ningún otro y sabes cuánta información es excesiva demasiado pronto. Si sabes esto, te conviertes en el mejor maestro de la materia. La sexualidad es una esfera de la vida donde la información adecuada, dada en el contexto apropiado, con la atmósfera emocional oportuna año tras año es crucial para un crecimiento saludable. La ignorancia acerca del verdadero significado y propósito de la sexualidad es peligrosa en verdad.

La conversación acerca de la relación sexual y la sexualidad no debería ser una charla de una vez. Debería continuar a lo largo de la vida de tu hijo. El beneficio de hablar con él acerca de esto es que puedes responder al entorno que lo rodea. Si ha estado expuesto a mensajes sexuales explícitos durante una película, puedes responder de inmediato, antes de que lo afecte la experiencia.

Además, la educación sexual se da mejor en el contexto de la moral de tu familia y de sus valores religiosos. Por la salud de tu hijo, es esencial que el tono emocional y moral de su educación sexual sea compatible con el de tu familia. (La investigación indica que los jóvenes que toman las peores decisiones son los que no tienen fundamento a partir del cual desarrollar sus propias decisiones y estructura moral más tarde en la vida[1]). Los hechos son importantes para la conversación, pero no son ni con mucho tan importantes como el tono que se usa para entregar el mensaje.

¿Cuándo debería comenzar a enseñarle a mi hijo acerca de la relación sexual?

Ahora. La conversación acerca de la relación sexual y la sexualidad es algo que comienza en la temprana infancia, cuando empiezas a responderle a tu hijo a medida que siente curiosidad por su cuerpo. Tu hija quizá esté buscando información acerca de lo que significa ser una niña. A lo mejor siente curiosidad por las partes de su cuerpo, y algo es seguro: su curiosidad seguirá creciendo junto con ella. Si abordas pronto una conversación acerca de estos asuntos, el diálogo nunca parecerá incómodo ni fuera de lugar. Después de todo, tu objetivo como padre es enseñarle acerca del mundo (la sexualidad es tan solo uno de los muchos temas importantes a los cuales referirse).

¿Es posible que le diga demasiado a mi hijo muy pronto?

En nuestra cultura, las imágenes y la conversación acerca de la relación sexual se encuentran por todas partes. A tu hijo se le lanza la conciencia sexual mucho antes de lo que tú desearías. En esta atmósfera, te enfrentarás al desafío de prepararlo a fin de que comprenda los temas sexuales sin cargarlo con hechos y sentimientos que no puede manejar de manera emocional. Cualquier discusión acerca de los detalles asociados con la sexualidad deberían desarrollarse de manera apropiada para su nivel de comprensión. Si por alguna razón le ofreces información que no le cruzó por la cabeza, lo más probable es que la borre y no se moleste por ella. Recuerda, las preguntas espontáneas que hace te proporcionarán la mejor idea de dónde se encuentra y qué quiere saber.

¿Cuáles son las consecuencias de enseñar muy poco y demasiado tarde?

Si no hablas acerca de los hechos de la sexualidad con tu hijo en el momento preciso, su primera impresión acerca de la relación sexual podrá venir de un compañero que no tenga información, de un niño mayor aprovechador o de los programas de educación sexual que quizá no reflejen los valores de tu familia. Ante la ausencia de información de tu parte, es probable que tu hijo se enfrente a situaciones sexuales para las que no esté preparado desde el punto de vista emocional o intelectual.

■ ¿Qué puedo hacer para sentirme más cómodo al hablar con mi hijo de la sexualidad?

¡Solo hazlo! Cuanto más hables, mejor te sentirás. Así es, hablar con tus hijos acerca de la sexualidad puede resultar incómodo, pero también puede ser divertido. No actúes como si tuvieras todas las respuestas. Si transformas el proceso en una travesía educativa, tanto tú como tu hijo se beneficiarán en gran manera. No temas decir: «No lo sé». No temas admitir tus fracasos.

Una vez que comiences a conversar, te sorprenderás al ver lo fácil que es hablar acerca de la sexualidad. Recuerda, no hace falta que describas todos los detalles durante la primera conversación. Comienza desde temprano, conversa a menudo y sé sincero. Tu confianza se desarrollará poco a poco.

Si todavía no tienes resueltos tus propios complejos con respecto a la sexualidad, es hora de ocuparte de estos asuntos. No hay mejor momento que el presente para sentirte cómodo con tu propia sexualidad. Es verdad, tal vez fuiste víctima de abuso sexual o te hirieron de otras maneras, pero ahora es el momento de comenzar de nuevo. Tu hijo es digno de lo mejor, y merece escuchar acerca de la relación sexual y la sexualidad de tu boca.

■ ¿Cuán importante es la vida familiar de un hijo en el desarrollo de una actitud saludable hacia la sexualidad?

La calidad de las relaciones familiares de un hijo representa un papel vital en el desarrollo del sentido de su propia sexualidad. Es más, la atmósfera global del hogar es más importante que la capacidad de los padres para presentar los hechos a la perfección. Un hogar en el que el hijo se siente aceptado y donde los miembros de la familia se sienten cómodos con su sexualidad prepara el escenario para actitudes sexuales saludables en el futuro.

Por otra parte, si la atmósfera del hogar es fría, incoherente o le falta el modelo a imitar o el amor incondicional, un hijo tendrá dificultad para desarrollar actitudes sexuales saludables, incluso cuando le ofrezcan la mejor educación objetiva con respecto a la sexualidad. Un hogar saludable y amoroso es el primer paso hacia una comprensión saludable de la sexualidad.

¿Cómo puedo ayudar a mi hijo para que tenga una actitud saludable con respecto a su cuerpo?

Una información rápida: las actitudes se captan mucho más de lo que se aprenden. Por lo general, tu hijo reflejará tus actitudes en lo que se refiere a su cuerpo y a la sexualidad. Si tienes una sensación de vergüenza con respecto a tu cuerpo y a tu sexualidad, es probable que él adopte la misma actitud. Si te sientes cómodo con tu cuerpo y con tu sexualidad, él también se sentirá así. Puedes reforzar actitudes saludables al hablar de manera realista con él acerca de la belleza del cuerpo humano.

Soy padre soltero; ¿eso afecta la manera en que hablo con mi hijo acerca de la sexualidad?

Hay muchos padres que crían a sus hijos sin la ayuda del otro padre. Estar solo en la tarea de la paternidad hace que muchos de sus aspectos sean más difíciles, pero no imposibles. Como padre soltero, al igual que cualquier otro padre, necesitarás prepararte con la información a fin de responder con eficiencia las preguntas de tu hijo. Quizá haya momentos en los que tengas que decir: «Yo no he tenido esa experiencia, pero esto es lo que pienso». Además, considera la posibilidad de buscar la ayuda de algún pariente de confianza o de otro adulto para brindar la información acerca de temas específicos, cuando no esté presente uno de los padres del sexo opuesto. Lo más importante de todo es que el hecho de estar solo no significa que no debas hablar de temas sexuales; tu hijo quiere escucharlos de ti, tus opiniones y experiencias son valiosas.

No comencé a hablar con mi hijo en una edad temprana; ¿existe alguna manera de ponerme al día?

Es bueno comenzar a hablar de la sexualidad desde temprano con tu hijo, pero si te perdiste las primeras etapas de educación sexual, puedes comenzar donde estás y sacarle el mejor provecho. Es mejor comenzar ahora que no hablar en absoluto. En el caso de un adolescente, puedes comenzar la conversación disculpándote por haber fallado. Luego, pregúntale si tiene alguna duda y comienza haciendo borrón y cuenta nueva. Si eres sincero con respecto a tus fracasos, descubrirás que tus hijos están más dispuestos a perdonar y son más flexibles de lo que pensabas.

¿Qué edad es la más importante cuando se trata de enseñar acerca de la sexualidad?

Esta pregunta es difícil de responder debido a que cada etapa de desarrollo es muy importante y única. En los años preescolares es vital establecer la comodidad al hablar acerca del cuerpo y de los temas sexuales. Aquí se arraigan las actitudes subconscientes y los sentimientos. En los años escolares es importante transmitir información acerca del cuerpo, reforzando la actitud de tu hijo hacia sí mismo y estableciendo límites en las relaciones con ambos sexos. Los años preadolescentes y adolescentes son de vital importancia, tanto desde el punto de vista educativo como el de la conducta. Durante estas etapas de desarrollo, se le detallarán las cuestiones físicas de la anatomía y de la función del cuerpo al adolescente que crece con rapidez. Es un período de agitación emocional, cuando la curiosidad sexual y el deseo son fuerzas que los impulsan. Dada la revolución hormonal y las tentaciones de nuestra sociedad que van aparejadas, este es un tiempo en el que los padres deben estar vigilantes a fin de proporcionar gran cantidad de información y apoyo.

A todo esto, ¿qué es una actitud saludable hacia la sexualidad?

En esencia, es una actitud que comprende que la sexualidad es más que el cuadro que pinta la cultura popular. Una actitud saludable dice que la sexualidad es más que:

- La relación sexual
- Una atracción animal
- El proceso de gratificar las necesidades o los anhelos
- La estimulación de los sentidos
- Recreación o una manera de divertirse
- Un medio de manipulación

La relación sexual es un regalo maravilloso y precioso. La sexualidad, cuando se comprende por completo y se llega a dominar, estimula el crecimiento y abre la puerta al significado total de las relaciones. La sexualidad saludable nos libera para ser personas completas, en lugar de aprisionarnos y limitar nuestras opciones. Esta sexualidad está entrelazada de manera

Enmarquemos tus discusiones

estrecha con el amor. En tanto que los impulsos sexuales suben y bajan, solo alcanzan una culminación saludable en una relación amorosa, comprometida y permanente: el matrimonio. Cualquier cosa inferior no es justa para con la gente implicada.

¿Cómo puedo proteger mejor a mi hijo del abuso sexual?

Hoy en día, no solo escuchamos acerca del abuso sexual con mayor libertad, sino que la evidencia señala que existe un verdadero aumento en el mismo. La excesiva estimulación sexual de nuestra sociedad acompañada por un resquebrajamiento de los límites de la conducta, contribuyen a la epidemia de abuso sexual a los niños. Además, los niños de hoy están en contacto con muchas más personas fuera del hogar de lo que estuvieron antes.

Los siguientes pasos protectores se basan en las recomendaciones de la Academia Estadounidense de Pediatría.

• Habla con tu hijo acerca del abuso sexual. A cada edad, enséñale los límites del contacto íntimo y las conversaciones. De acuerdo con su nivel de comprensión, ayúdale a saber que hay conductas que tienen algunos adultos u otros niños que no son apropiadas.

• Desde una temprana edad, enséñale qué partes del cuerpo son privadas y solo se pueden tocar y de las que se puede conversar en casa. Si alguien trata de violar esta privacidad, ínstalo a que te lo cuente.

• Escucha cuando tu hijo intenta contarte algo. Por lo general, los niños no vienen y describen en forma directa las acciones de una persona que viola su privacidad. Sin embargo, a menudo dan pistas de sus preocupaciones. Sé sensible y escucha con atención cuando presientes que tu hijo trata de decirte algo, pero le resulta difícil expresarlo en palabras.

• Infórmale que no te enojarás con él cuando te cuente algo que hizo otra persona. Permite que sepa mediante tus palabras y expresiones faciales que no lo culparás.

• Nunca consientas que tu hijo vaya a la casa de alguien que no conoces ni vaya a ver un partido con él. La supervisión de cerca es un deber. Conoce a los padres de sus amigos. Conoce a las niñeras y a las personas que contrates para que lo cuiden.

57

• Lo más importante es que le digas, cualquiera que sea su edad, que siempre escucharás sus preocupaciones. Pasa tiempo libre con él con regularidad a fin de que tengas la oportunidad de captar pistas que indiquen cualquier preocupación de su parte[2].

¿Es necesario usar materiales especiales como libros, revistas, cuadros o vídeos al enseñarle a mi hijo acerca de la sexualidad?

A veces, utilizar medios de diversas clases puede servir de ayuda para enseñar los hechos de la sexualidad. Un libro con ilustraciones para leerle a tu preescolar puede servir de ayuda para abrir la puerta a conversaciones acerca de las partes del cuerpo y del proceso del nacimiento. Un atlas a color del cuerpo puede aclarar la presentación de información acerca de la pubertad para los preadolescentes. Una serie de vídeos o de casetes que los padres puedan mirar o escuchar junto a sus adolescentes pueden ser los catalizadores capaces de estimular la conversación con ellos. Sin embargo, es importante darse cuenta que estos materiales no son más que medios y que no son el curso principal del estudio. El recurso que es muchísimo más importante al enseñarle a los niños acerca de la sexualidad es el diálogo abierto entre padre e hijo, de cualquier edad.

¿De qué manera puedo transmitirle mis valores acerca de la sexualidad a mi hijo?

Tienes un gran poder para moldear los sentimientos, las actitudes y las conductas de tu hijo. Puedes hacer varias cosas para incrementar ese potencial. Primero, conversa con él acerca de la sexualidad. Cuanto más accesible seas para él, más probable es que te busque para encontrar las respuestas a sus preguntas más urgentes, incluyendo las que involucran los valores. En segundo lugar, expresa con franqueza tus valores. Permite que sepa lo que piensas y por qué. En tercer lugar, atrae la atención de tus hijos, en particular de los adolescentes, a la conversación acerca de tus valores familiares. Utiliza momentos aptos para la enseñanza a fin de conversar acerca de los puntos a favor y en contra de las diferentes prácticas sexuales que son demasiado conocidas para tus adolescentes, ya que ven tales conductas en público, en la televisión o en las películas. Por sobre todas las cosas, vive una vida que sea un verdadero modelo. Los valores se captan, no se enseñan.

¿Cuál es el papel de la escuela en la enseñanza acerca de la sexualidad a mi hijo?

Lo ideal es que los padres sean los mejores maestros de sus hijos cuando se trata de temas sexuales. Sin embargo, en los últimos treinta años, las escuelas han asumido una función más prominente en cuanto a hablar con los niños acerca de la sexualidad y de otras conductas de riesgo. Se cree que las escuelas comenzaron a conversar acerca de estos temas vitales porque muchos padres no educaban a sus hijos. Algunos se resisten a que ahora las escuelas asuman de manera más enérgica el papel paterno con el propósito de traer conformidad a la sociedad. En épocas más recientes, se han empujado a las escuelas a que tengan más participación en la enseñanza de la sexualidad, cuando el mundo comenzó a enfrentarse con la epidemia del SIDA y de otras infecciones de transmisión sexual. Sean cuales sean las razones, no cabe duda de que las escuelas en todas las áreas del país y para todas las edades toman cada vez una parte más activa con respecto a la sexualidad.

Existen dos esferas donde tienes el derecho, así como la responsabilidad, de observar de cerca lo que hacen las escuelas en el ámbito de la educación sexual. En primer lugar, es importante en nuestra sociedad con tanta sexualidad, que las escuelas no presenten excesivo material sexual demasiado pronto, antes de que los niños estén listos para lidiar con esto. La segunda esfera de preocupación es la presentación de información acerca de la conducta sexual, de tal manera que implique que los valores no importan y que el acto sexual en todas sus formas está bien, siempre y cuando sea «seguro» (lo que casi siempre significa promover el uso de preservativos). Como padre, lo más importante que puedes hacer es participar de manera activa en la educación de tu hijo, no controlarla. Con tu participación, lograrás mucho en cuanto a asegurarte de que reciba la mejor educación en todas las esferas.

¿Existe alguna repercusión en la salud asociada con la homosexualidad?

Sí. La ciencia sugiere con claridad que los individuos que

participan en conductas homosexuales, lesbianas o bisexuales se encuentran en un mayor riesgo que los heterosexuales de experimentar ciertos problemas. La investigación muestra lo siguiente:

• Los hombres que tienen relaciones sexuales con hombres se encuentran en un riesgo mayor de contraer muchas infecciones de transmisión sexual que amenazan con la vida, incluyendo el SIDA, la hepatitis B y el cáncer anal, en comparación con los hombres heterosexuales. Otras infecciones de transmisión sexual que preocupan entre los hombres que tienen relaciones sexuales con hombres incluyen la sífilis anal, la uretritis y un espectro de infecciones orales y gastrointestinales[3].

• Los hombres que tienen relaciones sexuales con hombres responden a la mitad de todos los casos de SIDA en Norteamérica[4].

• La hepatitis A prevalece más entre los hombres que tienen relaciones sexuales con hombres que entre los heterosexuales[5].

• De acuerdo con la encuesta de la Inspección de Nutrición y de Salud Nacional, el predominio de la tasa de hepatitis B es unas cinco veces más alta entre los hombres que tienen relaciones sexuales con hombres que entre los que son solo heterosexuales[6].

• El herpes es una de las infecciones anales y rectales más comunes entre los hombres activos de manera homosexual. La existencia de llagas abiertas debido al herpes genital aumenta en gran medida el riesgo de adquirir SIDA[7].

• Los jóvenes homosexuales tienen entre dos y tres veces más probabilidades de intentar suicidarse que sus pares heterosexuales, y el treinta por ciento de todos los suicidios de jóvenes los cometen los homosexuales[8].

Más allá de la identificación sexual de un adolescente, debería alentarse de manera encarecida a que practique la abstinencia hasta que se case a fin de prevenir las consecuencias a largo plazo en la salud asociadas con las actividades sexuales no saludables.

¿Cuál es mi función en ayudar a mi hijo a que desarrolle amistades sanas y de qué manera estas relaciones lo ayudan a evitar futuras conductas de alto riesgo?

Las amistades son clave para el desarrollo emocional y sexual de tu hijo: son el pegamento de la vida. Estimularlo a fomentar amistades fuertes y positivas lo ayudará muchísimo a forjar su autoestima y a prepararse para el futuro.

En la medida en que crezca y madure, también crecerá y madurará su capacidad para entablar amistades. Tus propias amistades con colegas, con tu cónyuge y con tus hijos ayudarán a preparar la base para las futuras relaciones de tu hijo, incluyendo su matrimonio. Muchos padres creen por error que no tienen el poder para influir en las amistades de su hijo. ¡Lo tienes! Si participas en su vida, no solo influirás en él, sino también en sus amigos. (Analiza los recuadros «Fomenta las amistades»).

¿Qué problema hay si le compro a mi hijo todo lo que quiere? ¿Qué relación tiene esto con sus futuras decisiones con respecto a la actividad sexual?

Al proporcionarle a tu hijo todo lo que desea cuando lo desea, lo preparas para el fracaso futuro. La gratificación postergada es un concepto que debes enseñarle desde una temprana edad. Si le das todo lo que desea, esperará que esa sea la norma al crecer. Si le enseñas a esperar las cosas que desea, le proporcionas las habilidades para esperar aun cuando sus hormonas estén alborotadas.

¿Qué importancia tiene que les enseñe a mis hijos acerca de los rasgos del carácter?

Mucha. Un libro acerca de la sexualidad saludable estaría incompleto sin una discusión acerca del desarrollo del carácter, pues las dos están muy entrelazadas. (Por eso verás «Forjadores del carácter» a lo largo de este libro). Piénsalo:

• ¿Cómo decides esperar hasta el matrimonio a fin de tener relaciones sexuales si no tienes autodisciplina para posponer la gratificación instantánea?

• Si la sinceridad no forma parte del desarrollo de tu carácter, mentirás para convencer a tu compañero sexual de que nunca tuviste una infección de transmisión sexual.

61

• Si la lealtad a una relación no está presente, se desafía su estabilidad.

• Si el respeto está ausente, la relación sexual se convierte en una mercancía.

• Si en una relación faltan el amor y el desinterés, la relación sexual para el placer propio se convierte en el centro.

El desarrollo del carácter debe comenzar enseguida y nunca debería terminar. Tú, el padre, eres el mejor maestro, y el mejor plan de estudio es la manera en que vives a diario. La utilización de palabras que hablen del carácter en las conversaciones diarias con tus hijos los ayudará a comprender lo que significa ser una persona de carácter. Muchas escuelas primarias han reconocido lo importante que es la preparación del carácter con el fin de generar estudiantes responsables, pero en realidad nuestra tarea como padres es inculcarles estos rasgos a nuestros hijos.

¿Qué puedes hacer?

• Modela los rasgos de carácter de manera deliberada.

• Muestra humildad al admitir cuando te equivocas y cuándo deberías haber actuado de manera diferente.

• Alaba a tu hijo cuando demuestre uno de estos rasgos a través de sus palabras o sus acciones.

• Utiliza el fracaso de tu hijo en ser una persona de carácter como un momento de enseñanza, y dale otra oportunidad, en lugar de castigarlo.

• Busca siempre ejemplos en el periódico, en la televisión, en vídeos, en libros y en artículos que le muestren rasgos de carácter positivos a tu hijo.

La siguiente lista de rasgos de carácter se resaltará en los diversos grupos de edades. Sin embargo, todas se ajustan a cada grupo. Esta lista no está completa, así que añade tus propios rasgos que te parezcan relevantes. Un buen recurso para aprender más acerca de los rasgos del carácter es *Teaching Your Children Values* de Linda y Richard Eyre[9].

• **Sinceridad:** decir la verdad y ser confiable; no mentir, engañar, ni robar. Es la fuerza y la confianza interior que se genera al exigir veracidad, confiabilidad e integridad.

- **Amabilidad:** ser amigable, generoso, considerado con los demás; también es mostrar compasión.
- **Respeto:** tratar a los demás y las cosas como si tuvieran valor y honor. Esto incluye modales y cortesía. Deberíamos respetar las diferencias, la vida, los ancianos y los padres, la propiedad, la naturaleza y las creencias y derechos de los demás.
- **Determinación:** tener en mente lograr algo; decidir y resolver ir por cierto camino.
- **Orden y limpieza:** recoger lo que dejas tirado y mantener organizadas las cosas; ocuparte de tu cuerpo en cuanto a la higiene y al arreglo personal.
- **Responsabilidad:** asumir una obligación y llevarla adelante. Se trata de ser fiable y responsable en cuanto a los compromisos que tomas y ser cumplidor.
- **Lealtad:** mostrar compromiso hacia tu familia, tus amigos, tu escuela, tu empleo, tu fe y tu país.
- **Valor:** la actitud de enfrentar y manejar cualquier cosa que se reconozca como peligrosa, difícil o dolorosa, en lugar de retraerse de ella. El valor es hacer algo difícil, como no seguir a la mayoría al actuar de acuerdo con las convicciones propias, aun cuando no sean populares.
- **Autodisciplina:** ser capaz de motivarse y controlarse uno mismo, de controlar su tiempo, sus apetitos, su enojo y su salud.
- **Pureza sexual:** al tener como meta que la relación sexual pertenece al matrimonio y al restringirse a uno mismo hasta que ese compromiso se haga público en la ceremonia matrimonial. La pureza incluye comprender el porqué esta es la mejor elección por razones emocionales, físicas y espirituales.
- **Desinterés y amor:** cuidado individual y personal que va más allá de uno mismo. Es pensar en el otro por encima de mis propias necesidades y sacrificarme para atender sus necesidades.

Todos los días, como padres, tenemos el desafío de educar y equipar a nuestros hijos como nunca lo hemos hecho. Recuerda, al hablar con tu hijo acerca de estos temas importantes, lo equipas con los medios para un futuro exitoso: un futuro sin reproches. ¡Sigue adelante!

Segunda parte

Las respuestas que tú necesitas y ellos quieren

7

Pasos de bebé
Niños hasta cuatro años

«¡Mami, tengo un pene!» ¿Te reíste con asombro la primera vez que tu hijo hizo esta declaración? ¿O gritaste con horror al darte cuenta a dónde podía llevarte esta declaración, o dónde podía repetir su nuevo conocimiento? Estés listo o no, la conversación con tus hijos acerca de asuntos relacionados con el sexo y la sexualidad comienza, en realidad, antes de que siquiera puedan hablar. Como mencionamos antes, tus actitudes, tus acciones y palabras influirán de manera profunda el punto de vista de tu hijo acerca de estos temas.

No cabe duda de esto: a los niños pequeños les gusta frotarse y tocarse los genitales, ya sea que tengan doce meses o cuatro años. Sin embargo, tu tarea es ayudar a tu hijo a comprender que aunque disfrute tocándose, existe un lugar y un momento apropiado para esta actividad. Como padre, tienes la increíble oportunidad de ayudar a tu niño pequeño a que adopte la belleza de la sexualidad mientras que, al mismo tiempo, le enseñas el contexto y las relaciones apropiadas para la actividad sexual. A medida que explore su mundo y traiga a colación preguntas acerca de la sexualidad, desafíate a responder sus preguntas con confianza y creatividad. La inversión que haces ahora al darle forma a sus acciones y actitudes le cosechará dividendos asombrosos en el futuro.

Forjadores del carácter

La amabilidad será la clave para una comprensión sexual saludable, y nunca es demasiado temprano para comenzar a enseñarle a tu hijo que se preocupe por otros.

• **Modela la amabilidad** al incluir a tu hijo pequeño cuando los dos pueden ayudar a algún necesitado, como llevarle la cena a una madre que acaba de dar a luz o ayudar a cuidar el hijo de una amiga en una emergencia.
• **Busca maneras en que tu preescolar pueda mostrarle amabilidad** a un miembro de la familia al participar en el «Juego de la Amabilidad». (Este es un juego en el que se recompensa y elogia a cada niño por cada acto de amabilidad hecho para otro miembro de la familia o individuos fuera de la familia). Haz un cuadro en el que pongas una pegatina a fin de recompensar cada éxito.
• **Comenta sobre cualquier libro,** vídeo o programa de televisión donde alguien actúa con amabilidad hacia otro.

Preguntas de los padres

¿Cuándo se desarrolla la sexualidad?

Dar y recibir amor, lo cual está relacionado de manera íntima con la sexualidad personal, tiene sus raíces en los primeros días de vida. La necesidad primaria de todos de experimentar amor y confianza se satisface por medio de personas estables que cuiden al bebé, lo abracen, lo tengan en brazos, lo alimenten y le hablen. El toque físico, el contacto visual y las palabras suaves le dan a tu bebé una sensación de afecto y seguridad. La acción de alimentarlo, ya sea amamantándolo o dándole el biberón, no solo le proporciona nutrición, sino cercanía física y sentimientos de placer, confianza y seguridad. La exposición a este amor y la afirmación temprana en la vida conducen a relaciones profundas y amorosas más tarde.

¿Cuándo debería comenzar la educación sexual?

¡Al nacer! Afirmar a tu recién nacido como individuo a través de los abrazos, del toque y de una voz que lo tranquilice, le comunica la sensación de que es una persona y le refuerza el desarrollo de su identidad. Los mensajes que absorbe tu bebé momento a momento, en las primeras etapas de la vida, preparan el escenario para una saludable identidad propia a lo largo de toda su vida.

Posteriormente, un medio más deliberado de educación sexual construye sobre este ejemplo temprano y no verbal mientras tu hijo se vuelve más verbal y consciente. Luego, estarás en condiciones de enseñar las palabras adecuadas para las partes del cuerpo mientras das ejemplo de actitudes saludables acerca del cuerpo y de la sexualidad.

¿Cómo le enseño a mi hijo pequeño acerca del cuerpo y sus funciones adecuadas?

En ambos sexos, los órganos reproductores están del todo formados al nacer. Sin embargo, los genitales externos, tanto de los niños como de las niñas, aumentan un poco en tamaño durante los diez primeros años de vida o un poco más. Luego, en la pubertad, los genitales de ambos sexos experimentan una explosión de rápido crecimiento. Tu tarea será mucho más fácil si le enseñas a tu hijo los nombres adecuados de los genitales y las funciones del cuerpo en una edad temprana. Utiliza los términos anatómicos adecuados en lugar de usar palabras del lenguaje burdo. Los niños tienen un pene, no un «pitito». Las niñas tienen una vagina, no un «agujerito». Enséñale a tu hijo los usos apropiados de palabras como *orinar* o *defecar*. Si se usan los nombres precisos de las partes del cuerpo ahora, esto facilitará la comunicación cuando los hijos sean mayores.

A mi hija de cuatro años le ha dado por tocarse los genitales a menudo en casa y a veces en público. ¿Cómo debo reaccionar?

La curiosidad de los preescolares se extiende con naturalidad hacia el cuerpo y su funcionamiento. Hacen preguntas al respecto. («¿Para qué sirve mi ombligo?» «¿Por qué soy diferente a Julie?») Con sus preguntas y acciones, descubren cómo se ve su cuerpo, cómo se siente y funciona. Tocarse los genitales hasta cierto punto a esta edad es bastante común y natural. No deberías asustarte ni preocuparte si tu bebé o preescolar, tanto niño como niña, se tocan los genitales o juegan con ellos mientras se bañan o se preparan para irse a la cama.

Tales situaciones te ofrecen grandes momentos de enseñanza. Por ejemplo, puedes decir: «Sí, ese es tu pene». Mientras le señalas el ombligo, puedes preguntarle: «¿Qué es esto?». Más tarde, mientras le señalas el escroto, puedes preguntarle: «¿Qué es esto?».

Por otra parte, al niño que se toca los genitales en público se debería corregir con suavidad, pero no fustigarlo. Podrías decir: «No es apropiado que te toques la vagina (o el pene) en público. Esa parte de tu cuerpo es muy privada. Recuerda, no nos tocamos las partes privadas en público». Con este enfoque, le das a tu hija pautas para el comportamiento sin hacerla sentir culpable.

¿Cómo le enseño a mi hijo los nombres adecuados de las partes del cuerpo y de sus funciones?

Entre las primeras palabras que aprende tu hijo están los nombres de familiares y los pronombres personales como *él* y *ella*. Al mismo tiempo, vienen rápido los nombres de las partes del cuerpo. Las actitudes que antes se enseñaban mediante miradas, gestos y el tono de la voz se refuerzan con palabras.

El momento del baño presenta una gran oportunidad para enseñar acerca del cuerpo. Mientras cae más agua sobre el suelo que sobre la piel, las preguntas y respuestas van y vienen entre tú y tu hijo. Se identifica la nariz, los oídos y los dedos de los pies. Cuando tu hijo se toca el pene y pregunta: «¿Qué es esto?», solo responde: «Tu pene. Todos los varoncitos tienen un pene y las niñas no. Ellas tienen una vagina».

¿De qué manera aliento a mi preescolar a que desarrolle una identidad saludable como niño o niña?

Un bebé nunca es tan solo un bebé; desde el momento mismo del nacimiento, pensamos en «él» o en «ella», nunca «eso». La diferencia más evidente entre los sexos de cualquier edad es la singularidad de los genitales masculinos y femeninos. A medida que maduran los niños, las características sexuales secundarias, como la aparición de los senos, la distribución del

Forjadores del carácter

Imagina cómo engañar y escapar de la situación (en especial cuando se trata de la salud sexual) puede envenenar nuestro futuro para toda la vida. Siempre deberías estar pensando en cómo enseñar la sinceridad en casa.

• **Los preescolares aprenden el poder de las palabras.** Observan la falta de consecuencias cuando mentirles a sus padres los saca del aprieto aun cuando los niños sepan que son culpables. («Juanito derramó la leche, ¡yo no!»).

• **Modela la sinceridad en todo lo que dices y haces,** como no mentir por teléfono cuando llama un vendedor ambulante.

• **Cuando es obvio que tu hijo te mintió, señala los hechos** que respaldan eso. Ahora es el momento para que aprenda lo que en realidad significa la verdad y la mentira.

• **Dramatiza para enseñar:** inventa un juego donde le digas una verdad o una mentira y tenga que adivinar de qué se trata.

• **Lee libros de niños** con ejemplos de veracidad.

vello, la forma del cuerpo y el tono de la voz, también ayudan a identificar a un sexo del otro.

La identificación del género se define como todas esas cosas que dice o hace una persona a fin de definirse a sí misma tanto como hombre o como mujer.

A medida que se desarrolla el lenguaje, los niños ven a los demás como «él» o «ella» y se ven a sí mismos como un «él» o una «ella» exclusivos. El desarrollo personal saludable requiere que un niño esté cómodo con su género. Esta identidad sexual saludable se afirma no solo al identificarse con adultos y compañeros del mismo sexo, sino también al compararse con el sexo opuesto.

En nuestra sociedad, los comportamientos sexuales específicos se superponen en gran manera. No existe una línea amplia que divida los papeles del género. No deberías sentir que tienes que imponerles estereotipos sexuales estrictos a tus hijos. En su lugar, te sirve de ayuda reforzar una identidad de género saludable al expresar, a través de medios verbales y no verbales, el placer que sientes en tu hijo como persona.

¿Quién es más importante para el párvulo, el padre o la madre?

Ambos padres desempeñan papeles cruciales y únicos en la vida de los párvulos y los preescolares. La madre que amamanta a su bebé tiene una tarea esencial en la nutrición física. En el acto de nutrirlo, también le proporciona una sensación de afecto y seguridad mediante el abrazo y el contacto físico que forma parte de la alimentación. La contribución del padre en darle el biberón al bebé, así como abrazarlo y amarlo, tiene la misma importancia vital.

Más allá de estas diferentes tareas, los padres y las madres interactúan con los bebés de diferentes maneras significativas. En tanto que las madres tienden a consolar y abrazar, los padres tienden a participar de manera activa, estimulando al bebé a una mayor actividad motora y cognitiva. Los padres representan el mundo exterior; le presentan al bebé la vida más allá de los brazos de mamá. Ambas funciones son de vital importancia para el desarrollo saludable de la identidad del bebé.

Un niño se beneficia cuando ambos padres participan de la educación con respecto a la sexualidad. Como la educación sexual más saludable sucede de manera espontánea, ambos padres deberían estar preparados para responder las preguntas de su hijo a medida que surgen. Los niños de ambos sexos verán su sexualidad bajo una luz más natural cuando ambos padres sirvan como modelos de papeles y participen de manera activa en la transmisión de hechos y actitudes.

¿Es normal que mi hijo se vista como una niña?

Es normal, e incluso se espera, que a algunos varoncitos de esta edad les guste el entusiasmo que gira en torno a disfrazarse. Aunque muchas veces los varoncitos se disfrazan con ropas de varón o con disfraces de héroes, algunos experimentan disfrazándose con ropas de niñas. Esto no es necesariamente un problema y deberías permitir cierta flexibilidad. Al mismo

Las respuestas que tú necesitas y ellos quieren

Fomento de amistades

La amistad en las primeras etapas del desarrollo es ante todo con los padres y la familia. A medida que tu hijo se acerca a cumplir los cuatro años, los compañeros de juego desempeñan un papel integral en el aprendizaje de habilidades tempranas para la amistad. Como padre de un niño de esta edad, ten en cuenta los siguientes aspectos:

• **Cultiva amistades por tu cuenta.** Tu propio nivel de amistades es un gran modelo para tu hijo en cuanto a la importancia de las amistades.

• **Si estás casado, concéntrate en mantener un matrimonio fuerte.** Recuerda, los mejores matrimonios tienen lugar entre dos personas que no solo se aman el uno al otro, sino que son los mejores amigos.

• **Mírate como amigo de tu hijo así como padre.** A través del juego, las conversaciones y de las experiencias familiares en común, se aprenden las raíces más tempranas de la amistad.

• **Expón a tu hijo a un tiempo estructurado y supervisado con sus pares.** Muchos niños de esta edad no desarrollan amistades cercanas, pero de seguro que desde los tres y los cuatro años de edad son capaces de hacerlo y disfrutarán al estar rodeados de otros niños con la comodidad y la seguridad de la supervisión de los adultos.

La exposición temprana a la amistad de los padres y a compañeros de juego de su edad ayuda a reforzar en tu hijo que esas relaciones (no el materialismo ni otros sustitutos) son las que llenan el corazón y el alma con satisfacción. Estas primeras relaciones le enseñarán a tu hijo acerca de la compasión y el respeto hacia otros.

tiempo, deberías dirigir a tu hijo para que use un disfraz más apropiado para jugar.

Si tu hijo desea vestirse de manera exclusiva como una niña y comienza a hacerlo aun en secreto, a la vez que dice que preferiría ser una niña, deberías preocuparte y buscar ayuda profesional.

¿Por qué a mi hijo le gusta hacer el papel de niña cuando juega con sus amigos?

Muchos varoncitos experimentan tanto con los papeles de niños como de niñas durante esta edad. Cuando un niño siempre prefiere jugar a ser niña, existe una razón mayor para preocuparse. Quizá se deba a la falta de un modelo masculino, a una relación demasiado estrecha con su madre o a luchas con la identidad de su género. Aunque es importante que todos los varones tengan un fuerte modelo masculino en su vida, si tu hijo se encuentra luchando con la identidad de su género, esto es aun más importante. Aliéntalo a jugar con varones de su misma edad y asegúrate de que su grupo de juego sea uno donde se sienta seguro e incluido.

¿Tener a mi hijo en mi cama es un problema para su desarrollo psicológico?

Las opciones varían en cuanto a que los niños duerman en la cama con sus padres. Sin duda, una noche en la cama contigo de vez en cuando no es algo por lo cual haya que preocuparse. Por lo general, tu cama representa un lugar de seguridad y protección, y dormir allí es un placer para la mayoría de los niños. Casi siempre los problemas que surgen en cuanto a esta práctica no son de naturaleza sexual. Como es natural, un hijo en la cama con sus padres puede tener algunas implicaciones sexuales para los padres.

Un problema mayor para el niño que comparte la cama con sus padres es el hito necesario de aprender a cómo tranquilizarse solo y quedarse dormido a la hora de acostarse. El aprendizaje a quedarse dormido y permanecer en su cama durante la noche es parte de una experiencia de crecimiento saludable. Cuando tu hijo llega a la edad escolar, e incluso antes, esto se convierte en un asunto importante y en un hito de desarrollo.

Mi preescolar siempre está haciendo preguntas. A menudo estas preguntas son acerca de aspectos sexuales. ¿Cómo debo responder?

Lo más probable es que te abrumen las incesantes preguntas de tu hijo. Cada oración comienza con por qué, cómo o qué. Tarde o temprano, esta curiosidad toca las preocupaciones acerca de sus orígenes y métodos de llegada.

La pregunta habitual a los cuatro años es: «¿De dónde vine?». Con esta pregunta, tu hijo quizá desee preguntar muchas cosas. Puedes asegurarte de lo que quiere saber en realidad al preguntarle: «¿A qué te refieres?». La respuesta a esta pregunta te informará si está preguntando acerca del nacimiento o si está haciendo una pregunta teológica («¿Quién me hizo?») o una pregunta geográfica («¿Vine de Alabama como Juanito?»).

A decir verdad, la respuesta «¿A qué te refieres?» es uno de los mejores recursos que tienes para enseñarle a tu hijo de cualquier edad acerca de la sexualidad. Al preguntar: «¿A qué te refieres?», te enteras de varias cosas al mismo tiempo: puedes descubrir lo que generó la pregunta en primer lugar. «Juanito me dijo que creció en la barriguita de su mami. ¿Yo también?». Te enteras de lo que tu hijo ya sabe acerca del asunto, lo que a su tiempo te ayuda a saber por dónde comenzar con la respuesta. Una vez que conoces estos hechos, puedes continuar con lo que se ve que responde su pregunta de manera más apropiada.

¿Cómo le explico a mi preescolar lo que es «hacer el amor»?

No es probable que tu hijo de edad preescolar te haga una pregunta directa acerca de esta expresión, a menos que la haya oído en boca de una persona mayor o en la televisión.

Una vez más, lo mejor que puedes hacer es preguntar: «¿Qué te parece que significa "hacer el amor"? ¿Qué has oído al respecto?». La respuesta de tu hijo te dará la clave acerca de lo que ha oído y te ayudará a determinar cómo deberías responder.

Si parece tener una curiosidad vaga o general acerca del significado del término, puedes responder algo así: «"Hacer el amor" es la manera en que tu papá y yo demostramos que nos amamos el uno al otro. Nos abrazamos muy fuerte y permanecemos acostados el uno junto al otro».

Si parece que tu hijito tiene alguna idea acerca de la naturaleza de la relación sexual, es importante que le des un relato preciso, pero simple. Puedes responder: «Cuando una mamá y un papá "hacen el amor", están muy juntos el uno del otro, y el papá le pone el pene dentro de la vagina de la mamá». O: «Cuando las mamás y los papás hacen el amor, el papá le planta su espermatozoide dentro de la mamá. Así es que se hacen los bebés».

¿Cómo puedo proteger mejor a mi hijo del abuso sexual?
Busca la página 57.

¿Cuál es la relación que existe entre la enseñanza para que vayan al baño y la sexualidad?
Aprender a controlar la vejiga y la función intestinal es una parte normal y necesaria del desarrollo saludable de un niño. Este control está separado de la función sexual y se diferencia de la misma, pero es una transición simbólica, y es la primera vez que a los niños se les da la posibilidad de controlar sus cuerpos. Existe una tenue relación, ya que ambas funciones (la de ir al baño y la de la sexualidad) se asocian con la misma parte del cuerpo y, por lo tanto, usan algo del mismo lenguaje. Las mentes inmaduras (de todas las edades) tienden a asociar los intestinos, la vejiga y las funciones sexuales de una forma algo cínica. Por esta razón se oyen tantas bromas acerca de los genitales, de la evacuación y de la actividad sexual.

De una manera relacionada, la enseñanza de ir al baño quizá afecte lo que siente el niño con respecto a su sexualidad. Si la enseñanza para ir al baño se asocia a la vergüenza y a lo coercitivo, el niño tal vez relacione estos sentimientos negativos con su comprensión de la sexualidad debido a la cercanía anatómica de las funciones sexuales con las de ir al baño. Si hacen que se sienta culpable en cuanto a ir al baño, puede transferir esta sensación de culpa y de vergüenza a actitudes con respecto a la sexualidad.

Las respuestas que tú necesitas y ellos quieren

¿Está bien que mis preescolares se bañen juntos? ¿Hasta qué edad?

A menudo, los hermanos preescolares de sexos opuestos se bañan juntos. Esto no tiene consecuencias negativas. En el contexto de relaciones familiares saludables, esta experiencia puede proporcionar esos momentos para la enseñanza en los que se puede conversar acerca de las diferencias entre los cuerpos masculinos y femeninos.

Tus hijos deberían dejar de bañarse juntos cuando uno o ambos se sienten incómodos al respecto. Esto tal vez suceda a una edad muy temprana como los cuatro años (es más probable a los cinco o seis). Deberías ser sensible a la indicación que te dé cualquiera de los niños en cuanto a que desea más privacidad, y deberías honrar ese deseo.

¿Cuándo debería dejar de lavarle la zona púbica a mi hijo durante el baño?

En el caso de los niños pequeños, es apropiado que bañes a tu hijo de manera completa o parcial. Es más, el niño casi siempre necesita ayuda. Incluso en el caso de los niños mayores, como los que están en los primeros grados de la escuela primaria, quizá se necesite la ayuda ocasional para lavarse los genitales. Si tu hijo te indica el deseo de privacidad para bañarse, deberías honrar su pedido, con la excepción de las veces en que se necesitan la ayuda o la inspección.

En general, el objetivo es que tenga que asumir la responsabilidad de actividades que haga por su cuenta, como bañarse lo antes posible. Por cierto, la mayoría de los niños de tres años o más, deberían estar en condiciones de lavarse todo el cuerpo con la mínima ayuda, excepto en circunstancias especiales.

¿Cuándo se vuelve inapropiado que mi hijo me vea desnudo?

Los niños pequeños están presentes a menudo cuando se cambian los padres de cualquiera de los dos sexos. Esto es natural. A medida que tu hijo crece y adquiere más capacidad verbal, puede hacer preguntas acerca de la forma y la apariencia de tu cuerpo (esta curiosidad se extiende a padres del mismo sexo, así como a padres del sexo opuesto). Una vez más, tales preguntas son normales y saludables. Esto proporciona otro momento para la enseñanza que permite la discusión de la anatomía.

La privacidad debería convertirse más en la regla cuando el padre o el niño se sienten incómodos con la exposición. En general, para cuando tu hijo tiene cuatro o cinco años, no deberías estar desnudo a propósito frente a él. La exposición accidental de vez en cuando no es un problema durante la etapa preescolar y los primeros años de la escuela primaria.

¿Cuándo deja de ser apropiado que mi hijo corra desnudo por la casa?

Los niños entre uno y dos años de edad, y los preescolares más pequeños no tienen vergüenza con respecto a sus cuerpos y les encanta correr desnudos por la casa. Es un deseo natural y no quiere decir que tu hijo vaya de vacación a un campamento nudista en el futuro. Entre los cuatro y cinco años, la mayoría de los niños desarrolla un sentido de la privacidad y limita la cantidad de tiempo que pasa desnudo.

Sin embargo, hay ciertas situaciones, como cuando hay invitados que pueden sentirse estimulados o molestos por la desnudez en tu casa, en las que tu niño no debería correr desnudo. Sencillamente, explícale que estar desnudo en público o cuando hay invitados en la casa no son buenos modales. A menos que te sientas incómodo con la desnudez de tu hijo, permítele superar esta fase por sí mismo.

¿Mi hijo pequeño se afecta al ver material sexual explícito?

Sin importar la edad que tengan, los niños son impresionables y curiosos. Aunque quizá pienses que los niños no comprenden lo que ven, puedes estar seguro de que sí lo hacen. Si tú no le das la información, tu hijo interpretará cualquier material sexual explícito de una manera distorsionada. Tu objetivo debería ser conversar primero con él acerca de las relaciones en general, de la relación sexual y del respeto hacia el cuerpo de los demás, en lugar de permitir que la enseñanza se la dé una película con un contenido inadecuado.

Es importante que lo eduques a fin de que reconozca el material inadecuado y si ha estado expuesto al mismo, te lo diga. Dile una y otra vez si tiene cualquier pregunta acerca de algo a lo que haya estado expuesto, para que sepa que estás preocupado.

¿Qué debo decir cuando mi hijo declara: «Mami, quiero casarme contigo»?

Tu hijo está tomando conciencia de dos cosas: de su masculinidad y de que su futuro le deparará una relación más profunda llamada matrimonio. Dile: «Ya me casé con tu padre, pero algún día cuando seas mayor, espero que encuentres a una muchacha maravillosa con la cual casarte y que seas tan feliz como lo somos tu papá y yo. Cuando suceda eso, siempre seré tu mamá y una buena amiga».

¿Debo permitir que niños del sexo opuesto pasen la noche con mi hijo?

Decídelo de acuerdo a cada caso. Si un niño del sexo opuesto es un buen amigo y sus padres se encuentran fuera de la ciudad, no es un gran problema. Si tu hija te pide que un amigo que tiene dos o tres años más que ella se quede a dormir, eso no es apropiado. Recuerda, es importante comenzar a discutir con tus hijos los límites adecuados de las relaciones a esta edad. Una buena respuesta a esta pregunta podría ser: «El único chico que queremos que se quede a pasar la noche en nuestra casa es tu futuro esposo». Dile a tu hija que su amigo puede venir, se puede quedar a cenar y luego puede irse a su casa a la hora de dormir.

¿Cuándo es inadecuado cambiarle la ropa a mi hijo en público?

Cuando tu hijo tenga alrededor de tres años, ya no querrá que le cambies la ropa en público. Necesitas escuchar las pistas que te da. También debes tener en cuenta la gente que te rodea. Si te encuentras afuera en público o en un centro comercial, busca un baño o un vestidor para cambiar allí a tu niño. Si lo cambias en público, sé discreto. (También es educado preguntarle a la gente que te rodea si les importa).

¿Mi pequeño debería verme mostrándole afecto a mi cónyuge?

¡Sí! Debería verte haciéndolo a diario. Si te observa que le muestras afecto de manera constante a tu cónyuge (por ejemplo, lo besas, lo abrazas, lo tomas de la mano o lo elogias con palabras) lo ayudará muchísimo a sentirse seguro y a tener un modelo positivo de relación matrimonial para el futuro.

¿Qué clase de afecto hacia mi cónyuge no es apropiado que vea mi pequeño?

El afecto inapropiado para mostrar frente a tu hijo incluiría los besos profundos, las caricias agresivas o de los genitales, y otros comportamientos sexuales que deben realizarse en privado.

Soy un padre atareado; ¿cuánta importancia tiene que pase tiempo a solas jugando con mi hijo?

Jugar con tu hijo es una de las inversiones más importantes que puedes hacer. Si le dedicas tiempo al juego, no solo te aliviará el estrés, sino que también lograrás muchísimo en inculcarle confianza a tu hijo. Necesita relacionarse contigo a este nivel; no importa si lo persigues por la casa, si le arrojas una pelota o si juegas a los videojuegos. El tiempo que inviertas hoy para jugar con él, de seguro lo protegerá de mezclarse con conductas de alto riesgo en el futuro.

Soy padre soltero; ¿cuánta importancia tiene el modelo del papel femenino para mi hijo?

Sin importar cuál sea tu estado civil, si te encuentras criando un hijo sin el modelo de un papel femenino positivo, las consecuencias pueden ser dañinas. El viejo adagio «No puedes ser todo para todos» es en especial cierto en el caso de tus hijos. Un modelo de papel femenino positivo le puede proporcionar a tu hija una persona que la ayude a comprender lo que significa ser una mujer y también le puede responder preguntas que sentiría vergüenza de preguntárselas a papá.

La presencia de un modelo de papel femenino en la vida de tu hijo puede ayudarlo a comprender cómo funcionan los hombres y las mujeres de manera diferente y pueden ayudarlo a apreciar las diferencias entre los sexos. Un modelo de papel femenino en la vida de tu hijo también le ofrecerá la oportunidad de «practicar» el respeto hacia las mujeres. Los muchachitos tienen muchos deseos de llevarse bien con el sexo opuesto, pero necesitan un modelo de papel femenino a fin de practicar de verdad cómo hacerlo. Aunque se deben evitar los estereotipos, un modelo de papel femenino en la vida de un varón puede ayudarle a aprender acerca de la amabilidad y la ternura, así como puede proporcionarle la

Forjadores del carácter

El respeto hacia los demás debería ser una conversación continua durante la vida del niño. La falta de respeto conduce al egoísmo, a la mezquindad y a intimidar a otros.

• **Sé modelo de respeto** en cómo tratas a otros familiares con tus palabras y tono de voz.
• **Conversa sobre cómo respetas tu cuerpo** al cuidarlo bien: al comer sano, hacer ejercicios, mantenerte limpio y al dormir lo suficiente.
• **Habla acerca de cómo la gente que te rodea es diferente.** Cuando tu preescolar haga un comentario hiriente o irrespetuoso, crea un escenario similar e imita un comentario descortés hacia ella y pregúntale cómo se siente al respecto. En su lugar, dale algunas palabras nuevas que digan algo agradable acerca de esa persona.

oportunidad de preguntarle acerca de los muchos «misterios» de las muchachas. La presencia tanto de un modelo masculino como de uno femenino en la vida de tu hijo, niño o niña, demuestra la compleja belleza de cómo se complementan los hombres y las mujeres.

■ **Soy madre soltera; ¿cuánta importancia tiene el modelo del papel masculino para mi hijo?**
Un modelo de papel masculino positivo es importante tanto para niños como para niñas. Un hombre tiene la capacidad de darle a tu hija la atención para ayudarla a comprender que no necesita la atención de otros muchachos para sentirse valorada. Un modelo masculino puede ayudar a tu hijo a desarrollar su masculinidad. Muchas veces, las madres solteras amparan a sus hijos de los juegos rudos, y esta decisión puede influir en el desarrollo saludable masculino. Además, un modelo de papel masculino positivo le puede ayudar a tu hija a comprender cómo se excitan los muchachos frente a ciertas vestimentas o acciones, y le puede ayudar a tu hijo a comprender cómo controlar sus impulsos y a respetar a las mujeres.

Preguntas que hacen los hijos

¿De dónde vine?

Con esta pregunta, tu hijo quizá pregunte varias cosas. En alguna ocasión, tal vez se trate de una pregunta geográfica, en la que quiere saber en realidad de qué ciudad vino. Por lo general, está buscando la seguridad de que pertenece a la familia al preguntar: «¿A quién pertenezco?». A lo mejor esté haciendo una pregunta espiritual o filosófica; puede haber oído que Dios hizo a la gente y trata de descubrir si Dios lo hizo en realidad a él.

Sin duda, muchos preescolares que preguntan «¿De dónde vine?», se cuestionan cómo están hechos, y tienen una idea vaga de la verdad. Por lo tanto, antes de lanzarte a una larga explicación acerca del embarazo y el parto, es mejor preguntarle a tu hijo: «¿A qué te refieres?». Si es evidente que su curiosidad se relaciona con el proceso del nacimiento, puedes responder de esta manera: «Creciste en el cuerpo de tu mamá. Todas las mamas tienen un lugar especial donde crecen los bebés. Se llama la matriz o el útero. Cuando estuviste listo, saliste del cuerpo de tu mami».

¿Cómo salen los bebés?

Las mamás tienen una abertura especial entre las piernas que se llama vagina que permite que el bebé salga cuando llega el momento.

Cuando sale el bebé, ¿cómo sabes si es un niño o una niña?

Los niños y las niñas tienen cuerpos diferentes. Cuando nace un bebé, los padres saben si es un niño o una niña mirándole el pene o la vagina.

¿Cómo entra el bebé dentro del cuerpo de la mamá?

Las mamás crean huevitos en sus cuerpos. Estos huevos se sueltan y cuando el huevo se encuentra con el espermatozoide del papá, comienza a crecer y a convertirse en un bebé. Se necesita una mamá y un papá para hacer un bebé.

¿Cómo entra el espermatozoide del papá dentro del cuerpo de la mamá?

Cuando las mamás y los papás hacen el amor, el papá pone el pene dentro de la vagina de la mamá y pasa el espermatozoide de su pene. Cuando un espermatozoide se une con un óvulo, se forma una nueva vida.

¿Yo también tendré un bebé?

Si es una niña la que hace esta pregunta, puedes responder: «Sí, cuando crezcas y te cases, es probable que tengas un bebé». Si la hace un niño, puedes responder: «No, los niños no tienen un lugar especial para que crezcan los bebés como tienen las niñas».

¿Por qué las mamás tienen pechos?

Las mujeres tienen pechos para poder alimentar a los bebés recién nacidos. La leche de los pechos es el alimento perfecto para los bebés.

¿Qué es un pene?

El pene es la parte del cuerpo parecida a un dedo que cuelga entre las piernas de los niños y de los hombres. Es por donde los niños hacen pis. Cuando un niño crece, su pene se hace más grande.

¿El pene se me caerá?

No, tu pene siempre formará parte de ti. Es como tu nariz o tus oídos; crecerá, pero nunca se caerá.

¿Mis amigos me pueden tocar el pene?

No. El pene es una parte de tu cuerpo y te pertenece solo a ti. Es privado. Nadie debe tocarlo, a menos que algo ande mal y el médico o tus padres necesiten revisarlo. Tampoco tú debes tocarles el pene a los otros niños. Tampoco debes tocarle la vagina a una niña.

¿Por qué tengo un ombligo?

El ombligo es el lugar en el que estaba pegado el cordón umbilical cuando estabas dentro de mamá. Era la manera en que comías y bebías mientras estabas dentro de la barriguita de mamá.

¿Duele que un bebé crezca dentro de la mamá?

Por lo general no. Algunas veces, las mamás sienten que el bebé patea, pero no es doloroso. A menudo, las mamás sienten la presión del bebé cuando crece y se cansan mucho.

¿Por qué las mamás van al hospital a comprar el bebé?

Las mamas no compran al bebé en el hospital. El bebé crece dentro de la mamá. Ella va al hospital para que el médico la ayude a que salga el bebé.

Lucas y yo (un varoncito) nos vamos a casar cuando seamos grandes.

Aunque ahora Lucas y tú puedan ser los mejores amigos, los varones no se casan con varones, y las niñas no se casan con las niñas. Estoy contenta de que Lucas sea tu amigo y espero que lo sean durante largo tiempo, pero querrás casarte con una muchacha para poder tener hijos como tu papá y yo te tenemos a ti.

Mamá, me casaré (una niña) con Guille cuando crezca.

Es fantástico que ya sepas que quieres casarte con Guille cuando crezcas. Encontrar a alguien que amas y con el que quieres estar será una decisión importante que tendrás que tomar en la vida. No hay muchas niñas con el beneficio de tener grandes amigos como Guille.

¿Por qué las niñas se sientan para ir al baño?

Las niñas se sientan para ir al baño porque sus genitales están dentro de sus cuerpos y la uretra (el tubo que traslada la orina) se encuentra entre las piernas.

¿Por qué los niños van al baño parados?

Los niños pueden ir al baño parados porque su uretra (el tubo que está pegado a la vejiga y que traslada la orina) se encuentra en el pene. Como el pene está fuera del cuerpo, un niño puede hacer pis mientras está parado. Los niños sí se sientan para hacer caca.

Antes viene el amor

Primera infancia:
De los cinco a los siete años

Cuando eras niño, se oía un cantito peyorativo en el parque de juegos que decía algo así: «Logan y Lauren bajo un árbol se B-E-S-A-N. Antes viene el amor, luego viene la boda, después viene el bebé en el cochecito de niño». ¿No te asombra por lo rápido que ha crecido tu hijo? Algunas veces, es difícil creer que ya esté en la escuela. Es posible que te dieras cuenta de que los niños pequeños no son tan inocentes como lo eran cuando tú cursabas el primer grado. Los tiempos han cambiado y es lamentable que los juegos en que se besan se hayan abierto paso en el jardín de infancia.

Como padre, esta es una edad maravillosa para descubrir la manera en que tu hijo ve el mundo que lo rodea. Tómate el tiempo para hacer preguntas acerca de sus amigos y para hurgar un poco más hondo y ver a qué juega. Aunque a esta edad los niños no exploran muchas preguntas acerca de la «sexualidad», muchas veces usan su imaginación y el tiempo de juegos para explorar y crear las relaciones perfectas entre niños y niñas.

También es la edad de la exploración atrevida y del entusiasmo con respecto a sus cuerpos y a lo que pueden hacer sus cuerpos. El pudor y la privacidad quizá se conviertan en un problema. No te ofendas si tu hija no quiere que la acompañes más al baño. Mantén los ojos y los oídos abiertos y está listo para sentirte inspirado por su confianza y la independencia que acaba de encontrar.

Preguntas de los padres

■ **¿Qué efecto tienen las influencias externas sobre mi hijo de edad escolar cuando se trata de la sexualidad?**

Sin duda alguna, las influencias externas causarán un impacto en la visión que tu hijo tiene de la sexualidad. Sin embargo, depende de ti determinar si esas influencias serán positivas o negativas. Si te preocupas por prepararlo para el mundo en el que vivirá, estas influencias externas tal vez sean grandes medios de enseñanza. Sin embargo, si tratas de protegerlo del daño del mundo, tal vez se estremezca su propio mundo.

Cuando entra a la escuela, es una buena idea conocer a sus maestros y a los padres de sus amigos. Además, si sabes que ha estado expuesto a una película que no apruebas o a un lenguaje obsceno, aprovecha la oportunidad para explicar por qué eso a lo que se expuso no refleja tus valores familiares. En esta etapa, es muy importante que te comuniques con franqueza con tu hijo. Si participas de sus actividades y te preocupas por conocer a la gente que lo rodea, no solo protegerás a tu hijo, sino que lo prepararás para el mundo.

■ **¿Cómo puedo guardar a mi hijo de las influencias malsanas del mundo?**

Tu objetivo debería ser preparar (así como proteger) a tu hijo para el mundo con el que se encontrará. Debes hablar acerca de las influencias malsanas que puede experimentar y practicar respuestas que lo ayuden a reaccionar de manera apropiada frente a situaciones con las que se enfrentará.

Además, este no es el momento para que desaparezcas de su vida. Necesita más que nunca que te dediques a él. Esfuérzate por participar como voluntario en su clase. Invita a sus amigos a tu casa y también preocúpate por conocer a sus padres. Cuando esté con otras familias, conversa con los padres acerca de tus normas para las películas, la televisión y los juegos de la computadora; esto les ayudará a no exponerlo sin necesidad a influencias negativas.

Forjadores del carácter

Los niños en edad escolar son más astutos que los prees-colares para decir mentiras o medias verdades, pero todavía se les puede atrapar a menudo en sus discrepancias.

- **Mantén** la sinceridad en tus propias palabras y acciones.
- **Analiza** cómo las consecuencias empeorarán si tu hijo miente respecto a un mal comportamiento en lugar de admitir su culpabilidad desde el principio. Aclara la consecuencia que implicará cada uno.
- **Afirma** a tu hijo cada vez que decida decir la verdad cuando hubiera podido escapar con una mentira. Agradécele su sinceridad.
- **Pregúntale** a tu hijo cómo se sintió cuando un amigo le mintió. Conversa acerca de cómo la sinceridad y la confianza van de la mano.
- **Muéstrale** ejemplos en los medios donde atraparon a la gente en una mentira y cuáles fueron las consecuencias que acarreó esto.

Por último, escúchalo a fin de obtener una perspectiva de cómo ve el mundo. Pregúntale acerca de lo que piensa respecto a diversos asuntos y aprenderás mucho. Lo más importante es que participes en la vida de tu hijo y que le digas que estás a su disposición y quieres estar a su lado.

¿Cómo puedo desarrollar la confianza de mi hijo en sí mismo y ayudarlo a pensar por su cuenta?

La confianza en sí mismo es una habilidad esencial que todo niño necesita para atravesar las dificultades asociadas con la presión de sus pares. Si inviertes en la confianza que tu hijo tenga en sí mismo ahora, protegerás su sexualidad en el futuro. Los niños que tienen una actitud de determinación son casi siempre capaces de resistir la presión de los pares y tomar buenas decisiones para su futuro.

Lo mejor que puedes hacer por tu hijo como padre es ser un modelo de confianza en ti mismo. Después de todo, las acciones hablan más fuerte que las palabras. Además, esfuérzate por apoyarlo. Dile que lo amas por lo que es y muéstrale afecto con abrazos y besos. También celebra sus logros. Si te concentras más en el proceso y en la formación del carácter que en los resultados finales, le dirás que es capaz y valioso.

¿Qué debo hacer si no sé la respuesta a las preguntas de mi hijo?

Dile: «No lo sé». Luego usa la experiencia como una oportunidad para enseñar. Si tu hijo tiene la capacidad de mantener la atención para hacerlo, invítalo a investigar la respuesta contigo. Si no, infórmale que comenzarás a buscar la respuesta y que se la dirás en cuanto la sepas. Asegúrate de establecer un momento para hablar del asunto otra vez. Tu incapacidad para seguir adelante puede eliminar cualquier conversación futura acerca del tema.

¿Cuándo debería comenzar a enseñarle a mi hijo acerca de la relación sexual?

Son pocos los chicos que a esta edad pueden venir directo a hacer la gran pregunta de cómo se hacen los bebés. Es importante comprender lo que busca tu hijo al hacer preguntas adicionales. Es probable que esté buscando algo muy simple y no «¿Qué es la relación sexual?». Si desea conocer los hechos sin vueltas, lo que corresponde es una respuesta sencilla. Además de conversar acerca de las partes del cuerpo, es muy importante hablar del contexto (es decir: «cuando seas mayor y te cases») y de que la relación sexual es algo muy especial entre dos personas que se aman y están casadas. Todo lo que le comuniques a tu hijo deberías pedirle que te lo repitiera, ya que muchas veces los niños a esta edad tienen imaginaciones vívidas.

¿Cómo le explico a mi hijo el proceso de hacer el amor si me lo preguntara?

A esta edad, la mayoría de los niños no quieren una explicación larga, interminable y detallada de la relación sexual. Por lo general, lo único que quieren saber es cómo se hacen los bebés y lo que significa en realidad hacer el amor (o cualquier otro término que pregunten). Esta es una gran oportunidad para decirle a tu hijo lo especial que puede ser el amor entre un esposo y su esposa. El hecho es que ustedes se aman tanto el uno al otro que desean abrazarse y besarse, y estar lo más cerca posible. Cuando están juntos a solas, les gusta estar desnudos cuando se abrazan y existen sentimientos especiales que tienen lugar cuando el pene de papá entra justo en la vagina de mamá. Produce una sensación placentera. Es una manera grandiosa en la que los esposos se dicen: «Te amo». Recuérdale a tu hijo que la relación sexual es íntima y especial, y que está reservada para el matrimonio. Puede tener todo un espectro de reacciones que van desde «¡qué asco!», hasta un simple «bueno» y luego salen corriendo a jugar. Cuando hablan de temas sexuales, subráyale que no debe hablar acerca de estas cosas con sus amigos ni hermanos. Una vez más, pregúntale qué fue lo que oyó para asegurarte de que no piense que dijiste algo diferente.

¿Qué sucede si mi hijo no me hace ninguna pregunta con respecto a las cuestiones sexuales?

¡Es normal! La mayoría de los niños de esta edad no hacen preguntas acerca de la sexualidad. Si te hace preguntas, respóndelas con oraciones simples y cortas; luego, pregúntale si comprendió lo que dijiste. La mayoría de los niños no buscan largos diálogos, sino que solo quieren que se les resuelva algo que los confunde. Si quieres traer a colación un tema acerca de la sexualidad y tu hijo no te hace preguntas, inicia una conversación basándote en algo que los dos hayan oído o visto hace poco. La vida ofrece muchas oportunidades para conversar acerca de las cuestiones del amor, del respeto y de la relación sexual; tan solo mira a tu alrededor en tu vecindario o en la televisión.

¿Qué debo hacer si mi hijo entra en la habitación cuando estoy desnudo?

Esto depende de cómo te sientas con respecto a que tu hijo te vea desnudo. Si tu hijo te vio desnudo mientras era más pequeño, este incidente no será gran cosa. No obstante, si de repente parece sentirse incómodo al verte así, busca una toalla o algo para cubrirte y luego explícale acerca de llamar a la puerta antes de entrar a tu habitación. Esta puede ser una gran oportunidad para conversar respecto a las puertas cerradas y la privacidad.

¿Qué debo hacer si nuestro hijo entra en la habitación mientras tenemos relaciones sexuales?

Si la puerta no está cerrada con llave y tu hijo entra de repente en tu habitación durante la relación sexual, sé firme y pídele que se vaya porque ustedes desean algo de tiempo especial juntos a solas. Si está conmocionado por lo que ve, dile que esta es la manera en que los padres se muestran afecto el uno hacia el otro. ¡No reacciones de manera exagerada! Lograrás que se empeore una situación incómoda. Por lo general, su respuesta a la situación será muy parecida a la tuya. Por más traumática que sea esta experiencia para ti, es probable que sea más confusa para tu hijo. Una vez que se vistan, pueden conversar acerca de lo que vio y lo que no vio.

La prevención es el mejor enfoque para esta situación embarazosa. Instala una cerradura en tu puerta y dile a tu hijo que si la puerta está cerrada, debe golpear y obtener permiso antes de entrar.

¿Cuándo debo presentar el problema del SIDA en la etapa escolar de mi hijo?

El VIH y el SIDA son temas muy complejos y lo más probable es que un niño en la etapa de la escuela primaria no incursione en ellos ni pregunte acerca de los mismos. No necesitas sacar el tema a esta edad, a menos que la escuela de tu hijo hable del asunto en el salón de clases. Si en la escuela hay algún niño con VIH, el tema debería tratarse con todas las clases a fin de que no se disemine la mala información en el patio de juegos. (Busca las páginas 107 y 114).

¿Qué debo hacer si mi hijo fue víctima de abuso sexual?

Busca la página 57.

¿De qué manera alerto a mi hijo acerca de los depredadores sexuales sin asustarlo?

Como padres, debemos enseñarles a nuestros hijos que algunos adultos no son dignos de confianza. Este es un concepto que han visto una y otra vez en las películas y en los dibujos animados. En esencia, dile a tu hijo que no interactúe con extraños. También debes decirle que si un extraño se le acerca de una manera amenazadora, debe correr y gritar diciendo que esta persona no es su padre. Es indispensable que, a medida que tu hijo crece, le recuerdes que nadie debe tocarle sus partes privadas (excepto un profesional médico). Si alguien le toca o le mira los genitales mediante la fuerza o la coacción, debe decírtelo de inmediato, aun si la persona le dijo en específico que no se lo dijera a sus padres. De esta manera, tiene tu permiso para venir a ti.

Además, llega a conocer a los padres de los amigos con los cuales tu hijo pasa tiempo. Aunque cueste creerlo, la mayoría de los depredadores son amigos o personas conocidas de la familia. Por último, nunca dejes a tu hijo con alguien que no conoces o del que no tengas información en cuanto a su pasado.

¿Cómo refuerzo un sentido de privacidad a esta edad?

Muchas veces, los niños de esta edad sienten vergüenza por la desnudez: la tuya y la de ellos. Para mostrar respeto por la privacidad de tu hijo, no deberías interactuar con él cuando no está vestido. Si quiere darse un baño o una ducha sin ti en el baño, déjalo. Si ya no quiere que estés en el compartimiento de los retretes públicos con él, sostenle la puerta cerrada del lado de afuera. Respeta su necesidad de límites. La privacidad es algo que surge de manera natural en la mayoría de los niños. Si tu hijo no muestra la necesidad de privacidad, el ejemplo lo puede ayudar a llegar a ese punto.

¿Es normal que mi hijo quiera tocarse los genitales a esta edad?

A los niños les encanta tocarse los genitales. Es del todo normal que exploren su anatomía y aprendan los nombres adecuados de las diferentes partes. Esto se convierte en un problema cuando tu hijo quiere tocarse a menudo y en público. Debes explicarle que este no es un comportamiento que la gente haga en público. No deberías castigarlo, sino explicarle que los otros se sienten incómodos al observar cómo se frota los genitales. Si el comportamiento continúa, dile que abandone la habitación y encuentre un lugar privado hasta que termine.

Forjadores del carácter

Cada adulto tiene ciertas responsabilidades en el hogar, el trabajo y la comunidad que si se descuidan, afecta de manera negativa en otros. Cuanto antes nuestros hijos aprendan que tienen responsabilidades importantes, mejor capacitados estarán para ejercitarlas. Aquí tienes cómo.

- **Muéstrales a tus hijos por tus acciones** que cumples con las responsabilidades en las que estás comprometido: ir a tiempo al trabajo, comprar las provisiones, preparar las comidas, lavar la ropa, ¡la lista es interminable! (Y puede que uses su ayuda).
- A fin de influir, **pasa por alto una responsabilidad** (no una que sea crucial, pero sí que les afecte a todos, como el lavado de ropas), y fíjate cómo se perjudican las personas en la familia.
- **Haz una lista** con tu hijo de las responsabilidades que puede asumir como miembro de la familia, tales como poner la mesa, mantener su cuarto ordenado y botar la basura. Es mejor no pagarle a tu hijo por estas tareas, porque todos deben contribuir en la casa.
- **Conversa** de cómo cuando uno promete algo (como sacar la basura), hay que tener la responsabilidad de hacerlo.
- **Muestra la conexión** entre ser responsable y obtener más libertad.

¿Qué debería hacer si encuentro a mi hijo que juega con un amigo y los dos están desnudos?

Si descubres que tu hijo y un amigo juegan al «médico», es importante que les preguntes qué hacían y por qué. Asegúrate de que uno de los dos no estuviera obligando al otro a hacer algo incómodo y que no estuvieran estimulando la relación sexual. Muchos niños de esta edad han visto lo suficiente en televisión y en las películas como para saber bien los pormenores.

Si simulaban tener relaciones sexuales, debes tener una conversación acerca de la privacidad y del respeto hacia el cuerpo de los demás. Recuérdale a tu hijo que no hay problema si está desnudo con sus padres, su hermano menor o hermanos del mismo sexo y su médico, pero que no está bien desnudarse ante ninguna otra persona. Pídele que repita lo que dijiste para que quede entendido con claridad.

La curiosidad no debe castigarse. Si las conductas continúan, es adecuado que se establezca alguna consecuencia (los amigos no pueden venir a casa, jugar a las citas se acabó, etcétera). Por supuesto, diles a los padres del otro niño lo sucedido, de modo tal que ambos logren enfocar el problema como un equipo. Esto no es algo por lo que deberías enojarte con tu hijo ni sentir vergüenza por lo que hizo. La clave es decirle que existen límites para todas las conductas.

▌ Una amiga pellizcó a mi hijita en sus partes privadas. ¿Qué debo hacer?

El juego agresivo a esta edad no es algo fuera de lo común, y cuando este juego no se supervisa, pueden ocurrir incidentes agresivos en lo sexual. Deberías dar pasos para referirte a lo inadecuado de este comportamiento, así como para alentar a tu hija por haberte contado esta conducta. Si te mantienes tranquilo, en calma y guardas la compostura, puedes darle buena información en cuanto a evitar los comportamientos agresivos y a las personas agresivas, incluyendo a sus compañeros, que violan los límites personales (como tocar los genitales, tirar de ellos o pellizcarlos, o tocarnos el cuerpo sin permiso). Si sientes que el comportamiento es persistente y agresivo, conversa con los padres de la niña e incluso con la niña misma. Si la actividad persiste, tendrás que intervenir y separar a tu hija de esta «amiga».

▌ ¿Mi hijo y mi hija deberían tener cuartos separados?

Si el lugar en tu hogar lo permite, este es un gran momento para permitir que tus hijos tengan cuartos separados. Si deben compartir la habitación, sin embargo, una buena idea es colgar una cortina o alguna otra barrera que les permita tener «su propio espacio». Este es el momento en la vida en el que se desarrolla el sentido de la privacidad en tu hijo, y ayudarlos a tener un «espacio» para sí mismos les dará la oportunidad de desarrollar su propio sentido de identidad.

¿Qué clase de programas de televisión son adecuados para que vea mi hijo?

Una regla general para ver televisión durante esta etapa de desarrollo debería ser que tu hijo no deba mirar ningún programa que tú no hayas visto antes. Es muy tentador dejar que los niños se sienten frente al televisor mientras preparas la cena y realizas tus tareas. El problema es que hasta los dibujos animados y los canales «específicos para niños» tienen programaciones que no son apropiadas para la audiencia de esta etapa. Los niños de esta edad deberían ver programas que solo tengan un contenido positivo. Los niños procesan la sexualidad, el lenguaje obsceno y la violencia, pero no lo hacen con madurez. Las imágenes se distorsionarán de una manera sobre la cual no tienes control.

Lo mejor es ver los programas con tu hijo, de modo tal que puedas hacer comentarios acerca de la programación. Esto tendrá un gran impacto en la manera en que interpreta lo que ve. Transforma el proceso de ver televisión en un suceso activo, al hacerle preguntas mientras lo miran para descubrir cómo procesa tu hijo lo que se muestra en la pantalla.

¿Debo dejar que mi hijo vaya a ver películas inconvenientes para menores de trece años o las prohibidas para menores de diecisiete sin la supervisión de los padres?

No. La industria del entretenimiento ha establecido una calificación estándar con respecto a las películas. Las películas inconvenientes para menores de trece años y las prohibidas para menores de diecisiete sin la supervisión de los padres contienen material que será demasiado gráfico para que tu hijo lo entienda, ya sea que se trate de lenguaje obsceno o de escenas sexuales explícitas. Es lamentable que en muchas de las películas para niños se sugiera la supervisión de los padres[1] y no sean apropiadas para niños pequeños (por el solo hecho de que sea un dibujo animado, no significa que tu hijo deba verla). Una vez más, exponerlo a imágenes explícitas, al sarcasmo, a la violencia y al lenguaje obsceno solo lo llevarán a problemas de conducta en el futuro. Recuerda, tú eres el padre. No le digas a tu hijo un simple no; proporciónale actividades alternativas y explicaciones que apoyen por qué no quieres que vea una película en particular.

Forjadores del carácter

Ahora es el momento en el que puedes esperar que tu hijo asuma la responsabilidad de vestirse, bañarse, cepillarse los dientes y ordenar el cuarto. Aquí tienes algunas sugerencias prácticas:

• **Aclara tus expectativas** mediante gráficos de lo que es parte de la rutina diaria. Si tu hijo no puede hacer solo la tarea, háganla juntos hasta que logre llevarla a cabo.

• Si algo se ensucia, **ayuda a tu hijo a asumir la responsabilidad** por la limpieza, aun cuando quizá sea más fácil que lo hagas tú.

• En los cuartos, **utiliza recipientes y cajas** con tapas y etiquetas que ayuden a tu hijo a organizar todas sus cosas. Insiste en que recoja y guarde antes de comenzar otra actividad. Por rutina, da o elimina cosas rotas o que ya no se usen a fin de evitar el desorden.

¿Es apropiado permitirle a mi hijo que ande desnudo por la casa?

Algunas familias se sienten muy cómodas con la desnudez, y si a nadie lo pone incómodo, no hay problema. Sin embargo, alrededor de los cinco años, la mayoría de los niños comienzan a desarrollar un sentido de la privacidad y a sentirse incómodos cuando ellos u otros están desnudos. Este es un excelente momento para conversar acerca de respetar la privacidad de los demás y dar ejemplo de modestia.

¿Debo permitir que mis hijos se bañen juntos?

En realidad, este asunto depende del nivel de comodidad de tu hijo. Ya te dirá cuándo es el momento para echar a los hermanos de la bañera. Los niños pequeños piensan que bañarse juntos es muy divertido. Cuando tu hijo entra en la edad escolar, puede expresar un interés en tener cierta privacidad durante el tiempo del baño. La clave es escuchar y respetar sus deseos.

¿Debo permitir que mi hijo se bañe con un amigo?

Si los niños son del mismo sexo y se sienten cómodos el uno con el otro, no hay problema con que se bañen juntos a esta edad. Sin embargo, deberías preguntarles a los padres de tu invitado si les importa que los niños se bañen juntos. Los niños del sexo opuesto que no pertenecen a la familia no deberían bañarse juntos.

¿Qué debo hacer si escucho que mi hijo usa lenguaje obsceno?

A muchos niños les gusta impresionar a sus amigos y hermanos con malas palabras. Cuando son pequeños, lo más probable es que no tengan idea de lo que significan esas palabras. Antes de enojarte, lo primero que tienes que hacer es preguntarle a tu hijo qué quiere decir la palabra. Si no lo sabe, explícale que hay ciertas palabras que tu familia no usa. Si sabe lo que está diciendo, establece una consecuencia adecuada por el comportamiento y, además, explícale el significado de la palabra. Es importante descubrir dónde escucha las palabras y asegurarse que no las escuche de ti ni de tu cónyuge. Como el ejemplo es el mejor maestro, es difícil reprender a tu hijo si repite palabras que aprendió de tu boca.

¿Qué importancia tiene la escuela cuando hablamos de formar las actitudes de mi hijo hacia la sexualidad?

Tu hogar debería ser la fuente básica de información acerca de la sexualidad para tu hijo. La escuela solo debería apoyar lo que haces en el hogar. Es lamentable, pero muchas escuelas han tomado la tarea de la educación sexual porque muy pocos padres hacen el trabajo. Muchas escuelas tienen un programa de educación sexual desde el jardín de infantes hasta el duodécimo grado. Como padre, debes enterarte lo que se enseña en la escuela de tu hijo. Tienes derecho a revisar todos los materiales de la escuela, incluso el de educación sexual. Aprovecha tu derecho y pídelo para revisarlo.

La influencia que tenga el programa sobre tu hijo depende de la postura que asumas frente a los diferentes asuntos de la educación sexual. Si el material apoya lo que dices en casa, fantástico; pero si no lo hace, deberías retirar a tu hijo de la clase o tendrás que estar preparado para conversar con él acerca de cómo los valores de tu familia difieren de lo que le enseñaron en la escuela.

El mejor enfoque, y el que empequeñecerá la influencia de la escuela, es hablar acerca de los temas sexuales antes de que surjan en ese ámbito. Entonces, tu hijo te verá como el experto, en lugar de ver así a su maestro.

¿Cómo averiguo lo que la escuela primaria enseña acerca de la sexualidad?

Pregunta. Como padre, tienes derecho a revisar todo el plan de estudio de tu hijo. No quieres parecer un padre difícil ni exigente frente a su maestra, pero por otro lado es importante saber lo que le enseñan en este campo. Puedes preguntarle a la maestra si es posible que revises el programa a fin de poder brindar el mejor apoyo desde el hogar mediante conversaciones con tu hijo. También puedes ofrecerte como voluntario para trabajar en el salón de clases durante esos días, o puedes pedir que te permitan revisar libros sobre diferentes temas que podría usar la maestra. Al conversar y trabajar con la maestra de tu hijo en otras esferas, no parecerás contencioso. Si te preocupan algunos de los temas y puntos de discusión en el programa, pregúntale a la maestra por qué se escogieron esos materiales.

¿Debo permitir que mi hijo pase la noche con un grupo de niños que duerman fuera de casa?

Ir a dormir fuera de casa se ha vuelto muy popular a lo largo de los años escolares, sobre todo en las fiestas de cumpleaños o en ocasiones especiales. Durante los primeros años de la escuela primaria, los niños necesitan una buena noche de sueño y no desean mantenerse levantados hasta altas horas de la noche viendo películas y contando chismes acerca del sexo opuesto, así que no es necesario, a esta edad, comenzar con los grupos que pasan la noche en otra casa. Siempre existe la preocupación de que tu hijo quede expuesto a programas de televisión o a películas que podrías no aprobar, así que si se queda a pasar la noche, asegúrate de que sabes lo que sucederá.

Las noches organizadas con los Exploradores, o con otros grupos donde existe una gran proporción de supervisión por parte de los adultos, son oportunidades excelentes para que los niños aprendan a estar fuera de casa durante una o dos noches.

Como algunos niños tienen temor de abandonar su hogar, esta puede ser una buena manera de promover un poquito de independencia. Pasar la noche en la casa de un amigo, donde conoces a la familia y sus normas, también es una manera divertida de practicar la estancia fuera de la casa. Por cierto, si tu hijo no quiere dormir fuera de casa a esta edad, no lo alientes a que lo haga. (Además, prepárate para hacer una caminata durante la noche para recogerlo; este momento podría ser invaluable para recordar que tu hijo no es tan maduro como quizá pienses).

¿Debo preocuparme si mi hijo me cuenta que su amigo tiene novia, o mi hija que su amiga tiene novio?

Los niños de hoy están expuestos a demasiada conversación acerca de «novios» y «novias». Antes de alucinar, pregúntale qué quiere decir con que su amigo tiene una novia. Casi siempre a esta edad, lo único que significa es algo simple, como que piensa que su «novio» tiene una linda sonrisa o que su «novia» es bonita. Por lo general, no existe una relación real que vaya más allá de la amistad. La mayoría de las veces, ¡ni siquiera se hablan el uno al otro! Algunas veces, los niños pueden alardear de haberse «besado» con otro en los labios, pero se trata más de un logro que del reflejo verdadero de cualquier clase de sentimiento.

Aprovecha esta oportunidad para conversar acerca de las relaciones en general con tu hijo. ¿Qué significa ser un novio, una novia o un amigo en general? ¿Cuál es la diferencia? Enfatiza que la apariencia no es lo que hace a un buen amigo. Mantén los oídos abiertos ante futuras conversaciones acerca de este tema, porque surgirá a menudo a lo largo de los años a medida que tu hijo redefina estos términos.

¿Qué debería decirle a mi hijo acerca de la nueva novia de su padre que vive con él?

Luego de un divorcio, este es un concepto difícil que a los niños les cuesta captar. Además de tratar de tener una relación «normal» con cada padre, los niños desean en secreto que sus padres vuelvan a unirse. Cuando los padres comienzan a rehacer sus vidas, el proceso casi siempre incluye nuevas relaciones. La convivencia es una manera fácil de evitar el compromiso, pero es incómodo cuando llega la hora de que tu hijo vaya de visita. Si no estás de acuerdo con los valores de tu ex cónyuge, conversa con tu hijo (con respeto hacia el otro padre) y dile que desearías que las cosas fueran diferentes.

Es muy importante que no influyas en la opinión de tu hijo acerca de su padre (o de su madre), pero tu opinión lo ayudará a procesar las diferencias que existen en la casa de su padre. Asegúrate de escuchar lo que siente antes y después de la visita. Aliéntalo a expresar también sus sentimientos con su padre, si es apropiado. Además, si tu hijo se siente incómodo, deberías hablar con tu ex acerca de cómo remediar la situación.

¿Es normal que mi hijo juegue de manera exclusiva con niñas?

No. A esta edad, el niño que prefiere jugar solo con niñas es raro. Alrededor de los seis años, los varoncitos abandonarán la compañía del sexo opuesto y se trasladarán a una mentalidad de «detesto a las niñas». En este momento, es cuando los varoncitos quieren construir casas clubes y no quieren que las niñas anden merodeando. Esto no es sexismo; en realidad, es parte de una identificación de género saludable y normal.

Si tu hijo desea jugar solo con niñas, sería sabio buscar el consejo de un profesional que posea tus valores en cuanto a su comportamiento. Muchos padres se sienten incómodos con el comportamiento de su hijo, pero prefieren obviarlo porque otros insisten en que no es un problema. Esta preferencia quizá sea una señal de que tu hijo necesita más tiempo a solas con su padre. Además, sería un buen momento para ayudarlo a que se rodee de varoncitos que tengan intereses similares. Si tienes el tiempo y los recursos, también podrías identificar algún deporte individual, como los bolos, el ciclismo, el tenis o la natación, en los cuales tu hijo pueda sobresalir para reafirmar su confianza.

¿Es demasiado pronto para que mi hijo muestre señales de confusión de género?

No. La confusión de género puede manifestarse de seguro entre los cinco y los siete años. No es común que un varoncito de esta edad siempre prefiera jugar solo con niñas, esté demasiado apegado a su madre, se disfrace como una niña o

Fomento de amistades

Las amistades para el niño de cinco a siete años comienzan a cambiar en su naturaleza de compañeros de juego a las primeras experiencias de verdadera amistad. Estas amistades se vuelven más profundas y dirigidas hacia sí mismos, debido a las lecciones anteriores acerca de la compasión y el respeto hacia los demás. Ten en mente las siguientes cosas al enseñarle a tu hijo las habilidades de la amistad:

• **¡Sé amigo de tu hijo!** Cuéntale sucesos de la vida, conversen y jueguen juntos.
• **Ayúdale a que identifique a los pares con intereses comunes.** Invita a los amigos y obsérvalos interactuar; luego ayuda a tu hijo a determinar cuáles son los niños con los que es más fácil llevarse bien. Aliéntalo a que amplíe sus horizontes y conozca niños que por lo general no le atraigan.
• **Cultiva una relación con los padres** de los amigos de tu hijo.
• **Conversa con tu hijo acerca de los aspectos básicos de la amistad:** (1) los buenos amigos se preocupan el uno por el otro y se respetan entre sí, no se ponen en ridículo ni se hacen burla; (2) los buenos amigos apoyan las reglas y las normas de la familia. Si se pone esta base ahora, preparas a tu hijo para el futuro cuando sea mayor y la presión del grupo se vuelva muy real.
• **Alienta las habilidades y los dones únicos de tu hijo,** y destaca cómo estas cosas se pueden usar para desarrollar amistades.
• **Enfatiza los rasgos de carácter de la amabilidad y de saber compartir** en las relaciones de amistades.
• **Organiza citas para jugar** y actividades de de grupo estructuradas con un grupo pequeño de otros niños.
• **Recuerda que tu hijo preferirá amistades del mismo sexo.** Las relaciones fuertes con amigos del mismo sexo establecen la base para amistades saludables con el sexo opuesto más tarde.

incluso se considere una niña, y deberías buscar ayuda profesional. A una niña que le gustan los juegos atléticos y agresivos, en tanto que evita las conductas y los juegos «de niñas», no debe causar gran preocupación, a menos que esté convencida de que es un varón en realidad.

Los niños de esta edad necesitan relaciones fuertes y de apoyo con padres y adultos de ambos sexos. También necesitan una clara dirección y límites para su comportamiento y sus actividades. Estos adultos deben estar comprometidos a reafirmar a los niños en cuanto a los dones y temperamentos que se les han dado.

¿Cómo puedo impedir la confusión de género en mi hijo?

Las preguntas acerca del género propio pueden ser ineludibles en un niño, tanto niño como niña, que no es un estereotipo de «varón por completo» ni «nena por completo». Algunos problemas de identidad surgen a raíz de sentimientos y de confusiones dentro del niño. Los padres que son amorosos y le brindan su apoyo deben atender estas preguntas, a fin de ayudarle a comprender su masculinidad o su femineidad, en tanto que evitan conductas que refuercen la imagen de la confusión de género (como alentar a tu hijo a que juegue con muñecas o permitir que tu hija se vista solo con ropa de varón). Otros niños pueden experimentar la confusión de género solo debido al cuestionamiento o la ridiculización de sus pares, de los adultos e incluso de los padres. Los niños en esta situación necesitan apoyo, fuertes modelos de papeles y, quizá, ayuda profesional.

¿Cómo evito que mi hijo experimente la confusión de género mientras que a la vez lo ayudo a apreciar sus dones?

Las primeras cosas que puedes hacer si ves que tu hijo actúa de manera diferente a los demás varoncitos es valorar sus dones especiales y seguir participando en su vida. Si tu hijo es sensible, amable, social, artístico y delicado, esto no quiere decir que al crecer no se convierta en un hombre fuerte. El factor principal que afecta la identidad de un varoncito es la manera en que su padre responde a su personalidad. Si su padre no aprecia sus dones, el niño puede identificarse con su madre y entonces es probable que experimente alguna confusión de género.

Las madres deben permitir que sus varoncitos sensibles sean varones. Si se burlan de tu hijo o la hacen a un lado, no corras a salvarlo; sin ser demasiado protectora, permítele aprender a expresarse por sí mismo. Padres, no ridiculicen a su hijo porque es artístico; más bien dediquen tiempo para explorar los pasatiempos de los que disfruta. Acepta gustoso su personalidad y ayúdalo a experimentar su mundo teniendo en mente sus dones.

A esta edad, tu hijo es muy consciente de sus diferencias, y es probable que se necesite la intervención de un consejero para ayudarlo a comprender sus puntos fuertes.

¿Qué debería hacer yo (una madre) si a mi hijo no le gusta su padre o lo rechaza?

Algunas veces, los niños no se identifican con sus padres porque estos están fuera de la casa la mayor parte del tiempo o pasan por alto a sus hijos cuando están en casa. Antes de que reacciones con severidad o que alientes el disgusto que siente tu hijo hacia su padre, busca más hondo la razón que se encuentra detrás de esta declaración. Muchas veces, los jóvenes deciden rechazar a sus padres porque han sentido el rechazo de su parte.

Para sentirse ligados a sus padres, los niños necesitan en forma imperiosa tres cosas de parte de ellos: afecto, atención y aprobación. Si las necesidades de tu hijo no se satisfacen, puede interpretar el comportamiento de su padre como un desinterés personal y un rechazo hacia él. Si se siente rechazado, lo natural es que rechace a su padre. Por favor, no alientes esta conducta. Recuérdale a tu hijo que su padre lo ama y piensa que es increíble.

Luego habla con tu esposo (o con el padre de tu hijo) acerca de las acciones de tu hijo, y aliéntalo a invertir más tiempo en él, y a buscar oportunidades para unirse. Alienta a tu hijo a que no rechace a su padre, sino que más bien le dé la oportunidad de participar en su vida.

¿Cómo puedo yo (padre) fomentar una relación fuerte con mi hijo?

Para cultivar una relación fuerte con tu hijo necesitarás mucho compromiso y participación. Esto comienza cuando es

Las respuestas que tú necesitas y ellos quieren

pequeño y continúa a lo largo de su adolescencia. Comienza desde temprano haciéndolo participar de juegos de luchas. Permite que tu hijo te bloquee y crea que te derribó. Además, permítele ducharse contigo. Si comienzas a hacerlo desde pequeño junto a sus hermanos, en definitiva se fomenta una identidad común, relajada, basada en la anatomía y destruye el misterio que rodea al cuerpo masculino.

Además, llévalo a hacer diligencias fuera de la casa. Permítele llenar el tanque del auto de gasolina. Llévalo a la ferretería o a comprar flores para mamá. Esto le comunicará a tu hijo que es especial.

En fin, sé la última persona en decirle las buenas noches. Léele una historia y di una oración breve. Al ser la última persona en su habitación, le proporcionarás la comodidad y la seguridad emocional de que estará seguro durante la noche.

Preguntas que hacen los hijos

¿De dónde vienen los bebés?
Una manera en que el esposo y la esposa se demuestran cuánto se aman es abrazándose el uno al otro de manera estrecha. Para estar lo más cerca que sea posible, se abrazan sin estar vestidos, y una pequeña célula, llamada espermatozoide, sale del pene del esposo y nada hacia arriba en el útero de la esposa, y se une a uno de sus óvulos. ¡Juntas estas dos células dan comienzo a un bebé!

El bebé crece dentro del útero de la mamá hasta que está listo para salir a través de la vagina de la madre. El útero se agranda a medida que crece el bebé, como si se inflara un globo. Cuando nace el bebé, el útero se achica otra vez. Todo esto lleva nueve meses, ¡y es un proceso asombroso por completo!

¿Por qué los niños tienen un pene?
El pene le ayuda a un niño a ir al baño y más tarde en la vida le ayuda a hacer bebés. Justo detrás del pene se encuentra una bolsa de piel (el escroto), y dentro hay dos pelotitas redondas llamadas testículos. Siempre es importante mostrar respeto hacia todas las partes de nuestro cuerpo y no hablar de ellas en público.

¿Qué es la relación sexual?

La relación sexual es una manera en que el esposo y la esposa se demuestran cuánto se aman. Puedes ver a una pareja casada que se besa, que se toman de las manos y que se abrazan; pero la relación sexual es acercarse aun más que eso. A decir verdad, a menudo el esposo y la esposa se acuestan juntos desnudos en la cama (parece que allí es más cómodo y privado) y están tan cerca que el hombre pone su pene dentro de la vagina de la esposa. (Para mayor información, busca la página 129).

¿Cómo entra un bebé a la barriguita de una mamá?

La vida de un bebé comienza cuando se unen un esper- matozoide de papá y un óvulo de mamá. Esto sucede cuando la mamá y el papá se abrazan muy de cerca, de tal manera que el espermatozoide del pene entra en la vagina para encontrarse con los óvulos de la mamá. Este pequeño comienzo de un bebé se traslada al útero de la mamá (un lugar dentro de ella, hecho en especial para que crezcan los bebés). El bebé pasará cerca de nueve meses creciendo en el útero antes de que esté listo para nacer.

¿Cómo salen los bebés de la mamá?

Luego de pasar nueve meses en el que crece dentro del útero de mamá, el bebé está listo para nacer. El útero se abre hacia la vagina, y esta es la abertura por donde sale el bebé. Se encuentra entre las piernas de mamá, cerca de donde va al baño. Cuando el bebé está listo para nacer, la mamá estará de parto por diversas horas. Durante el parto, la mamá expulsa al bebé a través del canal, de modo que pueda salir al mundo.

¿Qué es una vagina?

Todas las niñas tienen tres aberturas en sus zonas privadas. La primera se encuentra cerca del frente y permite que salga la orina. Se llama uretra y la abertura es muy pequeña. La segunda, en el medio, es mayor y se llama vagina. La vagina permite que nazcan los bebés cuando una mujer es grande. La tercera abertura o agujero se encuentra en la parte de atrás (llamado el ano), es de tamaño mediano y es por donde sale el popó.

Las respuestas que tú necesitas y ellos quieren

Forjadores del carácter

Cuatro maneras de desarrollar el respeto en ciernes

A esta edad, los niños comienzan a notar cada vez con mayor frecuencia a la gente que es diferente a ellos (a los que están en sillas de ruedas, los indigentes o los discapacitados); sin embargo, muchos tienen un verdadero corazón compasivo. Reafirma los rasgos de crecimiento del respeto de estas maneras:

• **Modela respeto en cómo tratas a los demás que conoces.** Por ejemplo, cuando conoces a alguien nuevo, haz énfasis en elogiar lo individual en lugar de criticar su vestimenta.
• **Sé un ejemplo de respetarte al cuidar de tu cuerpo.** Come sano, haz ejercicios y dedica tiempo para ti mismo.
• **Planea medios en los que tu hijo aprenda** cómo el ejercicio y la comida de alimentos adecuados muestran respeto por su cuerpo.
• **Conversa y pon en práctica maneras de mostrar respeto** hacia otros en nuestro camino, al no mirar con fijeza, al ofrecer una sonrisa amigable o una palabra amable, etc.

¿Qué es el SIDA?

El SIDA es una enfermedad causada por un virus peligroso que debilita tanto al cuerpo que no puede luchar contra otros gérmenes. Es muy difícil pescarse el virus del SIDA y los niños no hacen ninguna de las cosas que pueden causar el contagio del SIDA.

¿Qué es un período?

Un período es el flujo de sangre que tiene una mujer alrededor de una vez al mes, que sale del útero a través de la vagina. El período muestra que el cuerpo de una mujer está en condiciones de tener a un bebé dentro de su útero si el espermatozoide de un hombre se une con uno de sus óvulos.

Forjadores del carácter

Cómo nutres la determinación y la salud sexual

Cuando tu hijo entra a la escuela, deseará independencia para hacer las cosas por su cuenta: vestirse, atarse los zapatos y montar en bicicleta. La determinación es un rasgo que puede ayudarle a obtener independencia. Aprender a ser determinado ahora puede proteger a tu hijo en el futuro cuando tenga que tomar decisiones en cuanto a iniciar la actividad sexual o a ir detrás de su futuro.

• **Establécete pequeñas metas** y luego habla acerca de cómo puedes lograrlas. Algunos ejemplos pueden ser hacer ejercicio tres veces a la semana, evitar los segundos platos en la cena o terminar un proyecto en casa.
• **Dale a tu hijo algunas pequeñas cosas para que logre.** Esto refuerza los logros de metas. Déjalo participar en algunas que le parezca que puede hacer. Ayúdalo a planear cómo hacerlas. Pueden ser artesanías, terminar una tarea o ahorrar para un artículo en especial.
• **Aprovecha cada oportunidad que veas** en las historias, en los nuevos artículos o en las experiencias de los amigos **a fin de hablar acerca de cómo la determinación ayuda a alguien** a lograr una meta.

¿Por qué los varones no tienen pechos?

Los varones tienen pechos, pero no les crecen como a las mujeres. El propósito principal de los pechos de una mujer es fabricar comida para los bebés recién nacidos. Como los varones no tienen bebés, no necesitan fabricar leche de pecho. Por eso, tienen pechos que no crecen.

Forjadores del carácter

A esta edad, los niños comienzan a darse cuenta de verdad lo que los otros tienen que ellos no tienen, en especial, juguetes y vídeos. A fin de frenar los malos hábitos, sería sabio hacer lo siguiente:

• **Cuando tu hijo quiere algo que no quieres comprar, expresa tus razones y luego sigue adelante.** Si te sigue molestando, la advertencia de que le quitarás algo que ya tiene puede ponerle fin a los quejidos.

• **Enséñale el significado del valor.** Si desea algo especial, no es demasiado pronto como para que haga tareas extra con el fin de ganarse parte del costo. La mayoría de las veces perderá el interés y, en realidad, no lo querrá después de todo.

• **Enséñale la diferencia entre «necesidad» y «deseo».** Hagan juntos una lista de las cosas que necesita tener de verdad (incluso esto es debatible) y lo que son deseos o extras.

¿Qué es el sexo?

Sexo puede significar algunas cosas diferentes. Existen dos sexos: el masculino y el femenino. Sexo también puede referirse a la relación sexual, a hacer el amor o a otras diversas palabras vulgares que quizá escucharas. La relación sexual es una actividad de la cual deberían disfrutar un hombre y una mujer que están casados. Una de las razones por las que un hombre y una mujer tienen relaciones sexuales es para hacer un bebé y comenzar una familia. Esto funciona de la mejor manera en el matrimonio. Muchas personas que no están casadas tienen relaciones sexuales, pero a menudo experimentan muchos problemas debido a sus elecciones.

Tiempo de soltarlo
Segunda infancia:
De los ocho a los diez años

Partidos de fútbol. Niños exploradores. Kárate. Tareas escolares. Consolas de vídeo para cuatro. Ir a dormir a las casas de los amigos. ¿Recuerdas una época más sencilla? ¿Un tiempo en el que pasabas los sábados mirando dibujos animados y preparando el desayuno para tus hijos? A esos días los han sustituido los juegos, las prácticas, las tablas de multiplicar y cada vez más actividades.

Te guste o no, tu niño ya no es un bebé. Se ha convertido en un estudiante y un atleta seguro, y un talentoso jovencito. (Al menos, eso es lo se que cree él). Ahora es el momento de comenzar a hablar acerca de su futuro, si todavía no lo has hecho. Como tu hijo anhela la independencia, tu tarea es enseñarle la responsabilidad que acompaña a la independencia.

Esta también es una época en la que puedes forjar su confianza al mostrar interés en lo que le gusta hacer, en lugar de obligarlo a que participe de tus intereses. Muchos niños de esta edad darían cualquier cosa con tal que sus padres mostraran algún interés en sus sueños y deseos. Aunque tu hijo anhela ser grande, en secreto desea que dejes de trabajar temprano y vengas a casa a jugar con él.

Tu misión durante esta etapa de la vida de tu hijo, si decides aceptarlo, es comenzar a soltarlo, mientras que, al mismo tiempo, le proporcionas las habilidades para tomar buenas decisiones. El error fatal que cometen muchos padres en esta coyuntura en el desarrollo de su hijo es abandonarlos del todo poco a poco. Tu hijo necesita que lo afirmes y que lo ayudes a encontrarle sentido al mundo con el que se encuentra. En la medida en que comienza a cambiar en el aspecto físico y emocional, necesita que estés a su lado para alentarlo y apoyarlo. Sin duda, este es un tiempo fundamental en su desarrollo.

Preguntas de los padres

¿Cuándo comienza la pubertad para los niños y las niñas? ¿Es igual para los dos?

La pubertad se define como el tiempo en la vida en el cual los niños y las niñas comienzan a cambiar de manera física y se desarrollan a fin de convertirse en hombres y mujeres, y están en condiciones de tener hijos. En promedio, la pubertad comienza entre los nueve y los once años en el caso de las niñas, y entre los diez y los trece en el caso de los niños. Algunos comienzan a desarrollarse incluso más tarde, y unos pocos comienzan antes (lo que podría ser señal de un problema hormonal).

¿Cuándo debería comenzar a conversar con mi hijo acerca de la pubertad?

Debes hablar con tu hija antes de que comience la pubertad, y como no sabes cuándo comenzará, esta conversación debiera tener lugar temprano antes que tarde. Si tienes una hija, deberías comenzar a hablar acerca de la pubertad entre los ocho y los nueve años. Si tienes un hijo, comienza a conversar entre los diez y los once. No obstante, si tienes una historia familiar de desarrollo temprano, tal vez quieras considerar la posibilidad de comenzar un año antes.

Tu hijo puede resistir una conversación acerca de la pubertad, pero tu actitud puede desempeñar un papel importante en su nivel de comodidad. Sé positivo y permite que tu hijo sepa que quieres contarle algo muy importante que le sucederá a su cuerpo. Si se cierra o parece desinteresado, establece otro momento y haz que sea especial para él. La manera en que reaccione está fuera de tu control, pero tu responsabilidad es decirle que puede venir a ti con sus preguntas.

Forjadores del carácter

Cuando la sinceridad se convierte en un problema

Si tu hijo todavía miente a este edad, debes hacer que las consecuencias sean más serias. De otro modo, las mentiras se prolongarán a los años preadolescentes y te encontrarás con que surgen otros serios problemas como las drogas, el acto sexual y el alcohol.

- **Sé una persona sincera.** Tu hijo puede atraparte incluso en medias verdades que te oye afirmar. No inventes excusas; solo admite que te equivocaste.
- **Recuérdale cuánto peor serán las consecuencias si le pescan mintiendo** en cuanto a una mala decisión. Dale gracias cuando te diga la verdad desde el primer momento.
- **Pídele que te aclare su respuesta si crees que trata de confundirte.** Explica por qué esto también es una mentira en realidad.
- **Usa cualquier momento enseñable** a fin de señalar los peligros de mentir que se ven en el mundo que les rodea (en la televisión, las películas, las incidencias en la escuela) y las personas que se hieren por la mentira.

¿Debo usar libros o cuadros para ilustrar los hechos físicos de la pubertad?

Las imágenes valen más que mil palabras y son de mucha ayuda para explicarle la pubertad a un niño. Si le muestras a tu hijo ilustraciones de su anatomía, lo ayudarás a hacer un tema abstracto más realista. Estos libros se pueden encontrar en la librería local o en el consultorio de tu médico.

¿De qué manera la pubertad influirá en la personalidad de mi hijo o de mi hija?

«¡Soy un león, oigan cómo rujo!» Por lo general, la pubertad es una época de conmoción. Es común que los hijos se sientan frustrados con lo que les sucede a sus cuerpos y que no tengan ningún control sobre sus emociones. Esta ansiedad puede llevar a un comportamiento malhumorado tanto en los varones como en las niñas. Es probable que tu hijo no pueda señalar lo que anda

empo de soltarlo: Segunda infancia: De los ocho a los diez años mal o tal vez ataque, se enfurruñe o se retraiga sin ninguna razón aparente. Por fortuna, su personalidad básica todavía está intacta. Puedes quedarte tranquilo, porque volverá a surgir cuando termine la pubertad e incluso quizá esté presente a lo largo de ella. Para sobrevivir a esta etapa del desarrollo de tu hijo se necesita paciencia y comprensión. Eso no quiere decir que debes tolerar el comportamiento irrespetuoso, pero si pasas más tiempo escuchando y haciendo preguntas sinceras sin que parezca que te estás entremetiendo, le mostrarás que todavía te preocupas por él y que solo tratas de comprender su mundo.

¿Es apropiado que mi hijo vea al sexo opuesto desnudo?

A esta edad, tu hija debería desear privacidad cuando está en el baño y cuando se viste. Aun así, es saludable que vea a sus hermanos menores (es decir, durante los años preescolares) desnudos en el baño. Su curiosidad natural se satisfará sin poner incómodo a nadie.

¿Qué cantidad de juegos de lucha son apropiados para un padre y su hija?

Una vez que tu hija comienza a atravesar la pubertad, es hora de ponerle freno a las luchas. En estos días y en esta época, se malinterpreta con facilidad y puede incomodar a tu hija. Los abrazos y los besos todavía son apropiados, y siempre está bien preguntarle a tu hija cuáles son las cosas que disfruta para hacer contigo. Si no le importa luchar, déjala que determine durante cuánto tiempo debe continuar.

¿Qué debo decirle a mi hijo acerca del SIDA?

El SIDA, o síndrome (enfermedad con diversos síntomas) de inmunodeficiencia (carencia de lucha contra las infecciones en tu cuerpo) adquirida (que se contrae y con la que no naces), es una enfermedad causada por un virus poderoso que debilita tanto al cuerpo que no puede luchar contra otros gérmenes, pero es muy difícil contraer el virus del SIDA y los chicos no hacen ninguna de las cosas que pueden causar el contagio. Solo los adolescentes y los adultos hacen cosas que podrían llevarlos a contraer el SIDA. La única manera en que un niño puede contraer SIDA es si su madre lo tiene cuando está embarazada y se lo pasa al hijo durante el parto. No puedes contagiarte de SIDA de otro chico, aunque lo toques o lo abraces. La única manera posible de contagiarse de SIDA de alguna otra persona como un niño es si tu sangre (a través de una herida) entra en contacto con la sangre de alguien que tiene SIDA. Por lo tanto, nunca toques la sangre de nadie. Si tu amigo sangra, busca a un adulto para que lo ayude a detener el sangrado.

¿Cómo aliento a mi hijo a usar un lenguaje apropiado en lugar de usar palabras groseras para referirse a las partes o las funciones del cuerpo?

El ejemplo siempre es el mejor maestro. El primer lugar para comenzar es asegurarse de que tu lenguaje sea apropiado cuando te refieres al pene o a la vagina de tu hijo o hija. Si no has usado esas palabras en el pasado, ahora es el momento para corregir la terminología. Si no te sientes incómodo, es menos probable que tu hijo se sienta incómodo. Si utiliza las palabras groseras, dile con delicadeza: «Te refieres a tu...» y enfatiza que es mejor llamarlo tal cual es. Esto le da respeto a todas nuestras partes del cuerpo, lo cual es un principio importante para enseñar a esta edad.

¿Qué debería hacer cuando mi hijo usa lenguaje grosero u obsceno?

Muchos de los niños en la segunda infancia tratan de hacer alarde de las groserías que les han oído a sus amigos. Muchas veces, no están seguros de lo que dicen en realidad. Los niños tratan de que no se les escapen estas palabras cuando un adulto anda cerca, porque saben que se meterán en problemas. Si por casualidad oyes una palabra inaceptable de boca de tu hijo, habla primero acerca de lo que piensa que significa la palabra y examina lo que trata de comunicar en realidad. En un comienzo, es mejor mantener un tono que no sea sentencioso. Infórmale que tu familia sigue ciertas reglas de respeto y que eso excluye al lenguaje grosero. Pídele que no lo repita y ayúdale a encontrar alguna otra expresión adecuada que sea más aceptable a fin de que exprese sus sentimientos. Conversa con él acerca de tus expectativas y las consecuencias de no seguir tus reglas. Si tu hijo vuelve a cometer el mismo error, ¡asegúrate de cumplir con lo prometido! (¿Te acuerdas que te lavaría la boca con jabón?)

Forjadores del carácter

Muchos niños comienzan a mostrar compasión y preocupación por los demás a esta edad, pero muchos otros continúan viéndose como el centro del universo. Elabora una perspectiva adecuada de estas maneras:

- **Involucra a tu hijo tanto como sea posible en ayudar a otros:** al llevarle una comida a algún necesitado, ofrecerse como voluntarios en un proyecto de servicio o trabajar juntos en un comedor comunitario.
- **Haz que tu hijo ingrese a una organización de servicio** tales como los niños exploradores y otras organizaciones juveniles similares.
- **Usa los medios, las noticias o las historias a fin de comentar** acerca de las personas que muestran amabilidad las unas con las otras.
- **Como familia, participen en el «juego de actos de amabilidad al azar»** durante una semana. Logra que cada persona haga un acto de amabilidad en secreto por cada miembro de la familia y luego traten de adivinar al final de la semana lo que hizo cada uno y por quién lo hizo.

¿Debería controlar las películas, los programas de televisión y los videojuegos que ve mi hijo?

¡Por supuesto! A medida que tu hijo comience a ser más independiente en los últimos años de la escuela primaria, puedes sentirte tentado a no controlar lo que ve en la televisión, lo que explora en la computadora, lo que juega en los videojuegos o lo que escucha por los auriculares. La influencia de los amigos de sus hermanos mayores comienza a infiltrarse y puede exponer su mente a cosas que no ha visto u oído antes. ¡Cuidado! Es importante pensar en cuáles son tus normas para las películas, la televisión y la música, y atenerte a ellas. Este no es el momento para permitir que tu hijo comience a ver películas prohibidas para menores de trece años o restringidas (incluso las que sugieren la supervisión de los padres no son apropiadas), con la idea de que

Cómo enfrentas
la influencia de los medios

La televisión, las películas y los vídeos traen varios grupos de nuevos «amigos» al hogar de un niño. Estos «amigos» tienen una profunda influencia en las vidas de los espectadores. En cuestión de horas o días, los niños, adolescentes y adultos jóvenes de todo el país adoptan las últimas tendencias, los estilos y los productos que se promocionan a través de un programa en particular. Piensa en cuántos millones de dólares se gastan en publicidad durante el partido por el campeonato mundial. El hecho es que la publicidad influye en las decisiones de la compra. Si los medios pueden influir a un niño de tres años para que les ruegue a sus padres que le compren una marca determinada de bocadillos, en lugar de la marca genérica, ¿por qué el contenido inmoral e indecente en lo sexual no habría de desensibilizar también a nuestros hijos comenzando a una edad temprana?

La mayoría de los padres suponen: «Mi hijo no lo capta». Esa opinión no se sostiene cuando la investigación muestra que la violencia y la exposición a los medios están muy conectadas. La conexión es aun más fuerte cuando hablas de cómo el entretenimiento influye en la toma de decisiones sexuales[1]. Algunas películas con una clasificación en la que se sugiere la supervisión de los padres muestran parejas que no están casadas, que viven juntos y que tienen relaciones sexuales (solo que sin mostrar desnudez).

Como padre, no puedes darte el lujo de ceder solo porque «todo el mundo las ve». Si deseas frenar la influencia que tiene la industria del entretenimiento sobre tu familia, implementa algunos de estos consejos prácticos:

• **Limita la exposición de tus hijos a la televisión y a los vídeos.** (Esto debería incluir el tiempo frente a la computadora que no esté dedicado a la educación). Muchos datos asocian la obesidad infantil con ver televisión. Muy a menudo, instituye una semana «sin televisión»; puede acercar mucho a tu familia.
• **Sé preventivo al escoger los programas de televisión y las películas** que puede ver toda la familia. Pregúntales a tus hijos qué piensan de los personajes y del mensaje general del

117

Cómo enfrentas
la influencia de los medios

programa o de la película. Da tu opinión al final, en especial si no estás de acuerdo con lo que viste.

• **Si por casualidad enciendes el televisor en una película grosera, no dudes en apagarlo.** Tus hijos pueden quejarse, pero explícales las razones por las que lo apagas y comienza una conversación; lo más probable es que aprendan a seguir el ejemplo de tu comportamiento.

• **Usa las clasificaciones solo como punto de partida.** Investiga los programas de televisión, videojuegos y películas con antelación, a fin de que si no los apruebas, tengas una solución alternativa.

no comprenderá todo lo de la sexualidad, el lenguaje y la violencia. Si ve material sexual explícito, se le despertará la curiosidad y la imaginación. Todavía lo mejor es sentarse con tu hijo y ver juntos la televisión. Si no estás de acuerdo con los valores, haz comentarios al respecto o, de plano, apaga el programa y explica el porqué. Consulta diferentes sitios en la Web que clasifican a las películas de manera más completa. Además, revisa las clasificaciones de los videojuegos que compras.

■ **¿A los chicos les afecta ver material sexual explícito?**

Son muchas las veces en las que pensamos: *No lo captan.* Sin importar la edad que tengan, los niños son impresionables y curiosos, y si tu hijo no tiene la información que puedes darle, su mente interpretará cualquier material sexual explícito de una manera distorsionada. Tu objetivo debería ser llegar primero (lo cual debería ser ahora, si no antes) en lo que se refiere a hablar acerca de las relaciones, de la relación sexual y del respeto hacia otras personas. Deberías preparar a tu hijo de modo que reconozca el material inadecuado y te lo diga. Sigue preguntándole si tiene alguna duda en esta esfera para que te busque como la autoridad en la materia. Si descubres una revista, un libro o una película que no es aceptable, conversa con él y dile por qué piensas que no debería estar expuesto a ese material.

Obtén información
de la industria cinematográfica

No tienes que confiar en las palabras de tus hijos ni de tus amigos para saber cuáles películas vale la pena ver. Revisa estos sitios Web con reseñas de películas:

www. moviepicks. org
www.screenit.com
www.familyfilms.com
www.familysafemedia.com

¿Qué clase de ropa es adecuada para que use mi hijo?

A medida que los hijos llegan a los últimos años de la escuela primaria, tienen mucha más conciencia y se aferran mucho más a sus opiniones en cuanto a cómo se ven y qué ropa quieren vestir. En especial, en el caso de las niñas, lo que quieren son las últimas tendencias. Los varones también son conscientes de las tendencias, aunque esto quizá tenga lugar un poco después que en las niñas. Sin embargo, no caigas en modas pasajeras que no son adecuadas para la edad de tu hija. Déjala escoger lo más posible, pero mantente firme en cuanto a la ropa que sea apropiada. Las niñas de ocho a diez años no necesitan vestirse como modelos ni usar ropas que no cubran la suficiente cantidad de piel. Por supuesto, recibirás mucha presión y quejas cuando te pongas firme, pero esto puede dar comienzo a una conversación acerca de la modestia y de cómo influye en la manera de pensar de los demás, la forma en que te vistes.

Fomento de amistades

Esta época es un tiempo de crecimiento emocional significativo con cada vez más independencia en las actividades diarias. Las amistades sólidas representan un papel crucial para ayudar a que tu hijo se expanda hacia el mundo y desarrolle confianza en sí mismo, así como habilidades más profundas en la amistad. Ten cuidado porque...

• **Las amistades a esta edad llegan a ser significativas en lo emocional.** Tu hijo no solo busca un compañero de juegos, sino alguien al cual pueda apegarse y con el que pueda compartir las alegrías de la diversión del juego y de crecer.

• **El juego entre amigos a esta edad será menos simbólico y basado en la fantasía,** pero más activo y orientado a las metas, tales como juegos, competencias, atletismo, montar bicicleta y actividades creativas. Esta es una edad en la que el logro e incluso la competencia pueden acentuar el sentido de conciencia y de seguridad en sí mismo, pero en la que debe aprender también que el valor de uno no se basa solo en ganar y en los logros.

• **Puede ser una edad en la que te parece que deberías retraerte** de tu hijo debido a su creciente independencia. Resiste esta tentación, ya que este es un período crucial en su vida antes de que se alboroten las hormonas. Si has sido un adicto al trabajo o un padre ausente, esta es tu oportunidad para resarcirte por el terreno perdido, antes de que comience la pubertad. Los niños de esta edad necesitan más oportunidad de independencia, pero requieren la continua supervisión y estructura que les proporcionan sus padres. Deberías estar siempre comprometido a conversar con él, a enseñarle, a jugar con tu hijo durante esta etapa.

• **Esta es una edad en la que es común la bravuconería.** Enséñale a tu hijo que la bravuconería es una falta de respeto y que no se tolerará. Recuérdale que el bravucón es la persona que tiene el problema. Dale a tu hijo los recursos para tratar con los bravucones; por ejemplo, aprender a pasarlos por alto o evitarlos y pedir la ayuda de los adultos a fin de tratar con los pleitistas (esto no es acusar). Además, enséñale a fortalecer las amistades, porque los bravucones tienden menos a molestar a los niños con buenas amistades.

• **Aunque debes participar de manera activa en la vida de tu hijo, no deberías tratar de ser su mejor amigo**. Para eso están sus pares.

• **Alienta la diversión y las actividades productivas** con las amistades a la vez que le proporcionas límites a fin de protegerlo de los peligros en su mundo en expansión. Establece reglas y da advertencias acerca de las películas, la Internet, la pornografía y otras trampas en las que pueden caer los amigos.

• **Todavía es adecuado limitar la exposición de tu hijo** a amistades inapropiadas.

• **Asegúrate de que le enseñas y modelas una sexualidad saludable** a tu hijo. En su mundo, ya oye mucho acerca de la sexualidad; mantente participativo e infórmale acerca del mundo que le rodea.

¿Debo permitir que mi hijo se quede a dormir en una casa con varios amigos?

A esta edad, quedarse a dormir en la casa de un amigo se convierte en algo favorito en las fiestas de cumpleaños y en las ocasiones especiales. El problema es que en estas ocasiones se duerme muy poco y esto puede aniquilar a tu hijo para el resto del fin de semana. Los sábados por la noche anulan los domingos, cuando la mayoría de las familias asiste a la iglesia y los niños necesitan hacer los deberes. Si tu hijo se queda a pasar la noche con alguien, es mejor conocer bien a la familia, saber cuáles son sus normas en cuanto a las películas (se trata de una edad en la que muchos chicos comienzan a ver películas restringidas de las que sus padres no saben nada) y preguntarles acerca de los planes para la noche. Infórmales a los padres tus normas para las películas y el entretenimiento. Si se desarrolla un patrón y tu hijo está exhausto por la duración del fin de semana, puedes dejarlo que se quede hasta las diez de la noche y luego puedes recogerlo. Asimismo está bien que tengas un límite de una sola noche al mes o cada quince días, de modo tal que no tengas que luchar con un hijo malhumorado cada fin de semana.

◼ ¿Me debería preocupar que mi hijo esté expuesto a la pornografía a esta edad temprana?

¡Sí! La mayoría de los varones se exponen por primera vez a la pornografía más o menos a los ocho años. Los niños que son hábiles en la Internet, a menudo entran por accidente a sitios pornográficos. Como los varones de esta edad tienen de todas maneras una elevada curiosidad por la sexualidad, este es el momento para ser diligentes con respecto a esas cosas con las que tu hijo se pone en contacto. Si descubres a tu hijo con pornografía, es el momento para una discusión acerca de lo hermoso que debe ser la sexualidad y de cómo la pornografía es un abuso sexual de la persona que está en la fotografía. Determina con anterioridad las consecuencias en caso de que encuentres de nuevo a tu hijo con ese material. (Busca las páginas 140, 142 y 188).

◼ Mi hija muestra pocas señales de comportamiento femenino; ¿qué debería hacer?

Antes de hacer algo, el Dr. Joseph Nicolosi (un médico que trabaja sobre todo con los problemas de identidad de género en la gente joven) sugiere que respondas las siguientes preguntas con tu cónyuge o con un consejero capacitado:

- ¿Tu hija es muy atípica en su género?
- ¿Rechaza su anatomía sexual?
- ¿Recurre a su madre para hacerle preguntas? ¿Le pide a su madre que hagan cosas juntas? ¿Le muestra sus juguetes, sus juegos y actividades o prefiere recurrir al papá? ¿Tiene una relación cómoda con su madre? ¿Disfruta de hacer «cosas de mujeres» con la madre?
- ¿Hasta qué punto interactúa y se relaciona de manera cómoda con otras niñas?
- ¿Rechaza de manera categórica la posibilidad de que crecerá, se casará y tendrá hijos algún día?
- ¿El padre alienta su comportamiento femenino?[2]

Si tu hija se expresa de manera femenina en casa, pero no fuera de ella, debes mantener los ojos abiertos, pero no debes desesperarte todavía. La realidad de la vida para las niñas de esta edad es dura. Para una jovencita que todavía no ha alcanzado su plenitud, es más fácil andar con los varones, porque las bromas y el rechazo no son tan duros. Puedes recordar los dolores del crecimiento; es de lamentar que hoy en día las niñas estén expuestas a una crítica más severa en cuanto a su apariencia y su conducta a una edad más temprana que cualquier otra generación en nuestra sociedad. Sigue participando en la vida de tu hija y recuérdale que la aman por lo que es y por lo que será. Si estás preocupado, busca ayuda profesional.

¿Qué debo hacer si mi hijo me rechaza? (Esto se refiere a padres que viven en la misma casa).

No te des por vencido y, por favor, no dejes que su madre se ocupe de manera exclusiva de él. Persigue a tu hijo y pasa por alto su indiferencia defensiva. Deja de lado tus propios sentimientos de rechazo y trata de encontrar maneras de identificarte con él. Muchos padres se rinden ante sus hijos porque no quieren ser entremetidos. Sé entremetido; eres importante para tu hijo y para su futuro. Tarde o temprano, se ablandará ante tus esfuerzos y te dejará que vuelvas a entrar en su vida. Si te sientes desanimado y quieres abandonar el barco, busca ayuda profesional para que te guíen y te den aliento a fin de resistir hasta el final.

¿Cuáles son las señales que muestran que mi hijo está luchando con problemas de adaptación a su género?

La Asociación de Psiquiatría Estadounidense determina cinco indicadores para ayudar a los clínicos a determinar si un niño tiene un trastorno de identidad de género:

1. La repetida afirmación del deseo de ser del otro sexo o la insistencia en que es del otro sexo.
2. En el caso de los varones, la preferencia por vestirse con las ropas del sexo opuesto o simular el atuendo femenino. En el caso de las niñas, la insistencia de vestirse solo con ropas catalogadas como masculinas.
3. Una gran y persistente preferencia por las funciones del otro sexo en los juegos de fantasía, o fantasías persistentes de ser del otro sexo.
4. Un intenso deseo de participar en los juegos y pasatiempos típicos del otro sexo.
5. Una gran preferencia por los compañeros de juego del sexo opuesto[3].

123

Si notas cualquiera de estas conductas en tu hijo, sería sabio que hablaras con su médico o con un consejero profesional que posea tus creencias y valores.

¿Qué les sucede a los varones durante la pubertad?

El desarrollo de la pubertad es un proceso bastante sencillo para los varones. La primera señal física de la pubertad en los varones es el agrandamiento de los testículos y el afinamiento del escroto. Aparecerá el vello en el rostro y en el pecho, debajo de las axilas y en la zona genital. Además, la voz del varón comenzará a ser más grave (durante este período puede cascarse y hacer chirridos).

Mientras tienen lugar estos cambios externos, en la parte interna los testículos comienzan a producir espermatozoides que se transportan a través del epidídimo y luego hacia delante hasta el pene a través de los conductos deferentes. Entonces la próstata comienza a producir fluido seminal, que lleva el semen fuera del cuerpo durante la eyaculación. Durante la pubertad, los varones también tienen un crecimiento acelerado y tienden a experimentar un rápido aumento de peso, mientras que pierden grasa corporal al mismo tiempo.

¿Qué les sucede a las niñas durante la pubertad?

En tanto que la pubertad se puede explicar con sencillez en los varones, las niñas pasan por una cantidad significativa de cambios, que les proporcionan una excelente excusa para su malhumor y su mal comportamiento. La primera señal visible de la pubertad para las niñas es el desarrollo del botón mamario. Por lo general, esto se produce dos años antes del primer período menstrual de una niña. Mientras sus pechos continúan creciendo, también le comenzará a crecer el vello en las piernas, en los genitales y debajo de las axilas. Además, se le comenzarán a ensanchar las caderas, mientras sus órganos internos crecen y maduran. Una vez que se completa todo esto, tu hija experimentará su primer período (conocido como menarquia) y será capaz de tener bebés.

Las preguntas que hacen los hijos

¿Qué es la pubertad?

La pubertad es el momento de la vida en el que los niños y las niñas comienzan a convertirse en hombres y mujeres de manera física y tienen la capacidad de tener hijos. Para la mayoría de las niñas, la pubertad comienza entre los nueve y los once años. En el caso de los varones, es un poco más tarde; en promedio, entre los diez y los trece años.

A las niñas se les desarrollan los pechos, así como el vello en la zona genital. Alrededor de dos años luego de que inicia la pubertad, comienza el período de una niña. Crecerá mucho antes de que empiece su período y luego seguirá creciendo un poco más.

Los varones también comienzan a tener vello en la zona genital y, con el tiempo, también en el cuerpo y en el rostro. La voz se les vuelve más grave, y el pene y los testículos comienzan a agrandarse. Los músculos también se agrandan. El crecimiento acelerado en los varones comienza mucho después que en las niñas, pero puede continuar durante mucho más tiempo.

¿Los varones atraviesan la pubertad?

Todos los varones atraviesan la pubertad. Da inicio en algún momento entre los diez y los trece años. Comienzan a crecer mucho más rápido, la voz se les pone más gruesa, les crece más vello en el cuerpo y les crece vello nuevo y más oscuro alrededor del pene y debajo de las axilas. Durante este período, los testículos y el pene se agrandan mucho. Pueden aparecerles granitos en la cara y comienzan a gustarles las niñas. Es un proceso muy normal, y cuando termina, los varones se parecen más a los hombres que antes.

¿Las niñas atraviesan la pubertad?

Todas las niñas atraviesan la pubertad. Da inicio en algún momento entre los nueve y los once años. Se comienzan a desarrollar los pechos, y también empieza a crecer vello más oscuro alrededor de los labios (los que se encuentran fuera de la vagina) y debajo de las axilas. Además, crecen mucho en altura durante este tiempo y también puede surgirles algo de acné (granitos) en la cara. Cuando termina la pubertad, una niña comienza con su período.

¿Qué les sucede a los varones cuando empieza la pubertad?

La pubertad está marcada por el hecho de que la testosterona (la principal hormona masculina) fluye a través del cuerpo del varón. Cuando esto sucede, comienza a crecer con rapidez, los hombros y el pecho empiezan a expandirse y el pene se engrosa y se alarga. La voz también puede comenzar a ponerse más grave. En su momento, empieza a crecerle un vello oscuro y rizoso en la zona púbica y debajo de las axilas. El pene y los testículos continúan creciendo, y el vello facial y corporal también se vuelve más oscuro y grueso. Un inconveniente de la pubertad es que puede aparecer acné. Los varones continúan creciendo a lo largo de los años adolescentes, y algunos hasta la década de los veinte.

¿Qué les sucede a las niñas cuando comienza la pubertad?

Por lo general, la pubertad en las niñas comienza antes que en los varones; algunas veces puede comenzar a una edad tan temprana como los nueve años, pero casi siempre da inicio entre los nueve y los once años. Lo más frecuente es que primero aparezca el botón mamario (un bulto debajo del pezón que puede ser un poco sensible). Puede aparecer de un lado antes que del otro; ¡calma!, tarde o temprano, se desarrollará el otro lado. Algunas veces, la primera señal de la pubertad es un vello oscuro y duro en la zona púbica sobre los labios de una niña, como también en las axilas. Una niña crece mucho antes de que comience su primer período, y continuará creciendo durante un par de años luego de su período, pero a un ritmo más lento. Además, las caderas y los hombros de la mujer joven se redondean, y le siguen creciendo los pechos. Por lo general, cuando llegan a los dieciséis años, las niñas comienzan a parecerse más a las mujeres.

¿Por qué algunos chicos comienzan la pubertad antes que otros?

Todos los chicos pasarán por la pubertad, pero el momento en el que suceda variará de persona a persona. Algunas veces, cuando tu mamá o tu papá entraron muy tarde en la pubertad, lo mismo te sucederá a ti. Tu contextura genética puede influir en este proceso. ¡Eso también quiere decir que es probable que no sigas en absoluto el patrón de tu mamá o de tu papá!

¿Qué son las hormonas?

Son sustancias asombrosas que las producen diferentes glándulas en todo el cuerpo. Fluyen a través del torrente sanguíneo a todas las partes del cuerpo estimulando el crecimiento. Durante la pubertad, la glándula pituitaria (en el cerebro) libera varias hormonas sexuales que comienzan el proceso de cambio del cuerpo de un niño a un adulto. La testosterona es la hormona principal durante la pubertad para los varones y la producen los testículos. El estrógeno y la progesterona son las principales hormonas en las niñas, y las liberan los ovarios. Las hormonas tienen la responsabilidad del crecimiento del vello púbico y de las axilas, del desarrollo de los pechos, el crecimiento de los testículos y el pene, el acné, el mal humor y todas las otras cosas que hacen que la pubertad sea una experiencia única.

¿Qué es un ciclo menstrual?

Un ciclo menstrual dura alrededor de veintiocho días, pero puede ser más corto o más largo. Cuando una adolescente comienza a tener un período regular (el primer año de sus períodos quizá no sea muy regular, lo que quiere decir que puede pasar varios meses sin tener uno), significa que su cuerpo es capaz de tener un bebé. A medida que una jovencita se desarrolla, sus ovarios producen los óvulos. Esos óvulos se liberan cerca de una vez al mes. Si el espermatozoide de un hombre se abre camino hasta el óvulo liberado y se unen en la trompa de Falopio (que conecta el ovario con el útero de la mujer), viajan juntos por la trompa y se establecen en las paredes del útero, lo cual resulta en un embarazo.

Aun cuando no se produzca un embarazo, el cuerpo de la mujer sabe que un bebé en potencia necesita un inmenso suministro de sangre para nutrirse. Por lo tanto, mientras el óvulo viaja hacia el útero, aunque no se encuentre con un espermatozoide, el útero se prepara. Sin embargo, cuando un espermatozoide no fertiliza al óvulo, el útero libera de las paredes uterinas la sangre que se ha juntado para el bebé en potencia y fluye hacia fuera por la vagina.

Al comienzo, es probable que una joven no experimente un gran flujo de sangre todos los meses. Aun así, puede variar de una muchacha a otra. La mayoría de las jovencitas utilizan una compresa higiénica que se puede pegar a la ropa interior a fin de que absorba la sangre. Por lo general, una muchacha

Forjadores del carácter

Durante la etapa de la escuela primaria, tu hijo forjará la confianza en sí mismo cuando le des más responsabilidades. También es capaz de llevar a cabo tareas sin echarlas a perder. Aquí tienes cómo:

• **Analiza algunas nuevas responsabilidades** en las que se interese tu hijo. Ayúdalo a planear la manera de lograrlas.

• **Comienza a darle una mesada,** no para pagar servicios, sino para que muestre responsabilidad al gastarla. Puedes usar diferentes sobres para las distintas categorías, tales como ahorro, gastos, regalos y donaciones. El propósito es enseñarle a tu hijo el poder del dinero y la alegría de compartirlo. Además, una vez que se va, ¡no hay más poder!

• **Ayuda a tu hijo a ver las consecuencias cuando se descuidan sus responsabilidades** y cómo les afecta a los que le rodean. Si no se lavan los platos de la cena, no habrá ninguno limpio para el desayuno.

• **Lee acerca de personas que cumplieron sus responsabilida-des** y cómo las ayudaron a modelar su carácter.

• **El cuidado de una mascota a menudo es un maravilloso maestro de la responsabilidad,** pero repito, asegúrate de que tu hijo esté preparado para la tarea. ¡Comienza con una fácil al principio!

experimentará un período dos años después del comienzo de la pubertad. Cuando empiezas a experimentar un crecimiento acelerado, el incremento del vello y el desarrollo de los senos, es una buena idea estar preparada al llevar una compresa higiénica en la mochila en un sobre que no sea transparente. Con todo, si te toma desprevenida en la escuela o en un campamento, busca a una adulta y te podrá ayudar. Tampoco es fuera de lo común que la sangre se pase a tu ropa si no cambias la compresa con la frecuencia necesaria. Intenta no avergonzarte; les sucede a todas las muchachas de vez en cuando.

¿Qué es una virgen?

Una virgen es una persona que nunca ha tenido relaciones sexuales (orales, vaginales o rectales). Muchas adolescentes suponen por error que son vírgenes si solo tienen relación sexual oral. Esto no es verdad, de ninguna manera. La relación sexual oral te puede poner en tremendos riesgos de tener consecuencias físicas y emocionales. Por lo tanto, tener relaciones sexuales orales indica que una persona joven ya no es virgen.

¿Cómo queda embarazada una muchacha?

Para que una muchacha quede embarazada, tienen que suceder varias cosas. En primer lugar, necesita haber madurado lo suficiente como para tener períodos (casi nunca se produce un embarazo antes del primer período). A continuación, es necesario que el ovario libere un óvulo en la trompa de Falopio; esto sucede a menudo durante la mitad de su ciclo menstrual. Por último, necesita tener relaciones sexuales con un hombre que libere espermatozoides en su vagina, y estos espermatozoides (millones de ellos) suban por el útero y las trompas de Falopio. Se necesita un solo espermatozoide para que se una con un óvulo a fin de dar comienzo a la formación de un bebé (esto se llama concepción).

¿Qué es el sexo?

El sexo incluye la amplísima materia de cómo trabajan nuestros cuerpos como hombres y mujeres. Sexo también puede referirse a «hacer el amor» o a «la relación sexual».

¿Qué es la relación sexual? ¿Es lo mismo que el sexo?

La relación sexual es el nombre científico para «tener sexo», «hacer el amor» y una amplia variedad de otros nombres. ¿Qué sucede en realidad durante la relación sexual? Cualquiera que sea lo suficiente mayor como para haber pasado por la pubertad puede tener relaciones sexuales. Sin embargo, el acto sexual es una actividad cuyo propósito es hacer participar a toda la persona: su corazón, su mente y su cuerpo. La investigación muestra que la mejor relación sexual sucede cuando dos personas se aman y se comprometen la una con la otra en el matrimonio. Cuando se tienen relaciones sexuales antes del matrimonio, no solo se desvirtúa el acto sexual, sino que también

129

se puede poner a las dos partes en riesgo de un embarazo no deseado o de una infección de transmisión sexual.

Cuando una pareja se ama mucho, quiere abrazarse y besarse de la manera más cercana posible. Esto implica que se quiten la ropa. Cuando esto sucede, el pene del esposo se vuelve mayor y más duro porque está muy excitado por estar tan cerca de su esposa. La vagina de la esposa se humedece y ella le permite a su esposo que ponga el pene dentro de su vagina. A ambos les produce una sensación muy agradable. Al mismo tiempo que el hombre siente un gran placer de estar dentro de su esposa, su pene descarga un fluido pegajoso que contiene millones de espermatozoides. El acto sexual es una actividad que le permite a la pareja mostrarse el uno al otro cuánto se aman y se preocupan de manera mutua; es una actividad tan íntima que no quieres compartirla con nadie más.

¿A qué edad está bien tener relaciones sexuales?

Nunca está bien tener relaciones sexuales si la otra persona no quiere tenerlas. A eso se le llama violación o abuso de menores. ¿Cuándo es el momento adecuado para tener relaciones sexuales? Cuando te casas y está bien que las tengas.

Muchas personas dicen: «Cuando estés listo, lo sabrás», pero hay muchas cosas dentro del acto físico sobre las cuales necesitas pensar. Algunas muchachas necesitan que las amen, entonces tendrán relaciones sexuales con un muchacho con la esperanza de que las ame el muchacho; pero la mayoría de las veces los muchachos solo quieren tener relación sexual, así que el acto sexual fuera del matrimonio prepara a alguien para que salga herido. Las emociones pueden engañarte cuando eres un adolescente y piensas que estás listo para tener relaciones sexuales. Luego, existen los problemas físicos que acompañan la relación sexual. Una joven puede quedar embarazada cuando no lo quiere. Una muchacha o un muchacho pueden contraer una infección de transmisión sexual que puede ser difícil de tratar (busca el capítulo 14). Por último, no olvides cómo estas cosas pueden cambiar tu futuro; si te conviertes en padre siendo adolescente, ¿terminarás el instituto, irás a la universidad o podrás conseguir un empleo y trabajar mientras crías a un niño? ¿Qué pensarán tus padres? ¿Te sentirás culpable o perderás el respeto hacia ti misma?

Las respuestas que tú necesitas y ellos quieren

El mejor momento para comenzar a tener relaciones sexuales es cuando encuentres el amor de tu vida y se casen. La investigación muestra que la mejor relación sexual se tiene en el matrimonio cuando significa que se amarán el uno al otro para siempre. Nunca se lamentarán por haber esperado.

¿La relación sexual es algo bueno o malo?

La relación sexual es algo grandioso. Es saludable y normal para las parejas casadas. Sin embargo, algunas veces los adolescentes deciden tener actividad sexual y esto no es saludable. A ellos la actividad sexual puede causarles tanto daño emocional como problemas físicos. Estos problemas incluyen infecciones que quizá no les permitan tener hijos en el futuro y embarazos adolescentes (que producirán un impacto en la vida de una muchacha para siempre).

¿Qué es un homosexual?

Un homosexual es un hombre o una mujer que se sienten atraídos a personas del mismo sexo y que sienten poco o nada de deseo por personas del sexo opuesto. La palabra *gay* se usa muchas veces para referirse a los hombres homosexuales. La palabra *lesbiana* se usa para las mujeres homosexuales. Todas las personas, incluyendo a los homosexuales, necesitan que les traten con respeto. Existen muchas palabras groseras que usan las personas insensibles para referirse a otros que son homosexuales.

¿Qué es el SIDA?

Busca las páginas 107 y 114.

¿Por qué tengo un bulto que me crece debajo del pezón? ¿Debo preocuparme?

Por lo general, cuando comienza la pubertad, muchas muchachas (y algunos muchachos) descubren un bulto debajo de un pezón o de ambos como la primera señal de que sus cuerpos están cambiando. Cuando se encuentra solo debajo de un pezón, a menudo aparecerá uno del otro lado en los meses siguientes. Estos bultos no son perjudiciales y desaparecerá la sensibilidad. A medida que te desarrolles, estos bultos se convertirán en tus pechos o (si eres un varón) desaparecerán con el tiempo.

Materialismo y sexualidad

Muchos padres no comprenden qué relación tiene la enseñanza del uso del dinero a los hijos con la educación sexual. Lo importante es lo siguiente: si puedes enseñarle a tu hijo a esperar para obtener las cosas que desea ahora, podrá esperar para obtener lo que desea cuando se revolucionen sus hormonas. A esta edad, los chicos toman más conciencia de lo que cuestan las cosas.

• **Dale a tu hijo una mesada** y aclárale cuáles son las cosas que pagarás (comida, ropa, artículos escolares) y para qué puede usar su mensualidad (juguetes, golosinas, regalos especiales). Esto le enseñará cómo usar su dinero de manera sabia.
• Tus hijos observan lo que tú gastas, así que **muestra un presupuesto** si tienes uno, elimina los gastos por capricho o impulso y evita la trampa de «no ser menos que el vecino».
• **Enseña a gastar.** Si tu hijo desea algo especial, aliéntalo a usar sus ahorros. Su inversión quizá sea determinante en cómo trata el nuevo juguete o CD.

¿Qué es la pornografía?

La pornografía son los libros, las revistas, las fotos, los vídeos, los mensajes telefónicos, los videojuegos, las películas o los sitios en la Web que muestran imágenes de hombres, mujeres y niños desnudos y en situaciones sexuales. Por lo general, la pornografía se usa para ayudar a la gente a experimentar un orgasmo con compañero sexual o sin él. Exponerse a la pornografía puede llevar a una visión de la sexualidad muy dañina que puede lastimarte a ti y a otros. Si encuentras algunas revistas, si un amigo te da un vídeo o si descubres algún material sexual en la Internet, díselo a un adulto. No está mal descubrir pornografía por accidente, pero es peligroso no deshacerse de ella de inmediato. Puedes volverte adicto a la pornografía, al igual que a las drogas, al tabaco y al alcohol.

¿Qué quiere decir eyacular?

La eyaculación es cuando los hombres liberan un chorro de fluido durante la relación sexual; lo acompaña un intenso placer físico.

¿Qué es la relación sexual oral?

La relación sexual oral describe el acto sexual de dos personas que usan las bocas sobre los genitales del otro para excitarse el uno al otro.

¿El acto sexual oral es relación sexual?

Sí. El acto sexual oral es relación sexual. La relación sexual tiene lugar cuando una persona toca los genitales de la otra y hace que se excite de manera sexual. Al igual que con la relación sexual penetrante (cuando el pene entra en la vagina), los individuos pueden contraer infecciones a través de la relación sexual oral. Algunos adolescentes experimentan con la relación sexual oral porque puede ser placentero y no produce embarazos.

¿Eres virgen si tuviste relación sexual oral?

La palabra virgen tiene dos significados. El primero significa sin experiencia y pura. El segundo es más específico y quiere decir que nunca ha tenido relación sexual vaginal o con penetración del pene. La virginidad se refiere tanto a los hombres como a las mujeres. De acuerdo con el primer significado, una muchacha o muchacho que tuvo relación sexual oral no es virgen porque tuvo una experiencia sexual. De acuerdo con la segunda definición (que tu médico puede usar), técnicamente una muchacha o muchacho puede seguir siendo virgen porque no ha tenido relaciones vaginales o con penetración del pene. Lo más importante, sin embargo, es que una muchacha o muchacho que tuvo relación sexual oral ya no siente ni piensa como alguien virgen, porque ha tenido una forma de acto sexual.

10

Dime más

Preadolescencia:

De los once a los doce años

¿Recuerdas la canción en la película *Vaselina* donde las muchachas y los muchachos cantan con voces agudas: «Dime más, dime más»? Esa melodía resume los pensamientos que se arremolinan en la mente de tu preadolescente. La pubertad se encuentra a la vuelta de la esquina, así que aprovecha este impulso y da un salto de entrada preparándolo para los tiempos turbulentos que se aproximan.

Por supuesto, no todos los adolescentes experimentarán turbulencias. Sin embargo, por si acaso continúa desarrollando de manera consciente una relación con tu hijo; piénsala como una inversión en el futuro. ¿Existe un deporte o un pasatiempo en el que sobresalga y que puedan hacer juntos? Si es así, involúcrate con él. El tiempo que pasen juntos ayudará a prevenir algunos de los dolores de cabeza que quizá experimentes mañana.

A medida que tu hijo se aproxima a la pubertad, recuerda celebrar los cambios. Hagas lo que hagas, no te burles de tu hijo ni minimices las emociones que tiene durante esta transición. Si lo haces, es probable que cortes la confianza que has fomentado a lo largo de los años. Recuerda, con las hormonas bajo control, este no es un tiempo para burlarte de él. Sé sensible, respetuoso y está disponible. Al hacerlo, esto te permitirá experimentar la recompensa de observar cómo tu hijo se convierte en un adulto joven.

Preguntas de los padres

¿Cómo le explico el proceso de hacer el amor a mi hijo?
Existen muchas maneras de enfocar la conversación con tu hijo acerca de los mecanismos de la relación sexual, pero si quieres satisfacer su curiosidad y a la vez plantar semillas del comportamiento que esperas en el futuro, es importante que converses acerca de esto en un contexto en el que pueda entender.

En primer lugar, comienza la conversación con la pregunta: «¿Qué entiendes por hacer el amor?». Como muchos chicos de esta edad tienen amigos que experimentan con juegos sexuales, quizá te sorprendas ante la respuesta.

Luego arremete al decir: «Hacer el amor es una actividad que la mayoría de las veces se da entre un esposo y su esposa como la expresión del intenso amor del uno hacia el otro. Cuando alguien siente el toque de la persona que ama, el cerebro libera químicos que producen una respuesta física en todo el cuerpo. Una persona puede estremecerse de excitación o sentirse increíblemente relajada. Durante este proceso, el sistema sensorial del individuo se encuentra a plena máquina, y el toque más ligero o un beso se disfrutan por completo. A medida que el cuerpo se excita, un hombre y una mujer se abrazan y continúan acariciándose, y durante este tiempo, el pene del esposo encaja a la perfección en la vagina de su esposa. La sensación durante este proceso es placentera y causa una reacción en cadena en todo el cuerpo conocida como orgasmo.

»Hacer el amor es el mayor agente de unión de la relación matrimonial. Muchas veces, las personas que no están casadas "hacen el amor", pero fuera del matrimonio es difícil obtener la verdadera intimidad».

¿Qué diferencias habrá en mi hijo ahora que pasa por la pubertad?
Como se mencionó antes, el comportamiento de tu hijo cambiará casi a diario. Algunos días serán grandiosos; tu hijo será la misma

persona que conociste antes de la pubertad. Otros, no serán tan grandiosos. Más allá de su comportamiento, tu hijo necesita con desesperación tu apoyo a medida que hace la transición a través de esta etapa difícil de la vida. Trata de recordar cómo te sentías cuando atravesabas la pubertad. Sé el defensor de tu hijo durante esta transición.

¿Debo preocuparme por las películas, la música y otras formas de entretenimientos a los cuales esté expuesto mi hijo?

Sin importar cuál sea la edad de tu hijo, los medios de comunicación y el entretenimiento deben ser algo que te preocupe. Como la industria del entretenimiento muestra al sexo promiscuo como algo normal y aceptable, esto podría tener un impacto en la elección que él haga en cuanto a la sexualidad. La vigilancia de las películas que ve tu preadolescente es muy apropiada. También ver televisión y escuchar música con tu hijo puede servir como un gran trampolín para la comunicación y como una oportunidad para expresar valores que te parecen importantes. Una de tus metas a esta edad debería ser alentar a tu preadolescente a fomentar cualidades al tomar buenas decisiones de manera independiente en cuanto a los medios de comunicación. Con el tiempo, esto será mucho más importante que supervisar todo a lo que se expone.

¿Es demasiado pronto para promover la abstinencia sexual de mi hijo?

Promover la abstinencia sexual de tu preadolescente es algo que nunca se puede hacer demasiado pronto ni con demasiada frecuencia. Es más, la investigación muestra que los chicos quieren que sus padres establezcan cuáles serán las normas aceptables de comportamiento en el hogar[1]. Se deberían establecer límites realistas para todas las conductas de riesgo (la bebida, la violencia, las drogas y la actividad sexual) desde temprano y a menudo.

Estoy divorciada. ¿Cómo le hablo a mi hija acerca de la sexualidad?

El hecho de estar divorciada no significa que no tengas derecho a conversar con tu hija acerca de la sexualidad. Por cierto, es de

Forjadores del carácter

Cuando los preadolescentes entran en la escuela media, las hormonas se revolucionan y hacen que las emociones fluctúen. Las amistades parecen sufrir más durante esta etapa. Muchos preadolescentes tienen problemas para hacer amigos y para mantenerlos. Aquí tienes maneras en las que puedes ayudar a inculcar la lealtad a pesar de esto:

• **Asegúrate que eres leal con tu hijo** al ser su principal admirador, sin importar cómo se vea ni cómo se sienta. Asiste a las actividades deportivas y a los conciertos en los que participe.
• **Cumple tus promesas.** Si le dices que lo llevarás al cine, hazlo.
• **Recuérdale lo importante que es serle fiel a sus amigos**, aun cuando sea difícil.
• **No permitas que tu hijo chismorree** de sus amigos delante de ti.
• **Enséñale la lealtad** por la nación, la escuela y la familia mediante tus acciones al apoyar cada una de estas como familia. Aun si tu hijo no participa del juego deportivo, sé leal al apoyar a su equipo.

esperar que hayas aprendido lecciones valiosas de tu relación fracasada que puedas transmitirle a ella, con la esperanza de que evite cometer los mismos errores. La promoción de la abstinencia sexual hasta el matrimonio sigue siendo el mejor consejo que puedes darle acerca de la actividad sexual. Como sucede con todas las cosas, tus acciones hablan más fuerte que las palabras. Es importante que establezcas un buen ejemplo para tu preadolescente. Si quieres que guarde la abstinencia, es importante que no te vea «acostándote con cualquiera».

■ **¿Cómo protejo a mi hija de crecer demasiado pronto, es decir, de estar demasiado expuesta a las presiones, las preocupaciones y las conductas sexuales antes de estar lista en su desarrollo?**

Es natural que quieras proteger a tu hija para que no crezca demasiado rápido. Por desdicha, no tienes control sobre la rapidez con la que se desarrolla en el aspecto físico, pero puedes protegerla de estar demasiado expuesta a las presiones, las preocupaciones o las conductas sexuales antes de que esté lista. Una manera de hacerlo es conociendo sus amistades. Haz de tu hogar el lugar en el que sus amigas quieran pasar el tiempo. Si sus amigas tienen un comportamiento o un lenguaje inapropiado, necesitarás intervenir. Si te esfuerzas por conectarte con tu hija y por participar en su vida, esto te ayudará a tomar el pulso en cuanto a si crece demasiado rápido. Basándote en tu perspicacia, puedes alentarla a entablar nuevas amistades o a encontrar nuevas actividades de las que pueda participar.

■ **¿Cómo preparo a mi hijo para la necesidad de tener límites físicos sin asustarlo?**

El conocimiento es poder. Los chicos de esta edad desean desde lo más profundo que confíen en ellos y luchan por el deseo de la independencia. Debido a esta necesidad de confianza, esta es una etapa grandiosa para volver a revisar conversaciones anteriores acerca de hablar con extraños, de los límites físicos y de otros asuntos de seguridad. Utiliza historias de las noticias para enfatizar las cosas que deseas que haga, de modo que puedas estar seguro mientras no está contigo, para recordarle que existen personas en el mundo que quieren lastimar a los niños y que él no es invencible. Si te parece que tu hijo es consciente de estas historias, úsalas para enfatizar lo que quieres decirle. Además, si tienes los medios, sería sabio invertir en un aparato de radio, emisor y receptor, que pueda usar para conversar contigo mientras está en el vecindario.

■ **¿Cómo puedo presentar los hechos acerca del desarrollo de la pubertad y los peligros sociales de la experimentación prematura con el acto sexual sin sobreproteger a mi hijo?**

La presentación de los hechos acerca del desarrollo de la pubertad y los peligros de la actividad sexual prematura no es, de ninguna manera, «sobreproteger» a tu hijo. En realidad, si no le das la información, lo pones en peligro en lugar de sobreprotegerlo. Existen muchas consecuencias asociadas con la actividad sexual prematura, incluyendo las físicas (las infecciones de transmisión sexual y los embarazos extramatrimoniales), las emocionales, las intelectuales, las sociales y las espirituales. Deberías conversar con tu hijo acerca de cada una de estas consecuencias a lo largo de su desarrollo. Estas discusiones surgirán con naturalidad si pasas tiempo cultivando una relación con él.

▊ Mi hija dice que tiene novio; ¿debería preocuparme?

A esta edad, no deberías pasar por alto la cuestión de los novios. Quizá sea su intento de hablar contigo en un nivel más «de adultos». Durante esta etapa de la preadolescencia, las muchachas están casi siempre mucho más interesadas en los muchachos que al revés. Dependiendo de su grupo de pares, tal vez quieras obtener más información acerca del muchachito por parte de otros padres o de los maestros. No deberías ponerte nervioso, sino más bien deberías darte cuenta de que tu hija ha comenzado a fijarse en el sexo opuesto. Según donde vivas, puedes excavar más a fondo y descubrir lo que significa la relación. En algunas comunidades, los chicos de esta edad experimentan con juegos sexuales.

▊ ¿Debe preocuparme el hecho de que mi hijo esté expuesto a la pornografía a esta edad?

Sí. Muchos expertos creen que grandes cantidades de chicos que tienen acceso a las computadoras tienen la primera exposición a la pornografía alrededor de los ocho años. Si tienes una computadora en casa, asegúrate de que esté ubicada en un lugar en el que puedas controlar a tu hijo. Además, instala filtros y otros programas a fin de impedir el acceso de tu hijo a los sitios pornográficos sin querer. Muchos sitios pornográficos utilizan direcciones comunes de la Web y cambian el «.org» a «.net» o «.com» con la esperanza de que la persona mecanografíe la dirección equivocada y la conduzca a su sitio.

También los varones preadolescentes pueden llevar a hurtadillas reproducciones de revistas a sus habitaciones por simple curiosidad. Si encuentras a tu hijo leyendo pornografía, no pierdas los estribos. Más bien, conversa con él acerca del porqué la pornografía es peligrosa. Es probable que no sea la última vez que vea pornografía, pero lo hará pensar dos veces antes de hacerlo la próxima vez.

¿Debo permitir que mi preadolescente vaya al centro comercial con un grupo de amigos sin la supervisión de algún padre?

Antes de decidir, hazte algunas preguntas: ¿Dónde vives? ¿Cómo es la comunidad? ¿Habrá adultos en el centro comercial que puedan vigilar a tu hijo? La realidad del mundo de hoy es que no hay lugares seguros en los que los adolescentes puedan dar vueltas. Tal vez sería sabio ir al centro comercial con tu hijo, permitirle dar vueltas con un teléfono celular y controlar de tanto en tanto cómo andan las cosas. Recuérdale que tu decisión de ir no tiene nada que ver con la confianza, sino con tu preocupación por su seguridad.

¿Debo permitir que mi hijo asista a fiestas mixtas a esta edad?

Las fiestas de cumpleaños mixtas son una cosa; pero las fiestas en la casa de un amigo o amiga un viernes por la noche que no tienen un motivo en especial deben despertar sospechas. La mayoría de los chicos de esta edad no están del todo interesados en el sexo opuesto y, por lo general, es más divertido asistir a fiestas del mismo sexo.

¿Cómo puedo saber si mi hija participa en el acto sexual oral con sus compañeros?

Algunos preadolescentes participan en el acto sexual oral. Si tu hija participa, casi nunca existen evidencias físicas. Es importante darse cuenta de que el acto sexual oral no es una práctica segura y que se puede asociar con las infecciones de transmisión sexual, como la gonorrea de la garganta o el herpes genital que se puede transmitir por las llagas bucales de un resfriado. Es esencial tener abiertas las líneas de comunicación con tu hija. Una manera agradable de sacar el tema a relucir sería decirle que conoces a algunos chicos de su edad que participan de la práctica del acto sexual oral y preguntarle si ha oído algo acerca de tales actividades en su escuela. Además, conversa con los padres de

¿Pornografía en tu casa?
Quizá sea por...

El continuo auge de la industria de las comunicaciones se ha puesto a la par de un crecimiento explosivo en la industria multimillonaria de la pornografía, y se puede acceder a la misma casi en todos los hogares y vecindarios. Ya sea en forma impresa, en la televisión o en la Internet, la pornografía es destructiva porque promueve la estimulación y la expresión sexual fuera de la parte más importante de la sexualidad humana: una relación íntima con una persona real.

Este hecho crea un monstruo destructivo en potencia potencial en nuestra cultura, sobre todo en los chicos y los jóvenes cuya sexualidad es más sensorial que relacional. A fin de celebrar el don de la sexualidad, debes dar pasos para:

• **Proteger:** Comienza en casa. Es esencial que mantengas tu casa libre de pornografía impresa y que establezcas límites cuidadosos en cuanto a las películas, los entretenimientos y hasta la vestimenta. Utiliza filtros en tus computadoras y con la Internet. Controla los correos electrónicos que entran y salen. Si un hijo tiene una computadora personal, colócala en la sala, donde también se pueda controlar. Muchos chicos y adolescentes tienen gran habilidad para sortear los filtros de la Web, así que se requiere una vigilancia persistente.

• **Preparar:** Educa a tu hijo con respecto a los peligros de la pornografía. Las conversaciones francas y sinceras acerca de las relaciones sexuales, la sexualidad y los riesgos de la pornografía deberían formar parte de todas las relaciones entre padres e hijos.

otros chicos y con los administradores de la escuela. Anotar a tu hija en actividades luego de la escuela es una buena manera de mantenerla ocupada. Los estudios muestran que la mayoría de las actividades sexuales en este grupo de edad suceden durante la tarde, cuando los chicos no tienen supervisión porque los padres no han llegado a casa del trabajo[2].

Esta atmósfera combate el hermetismo y la resultante vergüenza inherente en la pornografía. Enfatiza: «La pornografía es la estimulación de la curiosidad sexual y nos lleva fuera de los límites de una relación matrimonial saludable con una persona real; es más, se puede convertir en un sustituto para las relaciones saludables y puede llegar a ser adictiva. A decir verdad, cualquier cosa que ocupe el lugar de una relación saludable se convertirá, por naturaleza, en adictiva». Luego alienta amistades saludables que permitan ejercitar la necesidad humana de relaciones, y actividades como deportes y pasatiempos que permitan la adecuada expresión de la necesidad humana de logros y de actividades con propósito. A medida que tu hijo crece, el apoyo por parte de otros adultos y de familias que posean tus valores y creencias se vuelve cada vez más importante.

• **Educar:** Los padres son la fuente primera y más importante de educación para los niños y los adolescentes, y esto incluye afirmar y respetar al hijo, enseñarle los límites y formar el carácter, y celebrar la femineidad o masculinidad de cada hijo. Por su misma naturaleza, la educación desarrolla la autoestima, la sensación de seguridad y una confianza en buscar relaciones saludables. Esta es una tarea desafiante y requiere que los padres asuman el compromiso de tener un estilo de vida saludable, en el que sus propias relaciones sean saludables. Solo recuerda: la mayoría de los hijos procura que le amen en forma genuina. Satisfacer las necesidades de tu hijo de amor, afecto y atención en casa es la mejor estrategia para protegerlo de buscar estas cosas en otras fuentes.

¿Cómo puedo ayudar a mi hijo a evitar las presiones sexuales de los de su edad?

La mejor manera de ayudar a tu hijo es permanecer conectado con él. La mayoría de los chicos se enteran de la relación sexual y otros asuntos relacionados de boca de sus amigos, porque los padres temen hablar en forma abierta acerca de estas cosas. Si tu hijo está preparado con información cuando se junta con sus amigos en el campo de juego, estará menos tentado a unirse a la multitud. Además, dedica tiempo a fin de ayudar a tu hijo a que encuentre actividades en las que sobresalga. Es más probable que un hijo confiado sea un pensador independiente (y un líder) que no necesite la aprobación del grupo para sentirse bien. La investigación también indica que los chicos que practican actividades religiosas y que están comprometidos de manera profunda con su fe tienen menos probabilidades de caer víctimas de la presión de los pares[3].

¿Cómo saco el tema de las relaciones con el sexo opuesto con mi hijo?

Ve al cine con tu hija, escucha su música, lleva a sus amigas a una aventura fuera de la ciudad y escucha sus conversaciones. Lo más probable es que ya esté hablando acerca de salir con los chicos que le gustan. Todo lo que tienes que hacer es ver una película para adolescentes para saber que el asunto de las citas está en la cabeza.

Es mucho más fácil sacar estos temas con tu hija que con tu hijo. Cuando las muchachas comiencen a llamar por teléfono a tu hijo, usa estas llamadas como un medio para comenzar la conversación.

¿Qué debo hacer si a mi hijo lo bombardean las llamadas telefónicas de chicas de la escuela?

En primer lugar, pregúntale qué le gustaría hacer. Trata de descubrir si le gusta recibir las llamadas o no. Si se siente abrumado ante las llamadas, déjalo que te use a ti como chivo expiatorio. Déjale que les diga a las muchachas que sus padres no le permiten recibir llamadas de chicas. Si le da mucha vergüenza comenzar esta conversación, ofrécete a decírselo a las que lo llaman en su lugar. Luego, cuando sienta presión en la escuela, puede echarte la culpa a ti.

Encontré una revista pornográfica en la habitación de mi hijo (o me he dado cuenta de que ha estado accediendo a la pornografía en la Internet); ¿qué debo hacer?

Deberías afrontar a tu hijo y explicarle los efectos dañinos de la pornografía. La conversación debe llevarse a cabo en calma; resiste la tentación de decir: «¿Cómo pudiste hacer esto?». Pregunta

Las respuestas que tú necesitas y ellos quieren

Cómo abordar la masturbación

Es una experiencia universal en el caso de todos los hombres jóvenes y en el de muchas mujeres, pero a menudo se asocia con una intensa cantidad de secreto y vergüenza. Dicho de manera sencilla, la masturbación es frotarse o manipularse las zonas genitales: el pene en el hombre y el clítoris y la vagina en la mujer. La actividad se asocia con la excitación sexual y, por lo general, con el orgasmo. La masturbación no es inherentemente dañina en el aspecto físico, a menos que se use una fuerza excesiva o se utilicen instrumentos; sin embargo, puede ser destructiva en el aspecto emocional y hasta se puede convertir en un sustituto de la relación íntima en el matrimonio.

Con la excepción de la masturbación mutua, la práctica se realiza en secreto y puede acompañarla la culpa. Este hecho mismo tiende a aumentar la posibilidad de que la masturbación se convierta en adictiva y en un sustituto para las verdaderas relaciones.

La masturbación es un suceso común y previsible, sobre todo en las vidas de los muchachos adolescentes jóvenes. A fin de abordar el asunto con tus hijos, es necesario que seas sincero, franco y que el tema no te estremezca a ti. Deberías comenzar hablando acerca de la masturbación antes de que tu hijo entre a la adolescencia. Debería describirse como una experiencia común que no es satisfactoria, porque es un sustituto de una verdadera relación sexual que debería tener lugar en una relación matrimonial íntima. Tu hijo debe comprender que la masturbación puede convertirse en adictiva y que puede disminuir el riesgo de esta adicción al tener una educación sexual sincera basada en los valores de la abstinencia hasta el matrimonio.

Las experiencias de amistades saludables y la participación en actividades positivas con chicos de su edad pueden ayudar a que tu hijo no se obsesione tanto. Además, deberías alentarlo con firmeza a que evite el uso de la pornografía, las drogas y el alcohol si desea evitar las consecuencias que se asocian a convertirse en un adicto a la masturbación.

Si has descubierto (u oído) que tu hijo se masturba, mantén la calma y usa esta situación para afirmarle tu amor y recordarle los peligros de la pornografía, la masturbación obsesiva que carcome y la masturbación en grupo.

145

dónde y cómo obtuvo la revista pornográfica. ¿Tiene alguna pregunta acerca de la relación sexual o de la anatomía? ¿Entiende que la pornografía puede ser muy dañina y adictiva? Explica que a la mujer en la fotografía la usaron por dinero y para sacar ganancias. Puedes usar esta oportunidad para explicar lo maravilloso y hermoso que es la relación sexual en su lugar y en el tiempo adecuado, pero la pornografía es humillante y degradante para la mujer y dañina para el hombre.

¿Qué debo hacer cuando encuentro ropa de mujer en el cajón de mi hijo de doce años?

Mantén la calma y busca un momento tranquilo para abordar este tema con tu hijo. No es poco común que los varones adolescentes jóvenes escondan ropa interior femenina en sus cajones. Esto no necesariamente es señal de un problema sexual, pero de seguro es una oportunidad para conversar con él acerca de la expresión apropiada de los sentimientos sexuales. Los varones de esta edad experimentan un significativo aumento de su curiosidad e impulso sexual, y pueden elaborar maneras secretas de manejar este impulso. Por lo general, la ropa interior femenina tiene una atracción debido a su textura y puede servir como una ayuda para masturbarse y para otras conductas sexuales experimentales. (Los anuncios de ropa interior también pueden servir de ayuda).

Cuéntale a tu hijo que su curiosidad sexual es normal y que nunca lo castigarás por los sentimientos normales que se le han dado. Sin embargo, existen límites para su comportamiento sexual. Cualquier cosa, ya sea ropa interior o pornografía, que refuerce la oportunidad para masturbarse o para tener otras experiencias fantasiosas, entraña algún peligro para el desarrollo saludable de la sexualidad de una persona. Alienta a tu hijo a hacer preguntas, a conseguir la información apropiada y a dirigirse hacia las relaciones saludables con los dos sexos.

Mi hijo les ha estado pellizcando los genitales a otros chicos. ¿Qué debo hacer?

Este comportamiento tal vez se deba al resultado de un juego fuera de control o quizá sea una señal de luchas con impulsos sexuales. Tómate el tiempo para hacerle preguntas acerca de su comportamiento en busca de claves que te indiquen por qué tiene lugar y de las respuestas de los demás frente a esta conducta. Conversa con tu hijo una vez más acerca del dominio propio y la expresión adecuada de la agresión, enfatizando en lo inapropiado del comportamiento y en la necesidad de tener conciencia del efecto que la manera de obrar de uno tiene sobre los demás. Alienta a tu hijo a que participe en amistades y actividades apropiadas. Si persiste este comportamiento, busca ayuda profesional.

¿Cómo debo abordar el tema del olor corporal con mi hijo?

El olor corporal es parte natural de la vida, y debería haber muchas oportunidades de sacar el tema con tu hijo. Si tu hija participa de algún deporte y de otras actividades al aire libre, aliéntala a que se dé una ducha después que termine la actividad. Al entrar en la pubertad, es recomendable una conversación franca sobre la importancia del desodorante y la pasta de dientes. Utiliza tu propia higiene como un punto para comenzar la conversación. Recuérdale a tu hijo que ocuparse de su cuerpo no solo lo beneficia a él, sino que lo ayudará a mostrar respeto por los demás.

¿Cuándo debo alentar a mi hijo para que comience a afeitarse?

En nuestra cultura, afeitarse es un hito para los adolescentes jóvenes. Un joven debería comenzar a afeitarse cuando el vello de su rostro ya no es suave, sino oscuro y duro. Esto sucederá en algún momento durante los años de la adolescencia. Este es un tema excelente para que lo trate un padre o un modelo de papel masculino positivo.

¿Cuándo debo permitir que mi hija comience a afeitarse las piernas?

Lo creas o no, la manera en que respondas a esta pregunta puede causar un impacto en si tu hija se siente cómoda conversando contigo acerca de otros temas del desarrollo. La mayoría de la muchachitas desean afeitarse las piernas al comienzo de la secundaria. Entre los diez y los trece años, según donde vivas, tu hija estará rodeada de compañeras que ya lo hacen. Antes de tomar una decisión acerca de este asunto, descubre por qué tu hija desea afeitarse. Si determinas que es apropiado que comience a hacerlo, cómprale una bonita maquina de afeitar y enséñale cómo usarla. No es necesario que experimente un sangrado innecesario en las piernas.

¿Qué sucede durante el ciclo menstrual?

El ciclo menstrual es un proceso complejo que incluye miles de detalles y que se ha explicado en cientos de libros. Si estás buscando una explicación fabulosa de este proceso, dale una mirada a *The Complete Book of Baby and Child Care*, de Enfoque a la Familia[4].

En esencia, lo que le da la entrada al ciclo menstrual para que comience es el hipotálamo. Esta estructura ubicada en la base del cerebro regula las funciones básicas del cuerpo como la temperatura. También le da señales al cuerpo para que comience el ciclo reproductivo. El hipotálamo le informa a la glándula pituitaria (la cual le dice a los órganos qué deben hacer) que ponga en funcionamiento a los ovarios. Los ovarios cumplen dos funciones: liberar los óvulos todos los meses y segregar estrógeno y progesterona. Una vez que se libera un óvulo, este viaja por una de las trompas de Falopio hasta el útero. Las trompas de Falopio sirven como el lugar de encuentro del óvulo y el espermatozoide. Si se fertiliza el óvulo, el embrión resultante viaja hasta el útero y continúa creciendo hasta el nacimiento. Si no se fertiliza el óvulo y no se liberan hormonas adicionales, descienden los niveles de estrógeno y de progesterona, lo cual produce un espasmo en los vasos sanguíneos del útero. Sin los nutrientes necesarios, el revestimiento del útero muere y sale del mismo junto con la sangre y la mucosidad en lo que se conoce como flujo menstrual o menstruación.

¿Qué es el síndrome premenstrual?

El noventa por ciento de las mujeres experimentan la tensión premenstrual, en tanto que alrededor del veinticinco por ciento experimenta síntomas más severos conocidos como el síndrome premenstrual. No es lo mismo que los calambres menstruales. (Las mujeres pueden tener calambres con el período y algunas pueden experimentarlos durante la mitad de un ciclo). Más bien, esto sucede durante la ovulación, no la menstruación. Se desconoce la causa del síndrome premenstrual; sin embargo, los síntomas pueden incluir inflamación y llenura en el abdomen, sensibilidad en los pechos, dolor de espaldas, fatiga y mareo. Algunos de los síntomas emocionales asociados con el síndrome premenstrual pueden incluir irritabilidad, ansiedad, depresión, bajo nivel de concentración y dificultad para tomar decisiones.

¿Cuándo debería preocuparme por los períodos irregulares de mi hija?

Tu hija debería ver al médico por sus períodos irregulares si tienen lugar cada tres o cuatro meses luego de más de un año de su primer período; si ha tenido más de un período en un mes; si su período dura más de ocho días; o si empapa en abundancia más de ocho compresas higiénicas o tampones por día. Existen muchas causas subyacentes para estos problemas y no se deben pasar por alto. La falta de acción puede traer serias consecuencias a largo plazo para su salud.

Mi hija muestra muy pocas señales de comportamiento femenino. ¿Debo preocuparme?

Existe una gran variedad en cuanto a cómo expresan los chicos su temperamento y sus preferencias en cuanto a los juegos. Afirma a tu hija por lo que es (por su personalidad, por su temperamento y sus talentos, incluyendo su capacidad atlética), a la vez que la alientas a tener relaciones cómodas con niñas de la misma edad. Mantén las líneas de comunicación abiertas porque de esa manera comenzará a comprenderse a sí misma y sus relaciones con los varones y las muchachas que la rodean. Asegúrate de mostrarle empatía y consuelo si experimenta el ridículo por sus talentos especiales. (Revisa el capítulo anterior).

Mi hija parece obsesionada con los asuntos de la alimentación. Pienso que quizá sea anoréxica. ¿Qué debo hacer?

Los problemas con la comida parecen ser una preocupación creciente, en especial para las muchachitas de esta edad. A la cultura, los medios e incluso los padres mismos parecen que los impulsa el deseo de estar delgados y en forma, y como resultado, los trastornos alimenticios están en alza. Por otra parte, no es poco común que las muchachas (y algunas veces los muchachos) de esta edad luchen con los problemas que giran en torno a la

149

Fomento de amistades

A medida que tu hijo se aventura más aun en el mundo, las amistades solo aumentan en importancia como un medio para tener mayor independencia y más habilidades en la vida. Tu hijo se acercará más a los amigos y esto puede ser el comienzo del conflicto entre los padres en cuanto a las amistades. Ten en mente:

• A pesar de que este es un tiempo de una participación cada vez mayor fuera de la familia, **tu hijo todavía necesita que tú participes** en su vida. Tus opiniones y enseñanzas le importan y sirven como una base a la que se puede aferrar.

• Aunque las amistades serán sobre todo del mismo sexo, **existe un creciente interés en el sexo opuesto,** en especial por las muchachas, que a menudo se demuestra mediante el coqueteo y las bromas. En poca medida, esto se debe esperar y hasta se debe celebrar. No cometas el error de avergonzar o ridiculizar a tu hijo por tener interés en el sexo opuesto.

• **Permite que tu hijo tome más decisiones** por actividades con amigos mientras sigues estableciendo límites en cuanto a comportamientos aceptables.

• **La enseñanza y la explicación de los valores basados en la fe y los rasgos del carácter es de suma importancia** y debería conectarse con más instrucción respecto a escoger buenos amigos. Todavía es apropiado tener alguna dirección en las elecciones de tu hijo, pero recuerda que fuera de tu casa

imagen del cuerpo y que se preocupen por el peso y la figura. Alienta un estilo de alimentación saludable, en el que las comidas y comer sean acontecimientos relacionales positivos. Además, enseña hábitos saludables de comida sin rezongar, criticar o preocuparte por el peso de tu hija. Si a cada momento te preocupas por un trastorno alimenticio, sería sabio consultar a un profesional. El deseo de tu hija de posponer la pubertad también podría ser una razón por la cual esté luchando con problemas de alimentación.

puede estar expuesto a amistades inapropiadas. Utiliza rasgos de carácter para enseñar acerca de estas amistades inapropiadas.

• **La intimidación y la molestia continua se convierten en un problema cada vez mayor,** tanto para muchachos como muchachas. Es probable que haya momentos en los que tu hijo se sienta herido, aislado y hasta rechazado por sus amigos. Enfatiza de nuevo las cualidades de respeto, preocupación y compasión entre los amigos. Enseña que algunos chicos actúan como matones porque tienen problemas en sus familias y problemas de inseguridad personal, en tanto que los otros chicos pueden seguir a estos matones solo para protegerse de ellos.

• **Esta edad marca el comienzo de la necesidad que tiene tu hijo por entablar relaciones de fortalecimiento con otros adultos que no seas tú,** su padre. Los maestros, los entrenadores y otros adultos son medios importantes para apoyar su creciente autonomía y sentido de sí mismo. Asegúrate de que tus hijos estén expuestos a otros adultos que posean tu sistema de valores.

• **Prevé los años de la adolescencia con un sentido de celebración** y entusiasmo, no de pesimismo. Seguirás siendo la principal fuente del carácter y los valores familiares. No renuncies a tu responsabilidad.

¿Por qué las chicas de esta edad están obsesionadas con sus cuerpos? ¿Es una señal de abuso sexual?

Lo más probable es que esta obsesión no sea un problema de abuso sexual. Las muchachas en la adolescencia temprana experimentan tremendos cambios en el transcurso de la pubertad. Durante esta transición, la mayoría tiene preguntas, preocupaciones y temores rotundos con respecto a sus cuerpos. Además, procuran conectarse con el grupo de sus pares y, al hacerlo, a menudo comienzan a comparar sus cuerpos con los de las demás. La comunicación con adultos de confianza y las amistades fuertes reducirán la «obsesión» que una jovencita tiene con su cuerpo.

¿Debería preocuparme si mi hijo fuma?

Aunque algunos niños experimentan y prueban con uno o dos cigarrillos, si esto continúa, debería convertirse en una causa de preocupación. Los estudios muestran que los chicos que fuman son más propensos a involucrarse en otras conductas de riesgo. Si tu hijo fuma, no es un asunto que debas obviar. Habla con su médico y controla sus actividades de cerca.

Las preguntas que hacen los hijos

¿Qué es la pubertad?

La pubertad es el momento de la vida en el que los niños y las niñas comienzan a convertirse en hombres y mujeres de manera física y tienen la capacidad de tener hijos. Para la mayoría de las niñas, la pubertad comienza entre los nueve y los once años. En el caso de los varones, es un poco más tarde; en promedio, entre los diez y los trece años.

A las niñas se les desarrollan los pechos, así como el vello en la zona genital. Alrededor de dos años luego de que inicia la pubertad, comienza el período de una niña. Crecerá mucho antes de que empiece su período y luego seguirá creciendo un poco más.

Los varones comenzarán a tener vello en la zona genital y, con el tiempo, también en el cuerpo y en el rostro. La voz se les vuelve más grave, y el pene y los testículos comienzan a agrandarse. Los músculos también se agrandan. El crecimiento acelerado en los varones comienza mucho después que en las niñas pero puede continuar durante mucho más tiempo.

¿Por qué algunos chicos comienzan la pubertad antes que otros?

Todos los chicos pasarán por la pubertad, pero el momento en el que suceda variará de persona a persona. Algunas veces, cuando tu mamá o tu papá entraron muy tarde en la pubertad, lo mismo te sucederá a ti. Tu contextura genética puede influir en este proceso. ¡Eso también quiere decir que es probable que no sigas en absoluto el patrón de tu mamá o de tu papá! Es lamentable, pero la ciencia que rodea la pubertad sigue siendo un misterio, así que no te preocupes si te desarrollas tarde.

Forjadores del carácter

Los insultos y las burlas de otros son un problema durante esta etapa. El respeto requiere que uno trate a los demás con honra y buena educación, no con falta de urbanidad y maldad.

- **Muestra respeto a los que actúan de manera diferente** a ti.
- **Trata siempre a tu preadolescente con respeto;** no exijas, sino pide y conversa con él con respecto a cómo quieres que hable contigo. Recuerda, tu tono es tan importante como tus palabras.
- **Utiliza las palabras «por favor» y «gracias»** con tu hijo, y espera lo mismo de su parte.
- Si es irrespetuoso en su forma de hablar o en sus acciones, **dale la oportunidad de comenzar de nuevo** antes de castigarle por su comportamiento.
- **Espera que respete su cuerpo** al practicar una alimentación saludable, el ejercicio y la higiene, así como reservar la actividad sexual para el matrimonio.
- **Espera que respete sus cosas así como la propiedad de los demás.** Si la rompe, debe pagarla.

¿Qué son las hormonas?

Son sustancias asombrosas que se producen en diferentes glándulas en todo el cuerpo. El torrente sanguíneo las distribuye por las otras partes del cuerpo donde causan alguna reacción. Durante la pubertad, la glándula pituitaria (en el cerebro) libera varias hormonas sexuales. Esto comienza el proceso de cambio de nuestros cuerpos de un niño al de un adulto. La testosterona es la hormona principal durante la pubertad para los varones y la producen los testículos. El estrógeno y la progesterona son las principales hormonas en las niñas, y las liberan los ovarios. Las hormonas tienen la responsabilidad del crecimiento del vello púbico y de las axilas, del desarrollo de los pechos, el crecimiento de los testículos y el pene, el acné, el mal humor y todas las otras cosas que hacen que la pubertad sea una experiencia única.

¿Qué es un ciclo menstrual?

Un ciclo menstrual dura alrededor de veintiocho días, pero puede ser más corto o más largo. El primer año de tus períodos quizá no sea muy regular, lo que significa que puedes pasar varios meses sin tener uno. Cuando una adolescente comienza a tener períodos, quiere decir que su cuerpo es capaz de tener un bebé. A medida que una joven se desarrolla, sus ovarios producen óvulos. Entonces se libera un óvulo una vez al mes. Si un espermatozoide se abre camino hasta el óvulo liberado y se unen, viajan juntos por la trompa de Falopio (que conecta el ovario de la mujer con el útero) y se establecen en las paredes del útero; allí comienza un embarazo. Si el óvulo no está fertilizado (ningún espermatozoide se le unió), el útero libera de la pared uterina la sangre que se ha juntado para nutrir al potencial bebé, a través de la vagina.

¿Se supone que debo tener mi período en el mismo tiempo todos los meses?

Por lo general, las mujeres mayores tienen períodos regulares. Sin embargo, a medida que tu cuerpo pasa por las transiciones de la pubertad, tus períodos pueden ser irregulares. Un ciclo menstrual maduro tiene lugar cada veintiocho días. Tus períodos pueden venir cada veintiocho días o cada seis semanas. Eso depende, porque cada mujer es diferente.

¿Puedo nadar o hacer ejercicio durante el período?

Si usas un tampón, puedes nadar o hacer ejercicio. Los tampones juntan la sangre dentro de la vagina y se pueden quitar cuando vas al baño. Es lamentable que muchas jovencitas se sientan inflamadas e incómodas, de modo que no quieran nadar durante estos períodos. Con todo, si te sientes bien y no te importa usar un tampón, siéntete en libertad para nadar.

¿Cómo produce un óvulo la mujer y cuántos hay allí?

En realidad, el número de óvulos que tiene una niña o una mujer se determina al nacer. Los óvulos están dentro de los ovarios y forman parte del sistema reproductivo de la mujer. Se cree que existen dos millones de óvulos en los ovarios. Una mujer nunca usará todos estos óvulos, y la mayoría morirá o solo desaparecerá. Por lo general, los ovarios preparan y liberan un óvulo

Forjadores del carácter

Es probable que los preadolescentes experimenten con decisiones rebeldes tales como responderles a los adultos, mentir, engañar y experimentar con el acto sexual. Por eso necesitan el valor para hacer lo bueno, incluso cuando sea difícil, y aun si sobresalen como diferentes entre sus pares. Puedes ayudar:

• **Al comentar con tu familia algunas decisiones valientes** que tuviste que tomar mientras crecías y el porqué fue difícil hacerlo, pero importante.

• **Al tener una conversación familiar acerca de posibles situaciones** en la vida de tu hijo en las que necesite valor. Por lo general, estas son decisiones difíciles. A fin de analizarlas con anticipación, recuérdale lo adecuado que debe hacer en el momento.

• **Al hablar de tus propias acciones** ahora que se necesita valor para hacer lo apropiado: como admitir que cometiste un error en el trabajo, o mejor aún, admitir que cometiste un error con tu hijo.

• **Al elogiar a tu hijo** siempre que realice un acto de valor.

durante el curso de cada ciclo menstrual como respuesta a las diferentes hormonas del cuerpo. A la liberación del óvulo por el ovario se le llama ovulación.

¿Se pueden ver los óvulos?

Los óvulos son demasiado pequeños para verlos a simple vista; sin embargo, se pueden ver con un microscopio.

¿Cuántos años debo tener para usar tampones?

En realidad, la edad no es un factor para el uso del tampón. Por lo general, los tampones se realizan en diferentes tamaños a fin de que se adapte a las mujeres de todas las formas y medidas. Muchas jovencitas vacilan en usar tampones porque temen insertarlos dentro de la vagina. Para muchas otras, los tampones son

155

cómodos y convenientes. El principal problema con los tampones es que se debería usar solo durante períodos de cuatro a seis horas a la vez y no se debería usar durante toda la noche. El uso prolongado del tampón puede llevar al síndrome del choque tóxico (una enfermedad poco frecuente, pero mortal). Antes de comenzar a usar tampones, conversa con tu médico o con tus padres acerca del uso adecuado. También es sabio alternar los tampones con las compresas higiénicas a fin de prevenir el síndrome de choque tóxico.

¿Qué hago para prevenir que la sangre me manche la ropa?

El uso adecuado de tampones y de compresas higiénicas te ayudará a evitar que se te arruine la ropa durante el período. Por fortuna, aprenderás los síntomas que indican que el período está a punto de venir y te prepararás. Con todo, si te sucede un accidente, puedes quitar la sangre de la ropa manchada sumergiéndola en agua fría. Si estás con el período y te preocupa tener un accidente, guarda un pantalón corto o uno largo en tu mochila, a fin de cambiarte si es necesario.

¿Cómo entra el pene en la vagina?

Cuando una mujer está excitada, la vagina se humedece y se lubrica, y permite que un pene de cualquier tamaño penetre en la cavidad vaginal. La gente que no ha tenido relaciones sexuales, muchas veces se preocupa por este asunto, pero casi nunca es gran cosa. Así como la naturaleza permite que el pene se ponga erecto, el cuerpo de una mujer cambia para permitirle al pene que entre en su cuerpo. Sin embargo, las primeras veces que una mujer tiene relaciones sexuales, puede sentir dolor hasta que se ensanche la vagina.

¿Qué es eso de color claro que sale de la vagina?

Cerca del tiempo de la ovulación, el cuerpo de una mujer produce un fluido claro llamado moco. A menudo, esto sucede en medio del ciclo menstrual o unas dos semanas antes de comenzar el flujo menstrual de sangre. En el caso de algunas mujeres, el flujo puede ser abundante (considera usar un protector diario a fin de impedir que se humedezca la ropa interior).

Las respuestas que tú necesitas y ellos quieren

¿Cómo queda embarazada una muchacha?

Si una muchacha tiene relaciones sexuales cerca de la época de la ovulación y si un espermatozoide penetra el óvulo, se produce un embarazo. Cuando el espermatozoide penetra el óvulo, se llama fertilización. Este proceso se produce en las trompas de Falopio. El óvulo fertilizado viaja por la trompa de Falopio hacia el útero y luego se implanta en la pared del útero y continúa creciendo.

Es posible que una muchacha quede embarazada incluso si el pene del varón no penetra la vagina. Si el varón eyacula (libera semen) fuera de la vagina y algo del fluido entra, un óvulo aun así puede ser fertilizado a partir del espermatozoide que está en el fluido y se puede producir el embarazo.

¿Qué es un sueño mojado?

Un sueño mojado es otro nombre para la emisión nocturna. Durante la noche, mientras duerme, un varón adolescente puede tener una erección del pene seguida por una emisión de semen. Esto es normal y les sucede a todos los varones de vez en cuando.

¿Qué debo hacer si tengo una erección en la escuela?

A un muchacho se le puede producir una erección tan solo cuando piensa en una muchacha o por ninguna razón en particular. Por fortuna, no es probable que nadie lo note y tu pene debería perder la dureza en unos pocos minutos. A ti quizá te resulte vergonzoso, pero es normal y no hay por qué preocuparse.

¿Por qué se me produce una erección cuando tan solo pienso en chicas?

Cuando tu cuerpo pasa por la pubertad y crece para convertirse en un adulto joven, las hormonas que viajan a través de tu cuerpo son muy sensibles y pueden dispararse sin mucha estimulación. En la medida en que te interesas más por las muchachas, estas hormonas son las responsables de tu erección. Por fortuna, tu cuerpo recibirá el mensaje de que no puede ir más allá y el pene se te ablandará en pocos minutos. Por lo general, nadie se dará cuenta de lo que sucede y puedes quedarte tranquilo. Les ocurre a todos los muchachos e incluso a los hombres y es normal.

¿Qué es un homosexual?

Un homosexual es un hombre o una mujer que se sienten atraídos a personas del mismo sexo y que sienten poco o nada de deseo por personas del sexo opuesto. La palabra gay se usa para los hombres homosexuales. La palabra lesbiana se usa para las mujeres homosexuales. Todas las personas, incluyendo a los homosexuales, necesitan que les traten con respeto. Existen muchas palabras groseras que usan las personas insensibles para referirse a otros que son homosexuales.

¿Qué es una virgen?

Una virgen es una persona que nunca ha tenido relaciones sexuales (orales, vaginales o rectales). Muchas adolescentes suponen por error que son vírgenes si solo tienen relación sexual oral. Esto no es verdad, de ninguna manera. La relación sexual oral te puede poner en tremendos riesgos de tener consecuencias físicas y emocionales. Por lo tanto, tener relaciones sexuales orales indica que una persona joven ya no es virgen.

¿A qué edad está bien tener relaciones sexuales?

Tener relaciones sexuales antes de casarte es mala idea. Muchas personas dicen: «Cuando estés listo, lo sabrás», pero hay muchas cosas dentro del acto físico sobre las cuales necesitas pensar. Algunas muchachas necesitan que las amen, entonces tendrán relaciones sexuales con un muchacho con la esperanza de que las ame el muchacho. La mayoría de las veces, los muchachos solo quieren tener relación sexual. El acto sexual fuera del matrimonio prepara a la gente para salir herido. Las emociones pueden engañarte cuando eres un adolescente y piensas que estás listo para tener relaciones sexuales. Luego, existen los problemas físicos que acompañan la relación sexual. Una joven puede quedar embarazada cuando no lo quiere. Una muchacha o un muchacho pueden contraer una infección de transmisión sexual que puede ser difícil de tratar (busca el capítulo 14). Por último, no olvides cómo estas cosas pueden cambiar tu futuro; si te conviertes en padre siendo adolescente, ¿terminarás el instituto, irás a la universidad o podrás conseguir un empleo y trabajar mientras crías a un niño? ¿Qué pensarán tus padres? ¿Te sentirás culpable o perderás el respeto hacia ti misma?

Forjadores del carácter

¿Qué es un anillo de la pureza? Un anillo de la pureza es un anillo especial que escogen tú y tu hija, y que ella llevará puesto como recordatorio de su compromiso de mantener la pureza sexual hasta la noche de bodas. Es un regalo que luego le dará a su futuro esposo que dice: «¡Te esperé a ti!».

¿Por qué darle un anillo de pureza a mi adolescente que quizá no llegue a la noche de bodas? La investigación ha mostrado que cuando las adolescentes se comprometen firmando una promesa de mantener la abstinencia hasta el matrimonio, tienen más probabilidades de cumplir con el compromiso que no hacen sus pares[5]. Un anillo es un recordatorio diario de ese compromiso.

¿Cuándo debo darle este anillo? Un buen momento es durante el octavo grado, antes del instituto (a menos que pienses que tu hija está madurando mucho antes). Si es posible, es grandioso que la madre se lleve a la hija y el padre al hijo para pasar un fin de semana divertido, en el cual hagan algo que disfruten ambos. Cada familia es diferente, y algunos preferirían que ambos padres estén presentes en esta ocasión. Incluso, el padre del sexo opuesto es el que puede dar el anillo. Por ejemplo, un padre podría llevar a su hija a comer fuera por su cumpleaños de trece años y regalarle su anillo de la pureza; un dije de fe, esperanza y amor o cualquier otro objeto simbólico. Planea tener algunas buenas conversaciones acerca del sexo opuesto, las citas y el matrimonio. Luego dale a tu hija el anillo o ve con ella a elegirlo. Dile que tu sueño es que tenga la mejor relación sexual posible dentro de una relación matrimonial. Para las familias que tienen fe, esta podría ser una oportunidad para desafiar a la hija a que comience a orar por su futuro cónyuge.

Adolescentes y abstinencia:
La fe da resultados

Los adolescentes, en especial las muchachas, que tienen fuertes puntos de vista religiosos, tienen menos probabilidades de enredarse en la actividad sexual que los adolescentes que no son religiosos. Los datos extraídos de un reciente estudio de salud en la adolescencia muestran que el compromiso religioso reduce la posibilidad de que los adolescentes se enreden en actividades sexuales tempranas al formar sus actitudes y creencias acerca de las relaciones sexuales. Este estudio analizó datos del Estudio Longitudinal Nacional de Salud del Adolescente (ADD Health), la mayor encuesta exhaustiva que jamás se haya llevado a cabo, desde el séptimo al duodécimo año escolar[6]. La encuesta medía el efecto de la familia, el grupo de pares, la escuela, el vecindario y la institución religiosa en cuanto a las conductas que promueven una buena salud en la gente joven.

Se entrevistaron dos veces a los adolescentes, con un año de intervalo entre las entrevistas. Los investigadores les preguntaron a los participantes acerca de su compromiso con actividades religiosas, sobre la importancia de la religión en sus vidas y sus creencias en cuanto a cómo la relación sexual los afectaría a ellos y a la gente cercana a ellos. Además de esta relación directa entre el compromiso religioso con el control sexual, el Estudio de Salud ADD descubrió que los adolescentes que hicieron un compromiso personal con la pureza (a menudo basado en valores religiosos), que se mostraba ante todo mediante la firma de una promesa, tenían muchas más probabilidades de permanecer en abstinencia durante los años adolescentes.

Los resultados de este estudio son reconfortantes: las creencias influyen de verdad en la conducta. Esto también les recuerda a los padres que la atmósfera familiar que alienta el desarrollo espiritual y afirma la participación religiosa les ayuda a los adolescentes a enfrentar los valores de la sociedad contemporánea y a resistirlos.

Forjadores del carácter

Enseña el dominio propio sobre las indulgencias

En la escuela secundaria, los chicos toman más conciencia de la moda y los artículos que desean (CD, DVD y actualizaciones para la computadora) que pueden requerir mucho efectivo. Además, ver a los amigos con más dinero puede llevarlos a la disconformidad y a los celos. Las vacaciones de otras familias a lugares exóticos pueden hacer que uno se sienta pobre en comparación. Si este modelo no se controla, puede ayudar a que tu hijo se vuelva más agresivo a fin de mantenerse a la altura de sus amigos en un esfuerzo para que lo acepten. Esta no es la clase de aceptación que deseas que busque tu hijo. Incúlcale el dominio propio de las siguientes maneras:

• **Establece un presupuesto para ropa** que le enseñe a tu hijo a administrar su dinero.
• **Alienta a tu hijo a que use su mesada** a fin de comprar los extras.
• **¡No exageres en los cumpleaños y festividades!** Pídele que haga una pequeña lista de cosas que desea, pero adviértele que también tienes un presupuesto y que no espere todo lo de su lista.
• **Permítele que haga tareas extras a fin de ganar dinero** para artículos mayores.

¿Qué es la relación sexual?

La relación sexual se describe de manera clásica como el pene del hombre que se inserta en la vagina de la mujer. La relación sexual anal es el pene que se inserta en el recto. La relación sexual oral es cuando el pene se inserta en la boca o cuando la boca cubre la vagina con el propósito de la estimulación.

¿El acto sexual oral es lo mismo que la relación sexual?

¡Sí! El acto sexual oral es relación sexual, el acto sexual vaginal es relación sexual y el acto sexual anal es relación sexual.

¿Qué sucede de verdad durante la relación sexual?

Durante el proceso de excitación sexual, cuando un hombre «se excita», los vasos sanguíneos del pene se llenan (se congestionan) de sangre. Esto hace que el pene se vuelva más largo y duro, y a esto se le llama erección. Cuando el pene está erecto y se inserta en la vagina de la mujer, puede producir un placer increíble. En el punto máximo o clímax de estos sentimientos placenteros (llamado orgasmo), el cuerpo del hombre libera semen (un fluido que contiene los espermatozoides). A esto se le llama eyaculación.

¿Qué es «darse el lote»?

«Darse el lote» no tiene una sola definición. Algunos se refieren a «darse el lote» como besuquearse y manosearse, en tanto que otros consideran que significa tener relaciones sexuales.

¿Cuándo está bien que bese a mi novio?

Besar a tu novio no debería ser una decisión que se tome a la ligera. A tu edad, es muy común besarse y esto puede llevar a otros juegos sexuales. Antes de besar a un chico, decide qué significa un beso para ti. Para muchos, besarse no es gran cosa. Sin embargo, un beso no es más que un paso en el camino hacia la actividad en la intimidad física. Es buena idea reservar los besos para el hombre que en verdad los merezca (alguien que no esté besando a otra muchacha antes de que termine la semana siguiente).

¿Qué es el acto sexual en seco?

El acto sexual en seco es estimular de manera sexual a la otra persona con las ropas puestas. En las primeras etapas de una relación física, los besos pueden volverse aburridos, así que una pareja decidirá estimularse entre sí con la ropa puesta. (La idea es evitar la relación sexual). Aunque la actividad pueda parecer «segura», en realidad llevas tu relación más cerca de cruzar la línea hacia la relación sexual.

11
Los tontos se apresuran
En plena adolescencia:
De los trece a los quince años

No te preocupes si el único «hola» que recibes de tu hijo es un gruñido. Es probable que a esta altura ya estés acostumbrado. Si esperas que tu hijo sea una fuente de conversación durante los primeros años de la adolescencia, olvídate de esos sueños. El hermoso y pequeño atleta que recuerdas de la escuela primaria tal vez parezca más desgarbado que atractivo, y tu brillante científico quizá encontrara su santuario en su dormitorio.

Como padre de un muchachito, puede ser difícil hacerlo hablar, pero no te des por vencido. Todavía necesita comer y todavía necesita que lo lleves a las prácticas y a las actividades extracurriculares. Aprovecha el tiempo que pasan juntos; escucha las opciones. Además, ten cuidado de no entremeterte ni de hablar demasiado.

Por otra parte, si eres el padre de una jovencita en ciernes, las palabras te saldrán por las orejas. Todos hemos visto los anuncios de adolescentes quinceañeras que hablan sin cesar con sus amigas acerca de todo, desde lavarse los dientes hasta afeitarse las piernas. Recuerda: si puedes seguirle el paso a todas sus conversaciones, podrás estar en condiciones de responder a todas sus preguntas acerca de las relaciones y de la sexualidad sin darte cuenta.

Sin importar cuál sea el género de tu hijo, es hora de los grandes desafíos. Ya no buscará tu aprobación (aunque la necesita con desesperación). Ya no te consultará en busca de consejos acerca de la moda (aunque su maquillaje todavía grita «socorro»). Esta es la etapa en tu paternidad en la que debes ser diligente y participativo. Mantén tus oídos sintonizados y tu calendario social con poca actividad, porque la paternidad requiere todo un nuevo significado durante esta época de la vida. Aunque ya no limpiarás traseros, seguirás arreglando líos. Por lo tanto, entra con pies y cabeza y disfruta del proceso de guiar a tu hijo a una nueva etapa de la vida, una etapa en la que sus pensamientos, sus opiniones y sus ideas necesitan de manera urgente una audiencia. Sintoniza y sigue alentando.

Preguntas de los padres

¿Cuáles son los hechos físicos que un muchacho o una muchacha deben saber al llegar a esta edad?

Al llegar al comienzo de la adolescencia, tanto muchachos como muchachas deberían comprender por completo los sucesos que tienen lugar durante la pubertad. Además, no solo deberían entender el aspecto reproductor de la relación sexual, sino también los aspectos de la relación y del disfrute de la misma que tienen lugar dentro de la profunda intimidad de una relación matrimonial comprometida y para toda la vida. Por último, debes conversar acerca de las consecuencias relacionadas con el juego sexual extramatrimonial: las emocionales, las físicas y las espirituales. Las tendencias habituales para los adolescentes jóvenes incluyen la experimentación con la masturbación mutua, el acto sexual oral y la relación sexual anal. Para muchos padres, esto les puede resultar demasiado para digerir, pero tus hijos tienen amigos que participan en juegos sexuales (que quizá incluyan la recreación de películas pornográficas u otros vídeos en fiestas mixtas). Recuerda, los hechos son solo el punto de partida; no dejes que la conversación termine allí.

Las respuestas que tú necesitas y ellos quieren

El propósito de las citas amorosas

- La elección de un compañero matrimonial y la preparación para una relación duradera.
- El aprendizaje de un sentido de independencia.
- Aprender a sentirse más cómodo en una relación hombre-mujer y disfrutar de la amistad con alguien del sexo opuesto.
- Llegar a conocer a otras personas, como sus gustos, lo que no le gusta, sus valores, las maneras de comunicarse, y a uno mismo.

¿A qué edad es apropiado que mi hija tenga novio? ¿Y mi hijo?

No existe una edad mágica. Algunas familias no creen en el noviazgo en absoluto. Otras solo les permiten a sus hijos salir en grupos. La realidad del mundo adolescente de hoy es que el noviazgo ya no es algo súper. Los chicos dan vueltas por allí y empiezan una relación. A diferencia de los adolescentes de años atrás, no es tan común ver a los chicos en una relación de noviazgo. Es probable que la madurez de tu hija y el nivel de comodidad con su grupo de amistades sea lo que determine si puede tener novio. La mayoría de los expertos están de acuerdo en que las citas a solas a esta edad no son apropiadas. Como defensor de tu hija, sería sabio que organizases actividades para ella y sus amigos. Toma nota mental de que las fiestas mixtas a esta edad están bien, pero que quedarse a dormir todos juntos en una casa nunca es una buena idea.

Antes de que tu hijo comience a tener citas amorosas, adelántate y habla acerca del propósito del noviazgo, de ideas para grandes citas y de cómo evitar que se eche a perder una cita. A menudo los padres se preocupan por el «cuándo» de las citas amorosas, pero casi nunca ayudan a su adolescente a tener citas de éxito. Asegúrate de pasar tiempo ayudando a tu hija a ser creativa y realista a la hora de las citas. Utiliza este tiempo para darle lecciones que hubieras deseado saber años atrás.

¿Qué reglas fundamentales debo establecer con respecto a las citas amorosas?

Vayamos por partes. Cuando estableces reglas fundamentales, sería sabio incluir a tu hijo en el proceso. Si está listo para un

165

Los 10 mandamientos
de las citas amorosas

1. Mantén una vida con intereses y relaciones propias. Mantén los pies en la tierra. Mantente en grupo. Mantén metas específicas. Mantente en crecimiento.

2. Usa tu cerebro. Equilibra el romance con el sentido común, la razón, el juicio y el discernimiento. Equilibra la cabeza con el corazón. Abstente de la intimidad física. Analiza tus relaciones pasadas. Incluye a otros en el proceso. Nunca pases por alto las oportunidades de evaluar a lo largo del camino.

3. Busca similitudes. Las relaciones y los matrimonios saludables son esos en los que existe un fuerte cimiento de similitudes en el trasfondo, el temperamento, las metas, los sueños, los valores y en la manera en que los individuos manejan y ordenan sus vidas físicas y mentales.

4. Ve despacio. No se llega a conocer a una persona en un período corto. Necesitas tiempo para estrechar lazos. Protégete de no apegarte con demasiada rapidez.

5. Establece límites claros. Traza líneas definitivas en el campo físico y sexual de tu relación. Tu cuerpo te pertenece. Comunícale a tu pareja cómo te sientes. Sé dueño de tus propios sentimientos y sé capaz de separarlos de tu cita. Toma control de tus pensamientos: mantenlos puros. Responsabilízate de tus acciones; no trates de culpar a otro.

6. Reserva la relación sexual para el matrimonio. Practica los pasos saludables de la intimidad. Reserva las caricias, las caricias profundas, los besos en los senos y la relación sexual oral y vaginal para el matrimonio.

noviazgo, conversa acerca de qué expectativas y deseos tiene, y luego establece las reglas de acuerdo a su madurez.

Las conversaciones que giran alrededor de las citas amorosas deberían incluir también los límites apropiados, la hora de llegada, la vestimenta, las salidas en grupo y las responsabilidades financieras. Todas las relaciones de noviazgo deben tratar las expectativas con respecto al tiempo en familia y a qué hacer en una situación incómoda o peligrosa.

7. La cohabitación antes del matrimonio no propicia un matrimonio más saludable. La investigación muestra que las parejas que viven juntas antes de casarse tienen una probabilidad mayor de divorciarse que las que no lo hacen. Las mujeres que cohabitan tienen más probabilidades de experimentar violencia doméstica que las casadas[1].

8. Emplea respuestas saludables en el conflicto. Evita «el rechazo», «estar a la defensiva», la «invalidación» y la «intensificación». Que sea una lucha justa: toma un receso a fin de considerar lo que necesitas expresar en realidad, y sé respetuoso con tu pareja. Guarda silencio y escucha; procura comprender, luego intenta entender. Usa las oraciones en primera persona. Negocia y cede. Vuelve a evaluar tu solución en un momento posterior.

9. Advierte las señales de peligro y termina la relación. Cualquier clase de abuso: físico, verbal, emocional o sexual. Adicciones. Infidelidad en la relación. Irresponsabilidad e inmadurez. Ninguna atracción física o sexual. Bagaje emocional. Negación (cuando no puedes admitir que esta relación no es saludable para ti).

10. Escoge con sabiduría tu pareja para el noviazgo y el matrimonio. Si tienes citas amorosas y luego te casas con la persona equivocada, vivirás con consecuencias significativas, negativas y perdurables de esa decisión por el resto de tu vida. Discierne su carácter. El carácter es lo que eres cuando nadie te mira. Fíjate en las relaciones anteriores para determinar los patrones de conducta. Las crisis revelan el verdadero carácter de alguien. Dale mucho tiempo a tu relación. ¿Te sientes alentado, afirmado, inspirado y desafiado a crecer y a ser una persona mejor cuando estás a su lado?

En todos los casos, es importante recordarle a tu hijo que siempre estarás a su disposición para ayudarle a encontrar una salida a una mala situación (aun cuando eso signifique ir a buscarlo a cualquier lugar y en cualquier momento).

A continuación tienes nueve normas de noviazgo que a ti (y a tu hijo) les resultarán de ayuda para las primeras relaciones de noviazgo más saludables:

1. Establece el límite de la intimidad física antes de salir en una cita.
2. Tanto los muchachos como las muchachas son responsables de establecer y mantener los límites.
3. Comunícale tu límite a tu compañero en forma verbal.
4. Puedes detenerte en cualquier paso de la intimidad: la intimidad física no tiene por qué progresar.
5. Ten dominio propio.
6. Considera la forma en que te vistes.
7. Mantente sobrio.
8. Utiliza negativas verbales y no verbales si es preciso.
9. Evita las situaciones peligrosas o tentadoras como estar solos en casa.

¿Qué consejo práctico puedo dar para planear una cita fabulosa?

Aquí tienes diecisiete esferas por las que puedes comenzar y en las que puedes ser un guía de mucha ayuda:

1. Determina lo que le gusta y no le gusta a la persona que sale contigo. Antes de planear la cita, pregúntate: ¿Qué le interesa? ¿Le gusta estar al aire libre o le gustan las artes escénicas? Elimina las cosas que sabes que no le gustaría hacer.
2. Cuenta tu dinero. Por lo general, esto reducirá las opciones. Si no tienes mucho dinero, gástalo con sabiduría o no lo gastes. Muchas citas divertidas no requieren dinero. ¿Sabías que la imaginación y las ideas creativas pueden impresionar a alguien mucho más que el dinero?
3. Aprovecha al máximo la conversación. Una de las principales razones de las citas es crecer en la amistad. Siempre trata de estructurar la mayor cantidad de tiempo posible para conversar.
4. Garantiza un tiempo de diversión. Dedica tiempo para planificar citas cuyo único objetivo sea la diversión. Planea todos los detalles. Cuanto más disfrute de la cita la persona que sale contigo, más te recordará.
5. No permitas que las citas caigan en la rutina. Trata de no planear la misma cita dos veces. Cuando causas gran sensación, repítelo luego, pero espera un poco. Añade la variedad.

6. Incluye a otros. Las citas en grupo te quitan la presión social y ayudan a mantener una conversación fluida. Además, fomentas otras relaciones y te guardas de situaciones de tentación.

7. Escoge momentos diferentes. Planea citas para la mañana y la tarde, así como para la noche. Verás diferentes aspectos de la personalidad de la persona con la que sales y harás que las citas sigan siendo interesantes.

8. Evita las situaciones de tentación. Prescinde de los lugares o las personas que te pongan pensamientos comprometedores en la cabeza. La persona que sale contigo es especial para ti y para sus padres, ¡así que cuídala bien!

9. Establece tus normas y límites. Conoce lo que es mejor para ti y para la otra persona, ahora y en el futuro; si tienes normas diferentes a las de la persona que sale contigo, aténganse al límite más conservador.

10. Pongan la amistad como la prioridad número uno. El objetivo principal de la relación debería ser el de ser mejores amigos.

11. Solo sale con personas que tengan los mismos valores que tú. Si tiene «mala reputación», ¡evita salir con esa persona!

12. Busca amigos que no te presionen. Los verdaderos amigos quieren lo mejor para ti. Si la persona con la que sales o un amigo te presiona a hacer algo que sabes que está mal, no está pensando en ti, sino en sí mismo.

13. Sé consciente de la tentación. ¿Qué es lo que te tienta? ¿Las películas románticas, los ambientes oscuros, la ropa, el alcohol?

14. Evita las drogas y el alcohol. Disminuyen tu capacidad para pensar con claridad y para tomar buenas decisiones.

15. Conoce las consecuencias asociadas a tener actividad sexual. La educación es la clave; comprende que los medios de comunicación no te dan una visión realista de las consecuencias.

16. Permite que tus padres sean una parte valiosa de tu relación, o pídele a otro adulto consejero que te aliente y te apoye a rendir cuentas.

17. Concéntrate en otras esferas de la intimidad en lugar de hacerlo en la física. Expresa valores y creencias emocionales, intelectuales, relacionales y espirituales.

La Declaración de Derechos de las citas amorosas

Tengo el derecho de:

- Pedirle a alguien que salga conmigo.
- Negarme a salir con alguien.
- Sugerir actividades durante la cita.
- Decir lo que pienso.
- Expresar mis sentimientos y expresarlos con libertad.
- Decirle a alguien cuándo fue descortés.
- Decirle a alguien que no me siento cómodo.
- Hacer que se respeten mis límites y valores.
- Decirle a mi cita cuando necesito afecto.
- Negarme a demostraciones de afecto.
- Que me escuchen.
- Negarme a prestar dinero.
- Negarme a tener relaciones sexuales con cualquiera tan solo porque gastaron algo de dinero en mí.
- Negarme a tener relaciones sexuales en cualquier momento y por cualquier razón.
- Tener amigos y un espacio aparte de mi novio o novia.

Tengo la responsabilidad de:

- Comunicarme con claridad y sinceridad.
- Determinar mis límites y valores.
- Pedir ayuda cuando la necesito.
- Ser considerado.
- Establecer expectativas altas para mí mismo y para los demás que escoja para que estén conmigo.
- No ponerme a mí ni a otros en situaciones que podrían llevar a algo de lo cual pudiéramos arrepentirnos.

Las respuestas que tú necesitas y ellos quieren

¿Por qué mi hija debe esperar hasta el matrimonio para tener actividad sexual?

Dicho con sencillez, por el bien de su matrimonio. Las consecuencias físicas que saltan a la vista son el embarazo y las infecciones de transmisión sexual, pero a largo plazo pueden existir consecuencias como la infertilidad o el cáncer cervical. La relación sexual no es solo un acto físico; involucra a toda la persona. A esta edad, también es probable que se produzca daño emocional a raíz de la actividad sexual, en especial cuando la persona pasa de una relación a otra, luego de una ruptura dolorosa.

El costo social de los nacimientos extramatrimoniales y las enfermedades de transmisión sexual para los individuos y la sociedad es enorme. Las adolescentes con bebés a esta edad tienen más probabilidades de no terminar el instituto y de vivir en la pobreza. Aunque es difícil saber lo que viene primero, las adolescentes activas en lo sexual tienen más probabilidades de fumar, usar alcohol o drogas, de tener problemas con la ley (incluso de pasar un tiempo en prisión) y de experimentar la depresión o el suicidio. Las adolescentes que tienen fe son más propensas a experimentar la culpa o el aislamiento de la fe si son activas de manera sexual.

Además, cuando tu hija se casa, el bagaje de múltiples compañeros sexuales puede impedirle experimentar un matrimonio íntimo y satisfactorio de verdad. El propósito de alentar a esperar a tener relaciones sexuales no es solo para ayudarla a evitar las enfermedades de transmisión sexual o los embarazos extramatrimoniales, sino también proporcionarle las habilidades para disfrutar del matrimonio y de tener una grandiosa vida sexual en el futuro, libre de culpa, de cicatrices y de recuerdos de relaciones rotas del pasado.

¿Cómo le enseño a mi hija acerca de lo que se espera de una cita?

Algunas veces es útil que un padre (o un modelo de papel masculino) lleve a su hija a una cita. Podrías comenzar enviándole algunas flores a tu hija, llamando a la puerta, escoltándola hasta el auto y llevándola a cenar o al cine. No solo será un tiempo de diversión, sino de conversación significativa y una oportunidad para conversar acerca de los riesgos de no mantener el control en una cita. Una madre podría hacer que su hijo la recoja para llevarla a una cita. (Papá puede deslizarle a su hijo algunos billetes para la cena). Sé creativo y permite que tu hijo te acompañe a una cita con tu cónyuge. Además, ayuda a tus hijos a pensar en cosas fantásticas para hacer en una cita. Si eres madre o padre soltero, busca la ayuda de tu familia y de tus amigos.

¿Cómo debería manejar los horarios límite de llegada a casa?

Durante los años adolescentes, que corresponden a la escuela secundaria, es bastante fácil establecer los horarios límites de llegada ya que los adolescentes no conducen. Lo esencial es que tú, el padre, deberías estar a cargo de los horarios límite y no tu adolescente, sus amigos o los padres de sus amigos. Aunque en última instancia tú estás a cargo de esta decisión, tómate el tiempo para escuchar a tu adolescente. Hasta es posible que prefiera un horario de llegada más temprano del que tú hubieras establecido. De modo que muchos padres se preocupan por los horarios límite, pero olvidan preocuparse por dónde andan sus hijos luego de la escuela: el tiempo principal en el que ocurren las actividades sexuales. Ten cuidado de establecer horarios límite apropiados para las noches y las conductas que esperas para las tardes.

¿Qué puedo hacer para alentar relaciones saludables con personas de su edad sin exponer a mi hijo a situaciones comprometedoras o a la tentación abrumadora?

En pocas palabras, conoce a los amigos de tu hijo y fíjate si sus padres poseen tu sistema de valores. Incluso si apruebas a sus amigos y si sus padres tienen tus valores, necesitas investigar si tienen a un hijo mayor en la casa que pueda influir en tu hijo. Las relaciones saludables con un grupo del mismo sexo o del sexo opuesto son una parte necesaria de su período de desarrollo, pero necesitas participar. No hace falta decir que no se debe permitir a los del sexo opuesto estar solos en la casa ni en la habitación de tu hijo. Si tu adolescente se junta con un mal grupo, debes cambiar, de alguna manera, su combinación de amigos, aun cuando se requiera una medida drástica como el cambio de escuela o de grupo de jóvenes de la iglesia, o mudarte a un nuevo vecindario.

Las citas amorosas nocturnas
pueden comenzar temprano

Como casi todos los chicos piensan en casarse, nunca es demasiado pronto para comenzar a hablar acerca de cómo tratar al sexo opuesto y dar ejemplo de ello. Cuando tus hijos se encuentren en la escuela primaria, es bueno que cada padre establezca una «noche de cita» con cada hijo del sexo opuesto. Puede ser una vez cada tantos meses o en ocasiones especiales. En una familia, cada hijo llevaba a su padre o a su madre a algún lugar especial el día del cumpleaños de cada uno de ellos... a expensas de los padres. (Esto puede resultar caro, ¡así que establece los parámetros con cuidado!). El asunto es mostrarles a tus hijos cómo tratar a su compañero de cita y enseñarles cómo funcionan la cortesía y la conversación.

Si esto comienza en la escuela primaria y es divertido, cuando tu hijo llegue a la preadolescencia querrá tener una cita nocturna (aunque esto signifique el bochorno de que lo vean con uno de sus padres).

Un alentador comentario aparte: la investigación muestra que si el padre de una niña participa en su vida, tiene menos probabilidades de iniciar la actividad sexual durante el instituto[2]. Como las jovencitas tienen más problemas con la autoestima, el peso y las amistades que los varones, un padre atento puede obrar milagros en cuanto a edificar a su hija para que sea una mujercita hermosa por dentro. Un padre también puede proporcionar advertencias desde un enfoque perspicaz acerca de cómo ciertas ropas excitan a los muchachos.

Es de igual importancia para los varones que las madres tengan buenas conversaciones con ellos acerca de lo que buscan las jovencitas en un muchacho, a medida en que se interesan más en el sexo opuesto[3].

¿Qué debo contarle a mi hijo acerca de mi historia sexual pasada?

Esta es una pregunta difícil si fuiste sexualmente activo antes del matrimonio. Cada uno tendrá que decidir cómo responder a la pregunta si un hijo la hace y cuándo la hace: «Mamá (o papá), ¿qué hacías cuando tenías mi edad?». Si cuando te casaste eras virgen, puedes decirle a tu hijo que estás feliz de haber tomado esa decisión y puedes alentarlo a hacer lo mismo. Si tenías actividad sexual antes del matrimonio, debes decidir cómo responder.

Contar tu historia puede ser un medio poderoso de enseñanza. No tienes que entrar en detalles y puede ser muy corta. «¿Sabes? Cuando tenía tu edad, cometí un error. Me gustaría volver atrás, pero no puedo. Espero que no cometas los mismos errores que yo». Esto puede abrir la puerta para un diálogo muy significativo entre tú y tu hijo. Aunque no te hagan la pregunta, si sientes que se encamina hacia serios problemas, puedes darle información delicada. Al contar tu pasado doloroso, puedes prevenir el desastre en tu adolescente. Incluso si experimentaste las relaciones sexuales antes del casamiento y no tuviste consecuencias negativas, recuerda que el mundo es un lugar diferente hoy.

¿Cuándo debería realizarse su primer examen pélvico una muchacha?

Hay mucha discusión acerca de este tema. Por lo general, se necesita un examen pélvico a cualquier edad luego de que una muchacha haya comenzado a tener actividad sexual. Si es virgen, no es necesario el examen pélvico hasta algún momento entre los dieciocho y los veintiún años. Si una jovencita experimenta problemas médicos como flujo vaginal, problemas menstruales o dolor pélvico, es probable que se necesite un examen pélvico. En definitiva, este asunto debería conversarse con su médico.

¿Qué debo hacer si entro a una habitación cuando mi hijo se encuentra en una situación comprometedora?

Si llegaras a entrar a una habitación mientras tu hijo se está masturbando, lo apropiado sería que te excusaras en el momento y conversaras con tu hijo acerca del problema en un momento posterior si no lo has hablado antes. Aunque hayas hablado de la

La abstinencia es alcanzable

Alentar a tu adolescente a esperar hasta el matrimonio para las relaciones sexuales es darle la mejor posibilidad de tener las mejores relaciones sexuales. Dile en cualquier oportunidad disponible cómo te sientes en cuanto a reservar el acto sexual para el matrimonio, porque influirá en su decisión. Aquí tienes cómo hacerlo:

• **Modela la fidelidad en tu matrimonio,** y si eres soltero y con una relación romántica, practica la abstinencia.
• **Conversa con tu adolescente acerca de las adecuadas muestras de afecto en público** (tomarse de las manos y besos sencillos), y conversa sobre tus expectativas en cuanto a sus límites físicos si se encuentra sola y en privado con el sexo opuesto.
• **No permitas que tu adolescente esté solo en casa con el sexo opuesto,** ¡después de la escuela ni en cualquier momento!
• **Recuérdale a tu hija que su manera de vestir le comunicará a los hombres el tipo de muchacha que es.** Enseña la modestia mediante el ejemplo, pero también establece normas en cuanto a lo que es apropiado usar fuera de la casa.
• **Haz que un hombre** (papá, tío, abuelo) **analice con tu hija lo que excita a los hombres** (es decir, la ropa provocativa).
• **Sé ejemplo de la forma en que uno trata y respeta al sexo opuesto.** Papás, «salgan» con sus hijas. Mamás «salgan» con sus hijos.
• **Establece temprano las reglas para las citas amorosas,** así tu adolescente sabe cuándo puede comenzar a tener citas en grupo y en pareja. Aclara las reglas en cuanto al horario de llegada y las consecuencias por quebrantarlas.
• **Sé generoso con tu afecto físico** por tu adolescente, de cualquier manera en que se sienta cómoda. Lee *Los cinco lenguajes del amor de los jóvenes* de Gary Chapman[4].

masturbación en el pasado, sería bueno sacar el tema otra vez y reconocer lo sucedido. La mayoría de los adolescentes se sentirán mortificados por la experiencia y es probable que prefieran que se olvide el incidente.

Si entras en una habitación y encuentras a tu hijo teniendo relaciones sexuales en tu casa, lo adecuado sería que le pidas que se vista. También sería apropiado que tengas una breve conversación acerca de la desilusión que sientes. Infórmale a la compañera que tendrás que decirles a sus padres lo sucedido. Cuando se vaya el otro, y tú y tu hijo tengan la oportunidad de calmarse, es necesario que converses acerca de la situación. El amor hacia tu hijo debe prevalecer por encima de tu desilusión, de tu dolor y de tu enojo. También deberías llevarle al médico a fin de que se evaluara la posibilidad de un embarazo y de infecciones de transmisión sexual. Algunas de las preguntas que tal vez quieras hacer son: ¿Cuánto tiempo hace que esto sucede? ¿Esta es tu primera experiencia sexual? ¿Sabes si corres el riesgo de estar embarazada o de contraer enfermedades de transmisión sexual?

El punto clave que se debe recordar es no estar enojado. Es posible que tu hijo haya permitido que una situación se salga fuera de control y esté tan desilusionado como tú. Sin embargo, si no muestra remordimiento por faltarte al respeto a ti y a tu casa, sería adecuado que se aplicara un castigo justo. Otro pensamiento a tener en mente: ¿Has sido claro en cuanto a lo que esperas de tu hijo con respecto a la actividad sexual extramatrimonial? ¿Sabe que es algo que desapruebas? Si no es así, es hora de comunicarte de manera clara con tu adolescente acerca de tus esperanzas y sueños con respecto a su futuro.

¿Debo preocuparme por la ropa que usa mi hija?

¡Por supuesto! En primer lugar, es importante explicarle de qué manera los hombres y las mujeres son diferentes. Explícale que las mujeres se excitan casi siempre por las relaciones, el cortejo y el romance. Los hombres, por otro lado, se excitan por los ojos, por lo que ven. Esto explica por qué las modelos venden productos para hombres en la televisión. En resumen, los hombres se estimulan de manera visual y las mujeres a través de la relación.

La conversación de cómo se excitan los hombres por la vista te permite explicarle a tu hija que si se pone ropa muy reveladora y sexy, excitará a los muchachos. Esto podría ponerla en una situación de riesgo de violación por parte del acompañante de la cita o a que se involucre en lo sexual. Aunque a tu hija no la violen y no comience a tener actividad sexual, puede haberle causado una frustración sexual a los muchachos a los que ha excitado con sus ropas escasas y sus pechos expuestos en parte.

¿Qué debo decirle a mi hijo acerca de la manera en que se visten las muchachas?

Edúcalo en cuanto a las diferencias entre los hombres y las mujeres, y ayúdalo a controlar sus hormonas que están revolucionadas durante los primeros años de la adolescencia. Explícale por qué a los varones les resulta tan fácil quedar atrapados en la pornografía, incluso en la llamada pornografía «suave». Ayúdalo a comprender que, muchas veces, no puede evitar la primera mirada a una jovencita bonita vestida en forma provocativa, pero que puede controlar sus acciones al evitar la segunda mirada capaz de conducirlo a tener problemas. Este es un gran tema para que lo trate un padre u otro hombre de confianza que sea modelo de papel masculino.

¿Por qué debo preocuparme por las películas, la música y el entretenimiento a los que está expuesto mi hijo?

La mayoría de las películas, la música y el entretenimiento no reflejan los valores y los rasgos de carácter que la mayoría de los padres quieren que sus adolescentes tengan de ejemplo. Necesitas participar en la vida de tu adolescente. Necesitas saber no solo qué películas, entretenimientos y música mira y escucha, sino también lo que se ve en los hogares de sus amigos. Recuerda, tu objetivo final no es controlar lo que consume en los medios, sino prepararlo a fin de que piense por sí mismo y haga elecciones sabias en cuanto al uso de los medios.

¿Cuándo debo preocuparme por el retraso del desarrollo sexual de mi hijo?

Mientras que la mayoría de las niñas comenzarán la pubertad entre los nueve y los once años, puede demorarse hasta los quince o los dieciséis. Es importante saber cuándo comenzaron los períodos de su madre, sus hermanas mayores, sus tías y sus abuelas. Algunas familias tienden a tener desarrollos tardíos. Los varones también pueden venir de familias que tienden a desarrollarse tarde. Es más, muchos hombres no alcanzan su altura adulta hasta la universidad. Si te preocupa, documéntate y pregúntale al médico de tu hijo. Esta es otra buena razón para hacerle chequeos anuales a tu hijo con su médico. Una de las tareas del médico durante un buen chequeo anual es ver cómo progresa la pubertad. En algún momento, si la pubertad no ha comenzado, se necesitarán algunos exámenes médicos.

¿Debo permitir que mi hijo se quede a dormir en otra casa junto con otros chicos y chicas?

No. A esta edad (y tal vez a cualquier edad), son una invitación al desastre. Estas fiestas mixtas de toda la noche son una moda peligrosa. No existe razón para que los chicos y las chicas de esta edad estén despiertos y fuera de su casa toda la noche. Si a tu hijo lo invitan a una fiesta, permítele asistir a las actividades supervisadas y dile que lo recogerás a medianoche.

¿Qué debería decirle a mi hijo acerca de la novia de su padre que vive con él?

Es importante no influir de manera negativa en la relación de tu adolescente con su padre, pero también necesitas explicarle por qué no apruebas esta convivencia. A esta edad, la mayoría de los chicos son conscientes de lo que hacen sus padres divorciados. En tanto que tu ex quizá viva con su novia, asegúrate de que tu novio no pase la noche contigo mientras los hijos están fuera de casa.

Los hijos de matrimonios divorciados son muy perceptivos y se dan cuenta de que sus padres compiten por su afecto y, algunas veces, esto sucederá poniendo por el suelo al otro padre. Lo mejor que puedes hacer por tu hijo es darte cuenta de que no eligió el divorcio de sus padres. Depende de ti y de su padre (o madre) hacer que su vida sea menos complicada, al evitar situaciones que pueden causar cuestionamientos innecesarios.

Encontré una revista pornográfica en la habitación de mi hijo (o me he dado cuenta de que ha estado accediendo a la pornografía en la Internet); ¿qué debo hacer?

Debes hablar con tu hijo acerca de los nocivos efectos de la pornografía con tu hijo. Pregunta dónde y cómo obtuvo la revista pornográfica. ¿Tiene alguna pregunta acerca de la relación sexual

Las respuestas que tú necesitas y ellos quieren

o de la anatomía? ¿Entiende que la pornografía puede ser muy dañina y adictiva? Puedes usar esta oportunidad para explicar lo maravilloso y hermoso que es la relación sexual en su lugar y en el tiempo adecuado, pero que la pornografía es humillante y degradante para la mujer y dañina para el hombre.

¿Qué debo hacer con el médico de mi hijo que me pide que salga del consultorio durante el chequeo?

En primer lugar, no hay necesidad de preocuparse ni de inquietarse demasiado. La realidad es que la mayoría de los adolescentes no desean que sus padres estén presentes durante el examen. La mayoría de los médicos, en algún momento de la visita, aunque el padre esté en el consultorio durante el examen, querrán hablar con tu adolescente a solas. Esto es normal y saludable, y debe alentarse. Es posible que el tiempo a solas con tu hijo le permita al médico descubrir algunos factores de riesgo que tal vez tú no sepas. Algunos médicos pueden apoyar el sistema de valores de tu familia, aun cuando sea diferente a su punto de vista personal. Un médico que apoya tu sistema de valores puede ser de gran apoyo para ti como padre. También es adecuado preguntarle a tu médico cómo manejará ciertas situaciones en caso de que surjan.

¿Un médico puede prescribirle anticonceptivos a mi adolescente sin avisarme?

Sí. Tanto las leyes federales como estatales protegen a los médicos que examinan y tratan a menores por infecciones de transmisión sexual, así como a los que prescriben o proporcionan anticonceptivos. Por eso, es de suma importancia escoger a un médico que posea valores y crea que la abstinencia antes del matrimonio es la elección más saludable para la juventud.

¿A un médico se le delimita por ley mantener en forma confidencial la conversación que tuvo con mi adolescente?

No, pero existen consideraciones éticas y morales si el médico estableció antes la confidencialidad del adolescente. Muchos médicos les avisarán tanto a los padres como al adolescente, a medida que el joven se acerca a la pubertad, que habrá un tiempo durante al menos el examen físico anual, en el que el médico hablará con el joven sin que el padre esté presente y que lo que hablen será confidencial. La mayoría de los médicos explicarán que pueden romper esa confidencialidad si se trata de una cuestión que tenga consecuencias mayores en la salud para el adolescente o la sociedad.

¿Debo permitir que mi adolescente asista al programa de educación sexual de la escuela?

Busca las páginas 99 y 216.

Soy un padre soltero con un hijo del sexo opuesto; ¿debo buscar un modelo positivo del mismo sexo de mi hijo?

Sí, siempre y cuando sea posible. Podría tratarse de una tía o un tío, de un entrenador, un maestro o incluso el padre o la madre de un amigo. Asegúrate de que el individuo posea tus valores. Aunque no seas soltero, un amigo mayor o pariente con tus valores, puede ser un medio valioso en el desarrollo de tu hijo. Reflexiona acerca de tu vida. ¿Quiénes fueron las personas en las que confiaste y a las que buscaste para pedir consejo? No puedes ser todo para tu hijo. Busca a otros en tu vida que puedan alentarlo a alcanzar su pleno potencial.

¿Debo alentar a mi hijo a que haga trabajo voluntario?

Parte de tu tarea como padre es asegurarte de que tu hijo aprenda y valore la importancia de pensar en otros y no solo en sí mismo. El trabajo voluntario se puede hacer a través de la escuela, las organizaciones basadas en la fe, las organizaciones comunitarias e incluso de tu propia familia. Ofrecerse juntos como voluntarios te ayudará a dar un ejemplo de compasión hacia los demás, así como te proporcionará un tiempo para estar con tu adolescente. Los estudios muestran que los adolescentes que participan en actividades voluntarias tienen menos tiempo para participar de conductas de alto riesgo como la bebida, el uso de drogas y la actividad sexual.

¿Cómo abordo el ensayo sexual entre chicos del mismo sexo en una cultura que alienta la experimentación sin límites?

Los adolescentes experimentan los medios de comunicación y la exposición a su grupo dentro de una cultura que dice que tu sexualidad puede ser fluida y que es seguro experimentar con el comportamiento sexual directo. Esto es cierto en particular a la luz de la corriente principal de los medios que hacen popular los programas de entretenimiento homosexual y que resaltan a los famosos que se jactan por «salir del armario». Además, en algunas escuelas, la experiencia con relaciones lesbianas se considera un simple rito de transición para muchas chicas. Los medios presentan las relaciones entre el mismo sexo como excitantes y de moda, y debido a esto, los adolescentes tienen curiosidad y no sienten culpa al experimentar con los sentimientos y conductas sexuales con el mismo sexo.

Como padre, debes estar en condiciones de entablar una conversación franca, pero cómoda, acerca de la curiosidad sexual, a la vez que afirmas con firmeza que la experiencia sexual entre compañeros del mismo sexo no es apropiada. No te avergüences de conversar acerca de estos temas con tu hijo, y no te sientas conmocionado cuando te cuente acerca de la presencia de estos sucesos en su mundo. Siempre puedes ofrecer la mejor información y protección para tu adolescente si lo haces de una manera positiva, afirmadora y educada.

¿Qué debo hacer si entro y encuentro a mi hija en un juego de experimentación sexual con alguien del mismo sexo?

Tranquilo. Detén el comportamiento de una manera firme y sin exaltarte, y habla con tu hija cuando se enfríen las cosas. Pídele que te explique lo que sucedía y cómo se metió en esa situación. Intenta comprender el poder de la curiosidad sexual, así como la tentación de experimentar que acompaña a esta edad. Con amor, aborda lo inapropiado de la conducta y los posibles peligros (físicos y emocionales) que acompañan al comportamiento persistente con el mismo sexo. También es apropiado hablar con los padres de la otra adolescente implicada.

Fomento de amistades

Con la pubertad casi completa y la adolescencia en plena ebullición, ¡tu hijo necesita amigos! Los amigos sirven como una conexión con el mundo externo. Las amistades actúan como un parachoques a fin de que tus hijos descarguen gran parte del estrés que les produce crecer y tratar con sus hermanos, padres, la escuela y otras frustraciones. Recuerda:

• **Las amistades del mismo sexo se profundizan, pero quizá sufran altibajos** junto con los estados de ánimo del adolescente.

• **Tendrás menos oportunidades de participar en la selección de amigos de tu hijo, pero no vaciles en seguir hablando** de las amistades apropiadas, enfatizando que las buenas amistades son positivas y de apoyo. Además, recuérdale a tu hijo que un buen amigo no pretenderá que rompa tus reglas o las leyes del país.

• **La presión del grupo está a todo vapor** durante esta edad. Dale a tu hijo la oportunidad de culparte por no participar en conductas inapropiadas, en tanto que lo consolidas al elogiar su buen carácter y las buenas elecciones que toma.

• **Alienta a tu hijo a que participe en grupos saludables** de pares. Las conexiones con un grupo de la misma edad son de absoluta importancia para esta etapa, así que no lo ridiculices por la presión que siente de los pares, sino ayúdalo a encontrar un grupo de la misma edad apropiado para él.

■ **¿La curiosidad es equivalente a una sana experimentación sexual a esta edad?**

La curiosidad y las preguntas acerca de toda clase de actividad sexual son previsibles y saludables a esta edad. La clave es ser un padre accesible. No deberías tener miedo de usar el apoyo de buenos materiales y de otros adultos cuyos sistemas de valores concuerden con el tuyo. Las preguntas y la curiosidad siempre deberían alentarse y servir como oportunidades para afirmar a

- Un hijo de esta edad a menudo se apegará a «otro adulto significativo». Se trata de una amistad temporal y de admiración hacia otro adulto que no sea sus padres. Es un paso necesario en el crecimiento y en el ser más independiente de la familia. No te sientas molesto si parece valorar más a este otro adulto que a ti. Tú sigues siendo la influencia más importante en la vida de tu hijo.
- Ponte a la disposición para ser el «otro adulto significativo» de muchachos que no sea el tuyo.
- Recuerda que las tonterías entre amigos son comunes a esta edad. Tolera las tonterías inocentes, a la vez que limitas las inapropiadas.
- Es probable que durante este tiempo tu hijo desarrolle una amistad en la que esté «chiflado» por alguien del sexo opuesto. Celebra estos enamoramientos, pero establece normas de comportamiento que lo protejan de las elecciones inapropiadas.
- Continúa manteniéndote fuerte en tu matrimonio y en tus propias amistades. Cada hijo necesita un buen amigo, y cada hijo necesita un padre. Los dos papeles no son intercambiables.
- Si tu hijo se mete en problemas debido a la influencia de los pares, no le des un sermón ni culpes al amigo por su mal comportamiento. Permite que tu hijo experimente las consecuencias que traen los errores. Sin embargo, no cabe duda de que puedes hacer una observación en cuanto a que las buenas amistades no alientan los comportamientos que van en contra de las reglas.
- Si tu hijo tiene dificultades con las amistades de manera constante, sería sabio buscar consejo afuera.

un adolescente, además de marcar límites a sus conductas. Cualquier experimentación sexual que implique excesivo contacto físico (caricias, acto sexual oral, masturbación mutua, relación sexual) y la necesidad de estar en secreto y la vergüenza (excesiva masturbación, pornografía de todos los tipos, abuso sexual) es peligrosa. La sexualidad se mantiene saludable mediante una información sólida, sensata y adecuada; las relaciones firmes con los adultos apropiados; las amistades satisfactorias y las actividades saludables. La sexualidad saludable e integrada que se concentra en toda la persona (física, emocional, social y espiritual), las amistades con ambos sexos y las actividades con grupos saludables ofrecen la oportunidad para crecer.

Preguntas que hacen los adolescentes

¿Qué quiere decir ser sexualmente activos?

Ser sexualmente activo con otra persona quiere decir que participas en cualquier actividad que estimule los genitales, el recto y los pechos. Esta actividad puede implicar tocarse, masturbarse el uno al otro y tener relaciones sexuales vaginales, orales y anales.

¿Es normal que los adolescentes tengan relaciones sexuales?

La mayoría de los adolescentes, en especial los más jóvenes, no tienen actividad sexual (algunos pueden experimentar con el contacto sexual, pero la relación sexual de penetración no es común). Los estudios han mostrado que más del cincuenta por ciento de todos los estudiantes del instituto son vírgenes. Aunque la mayoría de los adolescentes han atravesado la pubertad y son capaces de tener relaciones sexuales, ser activos en lo sexual no es una norma aceptada. En una encuesta nacional dirigida por Nickelodeon y la Campaña Nacional para Prevenir el Embarazo Adolescente, la mayoría de los adolescentes y adultos pensaban que era importante que los adolescentes recibieran un sólido mensaje de la sociedad en cuanto a que no deberían tener relaciones sexuales al menos hasta que terminaran el instituto[5].

¿Qué quiere decir promiscuo? ¿Esto tiene algo de malo?

El Diccionario Webster define *promiscuo* como «indiscriminado». Otra definición para promiscuo es tener más de una pareja sexual. Hoy en día, ser promiscuo sugiere que uno ha tenido o tiene múltiples parejas sexuales. Cuantas más parejas sexuales tenga alguien, más probabilidades tendrá esa persona de contraer una infección de transmisión sexual. Además, ser promiscuo aumenta el riesgo de embarazo. Recuerda, puedes contraer una infección de transmisión sexual o quedar embarazada en tu primer encuentro sexual. Además de estas consecuencias físicas, están también las consecuencias emocionales.

Ahora no quiero tener relaciones sexuales, pero siento la presión de hacerlo. ¿Cómo puedo manejar esto?

Tal vez te sientas presionado porque tus amigos ya son activos en lo sexual. También puedes sentir presión de alguien con quien sales. Por más difícil que sea resistir la presión de los pares, hay ciertas esferas, como el cigarrillo, las drogas, el alcohol y la relación sexual, que solo merecen que dediques tiempo y esfuerzo para enfrentar la multitud por tu futura salud, esperanza y felicidad. Es importante escoger amigos que posean tus valores. Puedes resistir la presión de los pares con mayor facilidad cuando tienes amigos de tu lado. Los amigos adecuados te pueden ayudar a mantenerte alejado de los problemas, pero los amigos equivocados, con el tiempo, es probable que te tienten a unírteles en conductas malsanas de riesgo, como el acto sexual y el uso de los cigarrillos, las drogas y el alcohol.

Si tu novia te presiona para tener relaciones sexuales, no tiene en cuenta lo que es mejor para ti. Más bien, se comporta con egoísmo y procura gratificar sus propios deseos de intimidad.

Si tu novio tiene más de dos años que tú, te encuentras en desventaja en cuanto a que te presionen a tener relaciones sexuales. Es un hecho conocido que la mayoría de los embarazos adolescentes se producen en muchachas cuyos novios son mayores que ellas. Debes saber que si tienes un novio mayor que te presiona para tener relaciones sexuales y las tienen al final, esto es un verdadero delito en muchos estados. La mejor manera de manejar la presión de un hombre mayor es abandonando con rapidez la relación por tu propia salud y bienestar. (En el caso de los varones, también es un delito que las mujeres mayores tengan relaciones sexuales con ustedes).

Si sales con alguno de tu edad y te sientes presionado a tener relaciones sexuales, necesitas informar con claridad tu deseo de no tener relaciones sexuales. Si este deseo no se respeta y sigues sintiéndote presionado, debe terminar la relación.

Existen muchas maneras de evitar ponerte en una situación de tentación. Es evidente que las citas en grupo alivian gran parte de esta presión. También puedes evadir la tentación al pasar tiempo con familiares y amigos, no quedándote sola en casa con tu novio ni viendo juntos películas sugestivas en lo sexual. Es muy importante que estés en condiciones de hablar con un amigo, un padre o un adulto de confianza acerca de tus decisiones a fin de permanecer en abstinencia.

Si descubres que la mayoría de tus amigos en tu círculo íntimo son sexualmente activos, deberías encontrar nuevos amigos que tengan valores similares a los tuyos.

¿Es verdad que casi ninguna chica va a la universidad sin haber tenido relaciones sexuales?

Esto de plano no es cierto. Más del cincuenta por ciento de las chicas del instituto (del noveno al duodécimo grado) nunca han tenido relaciones sexuales[6]. «Todos lo hacen» es un mito. Repetidas encuestas muestran que los adolescentes piensan que sus compañeros tienen actividad sexual más de lo que la tienen en realidad[7]. Entre los varones en especial, se tiende a exagerar la actividad sexual[8]. Las encuestas muestran que la mayoría de los estudiantes universitarios con experiencia sexual desearían haber esperado más tiempo para tener relaciones sexuales[9].

¿Por qué debo permanecer virgen?

Existen varias buenas razones para que permanezcas virgen:

1. Puedes quedar embarazada o ser el padre que engendre un embarazo.
2. Las infecciones de transmisión sexual están desenfrenadas y se encuentran en niveles epidémicos en este país. La mayoría se produce en adolescentes y en adultos jóvenes[10].
3. La abstinencia es el único método cien por cien eficaz a fin de prevenir un embarazo o una enfermedad de transmisión sexual. Los preservativos y el control de la natalidad ni se acercan al máximo de la protección.
4. Algunas enfermedades de transmisión sexual (en particular la de inflamación pélvica debido a la clamidia o gonorrea) pueden causar infertilidad al dejar cicatrices en las trompas de Falopio. Esto quiere decir que más tarde en la vida, cuando una mujer quiera quedar embarazada, puede ser imposible debido al daño causado por la infección de transmisión sexual.

Las respuestas que tú necesitas y ellos quieren

5. Una de estas enfermedades, el papilomavirus humano (HPV), puede llevar al cáncer del cuello del útero.

6. Por lo general, el «bagaje emocional» viene junto con las relaciones sexuales a esta edad. ¿Quién necesita bagaje emocional a esta edad o a cualquier otra?

7. Las relaciones sexuales no mejoran la relación de un adolescente. En realidad, a menudo aceleran la ruptura de la relación.

8. Dos tercios de los adolescentes que ya han tenido relaciones sexuales dicen que desearían haber esperado[11].

9. Tener relaciones sexuales «de manera informal» puede afectar tu relación matrimonial más tarde en la vida.

10. Muchos adolescentes, en especial las muchachas, no se sienten bien consigo mismas luego de involucrarse en la actividad sexual.

11. Los adolescentes que tienen actividad sexual son más propensos a experimentar depresión[12].

12. Los adolescentes que tienen actividad sexual son más propensos a beber, fumar y usar drogas[13].

13. Tener relaciones sexuales puede afectar tu reputación.

14. Tener relaciones sexuales puede influir en la relación con tus padres.

15. En el caso de los adolescentes que son espirituales, la relación sexual es un impedimento para una vida espiritual dinámica.

Si estas razones no te convencen, habla con una amiga que ha sido sexualmente activa y pregúntale si esperaría, en el caso en que pudiera hacerlo. La mayoría de los adolescentes dicen que si se les diera la oportunidad de tomar de nuevo la decisión, hubieran esperado para entrar en la actividad sexual[14].

¿Qué es la violación en una cita?

La violación en una cita es verse obligada a tener relaciones sexuales en contra de la voluntad en el contexto de una cita amorosa o durante una relación de noviazgo.

¿Cómo se puede evitar la violación del acompañante de una cita?

Existen varias maneras de evitar esta clase de violación:

- Sal en citas de grupo.
- No salgas con alguien si tú o tus amigos no lo conocen en absoluto.
- No bebas. Muchas adolescentes cuentan que su primera experiencia sexual estuvo asociada con el alcohol. El alcohol entorpece los sentidos y reduce las inhibiciones[15]. Tendrás más probabilidades de hacer cosas bajo la influencia del alcohol que lo que harías en condiciones normales.
- No uses drogas. Cuando estás drogada, disminuyen tus inhibiciones y hacen que sea más posible que se aprovechen de ti.
- Ten cuidado con lo que bebes en la fiestas y en otros lugares; solo bebe de latas que no estén abiertas y nunca apoyes tu bebida sobre algo, a menos que la termines. De esta manera, no dejas ninguna oportunidad para que te pongan la droga «de violación en las citas» (el rohypnol) en tu bebida sin que lo sepas.
- Nunca te vayas de una fiesta con alguien que no conoces o que acabas de conocer.
- Siempre lleva dinero contigo a una cita en caso de que necesites regresar a tu casa por tu cuenta.
- Lleva un teléfono celular.

¿Qué tiene de malo la pornografía?

La pornografía le resta el valor a las relaciones sexuales y puede ser muy seductora y adictiva, con necesidades cada vez mayores de material más sensacional. La exposición a la pornografía también puede conducir a expectativas sexuales irreales más tarde en la vida. Mirar o usar pornografía te separa del «mundo real» y de las relaciones reales con la gente. Los muchachos que usan pornografía en forma rutinaria, con el tiempo tienen que conseguir pornografía cada vez más fuerte a fin de sentirse estimulados en lo sexual. En tanto que la pornografía no es dañina para los solteros, para los casados es una asesina del matrimonio. Dicho de manera sencilla, la pornografía destruye la capacidad de un individuo de satisfacerse a través de la relación sexual con una persona real y pone al cónyuge en una competencia injusta.

¿Tiene algo de malo mirar vídeos de películas con clasificación X?

Los vídeos con clasificación X son pornografía y están presentes las mismas preocupaciones.

¿Qué es el acto sexual oral?

El acto sexual oral es estimular los órganos sexuales con la boca y la lengua. Aunque no puedes quedar embarazada a través del acto sexual oral, esta clase de relación no es «segura», porque aun así se pueden contraer infecciones de transmisión sexual. En contra de la opinión popular, el acto sexual oral es relación sexual. En las calles, los adolescentes se refieren a él como «chupar» a una chica o darle «una mamada» a un muchacho[16].

¿Puedes quedar embarazada al tener relación sexual oral?

No, pero se trata de un acto sexual muy íntimo. La mayoría de los individuos que practican el acto sexual oral, pronto proceden a la relación sexual vaginal, donde se produce el embarazo. Sin embargo, el acto sexual oral es relación sexual, y la mayoría de las infecciones de transmisión sexual comunes se pueden adquirir a través del acto sexual oral. Un problema que trae el acto sexual oral es que algunos adolescentes de hoy han sacado la intimidad de la relación sexual al hacer del acto sexual oral una actividad de grupo. El acto sexual oral debería verse como una actividad íntima en extremo y reservada para el matrimonio (solo si ambos cónyuges están de acuerdo).

¿Qué es el acto sexual anal?

El acto sexual anal es la penetración del pene en el ano. El recto no se diseñó para la relación sexual, y pueden presentarse problemas físicos que incluyen la adquisición de una enfermedad como el SIDA. El acto sexual anal nunca es una conducta saludable, ni siquiera en el matrimonio.

¿Puedes quedar embarazada al tener relación sexual anal?

Como con cualquier clase de actividad sexual, si el espermatozoide está cerca del ano, puede estar cerca de la cavidad vaginal. Sin embargo, sería muy improbable que el espermatozoide suba o pase de alguna forma de la zona rectal a la vagina y luego entre al útero y a las trompas de Falopio. De todas formas, puedes adquirir la mayoría de las infecciones de transmisión sexual a través de la relación sexual anal, en especial el VIH y el SIDA.

¿Puedes quedar embarazada si tienes relaciones sexuales durante el período?

No puedes quedar embarazada durante tu período si es ese momento de tu ciclo menstrual en el que tu cuerpo está expulsando el huevo sin fertilizar. Algunas muchachas tienen sangrado o manchas en el momento de la ovulación (cuando el huevo se libera durante el ciclo menstrual), y es posible quedar embarazada durante este momento de sangrado menstrual.

¿Puedes quedar embarazada si todavía no has comenzado a tener períodos?

¡Sí! Es posible que una niña pueda ovular (que se libere un óvulo de uno de sus ovarios) antes de que se produzca el primer sangrado menstrual.

¿Una muchacha puede quedar embarazada si nunca ha tenido un pene en la vagina?

Es muy improbable, pero no imposible. Si cualquier semen entra en la vagina, aunque no hayas tenido relación sexual con penetración, aun así puedes quedar embarazada. Esto puede suceder durante la masturbación mutua, cuando el espermatozoide está cerca de la vagina. Además, si el semen está en la mano y se introduce en la zona genital, el embarazo se convierte en una posibilidad.

¿Puedes quedar embarazada la primera vez que tienes relaciones sexuales?

Al contrario de la creencia popular, es posible quedar embarazada la primera vez que tienes relaciones sexuales.

Las respuestas que tú necesitas y ellos quieren

Muchos otros mitos que andan por allí tampoco son verdad. Puedes quedar embarazada si tienes relaciones sexuales cabeza abajo, en la ducha o si te das una ducha vaginal con Coca-Cola. En realidad, una muchacha puede quedar embarazada si un hombre eyacula durante la relación sexual (o incluso durante la estimulación sexual sin que haya penetración) y un espermatozoide entra en la vagina y sube a una de sus trompas de Falopio.

¿Cómo sabe una mujer si está embarazada?

La manera más común es por la ausencia del período. Otros síntomas son la sensibilidad en los pechos, las náuseas matutinas, la llenura abdominal y el aumento de peso.

¿Cuántos días al mes se puede quedar embarazada?

El óvulo que libera el ovario de una mujer vive durante unas veinticuatro horas antes de que se rompa y no pueda fertilizarse. Esto quiere decir que una mujer puede quedar embarazada durante tres o cuatro días en cada ciclo menstrual, ya que el espermatozoide vive entre uno y tres días.

¿Cuántos espermatozoides se necesitan para producir un embarazo?

Solo se necesita un espermatozoide de los millones que se liberan en cada eyaculación para llegar a un óvulo, atravesar el revestimiento que lo rodea, penetrar el óvulo maduro y comenzar el embarazo.

¿Alguien puede saber si otra persona tuvo relaciones sexuales?

Con solo mirar el pene de un muchacho no puedes saber si alguna vez ha tenido relaciones sexuales (a menos que puedas ver lesiones, llagas o flujo en el pene que, por lo general, se asocian con las infecciones de transmisión sexual). Las mujeres tienen una cubierta en la vagina que se llama himen. Cuando tienen relaciones sexuales por primera vez, el himen se rompe o se rasga. Algunas veces, incluso a un médico le resulta difícil determinar si una mujer es virgen o si ha tenido un número muy limitado de contactos sexuales. En muchas mujeres vírgenes, el himen se rompe debido al uso repetido de tampones.

¿Cómo sabes si eres sexualmente compatible con otra persona?

Aunque algunos puedan alegar esto como una preocupación, no existe un problema físico de manera auténtica. Algunas veces, este concepto se usa cuando una persona quiere presionar a otra para tener relaciones sexuales dentro de una relación. («Tenemos que saber si somos compatibles en al aspecto sexual»). Es más importante fomentar una relación con la persona en la que estás interesado que preocuparse por la compatibilidad sexual. Conversar y llegar a conocer a la otra persona (sus metas, sus sueños y deseos) y hacer que el otro te llegue a conocer es un indicador mucho mayor de compatibilidad en una relación. Lo que importa es que la relación sea saludable. A menudo, los problemas sexuales o la disfunción sexual son el resultado del abuso sexual en el pasado o de la promiscuidad sexual, y se pueden resolver con terapia y tiempo, no «probando para ver si es de mi talla». Además, las primeras veces que una mujer tiene relaciones sexuales, pueden resultar dolorosas.

¿Tanto hombres como mujeres tienen orgasmos?

Sí, tanto los hombres como las mujeres tienen orgasmos. Tienden a ser diferentes en ambos sexos, pero los dos experimentan el orgasmo. Algunas adolescentes que tienen actividad sexual admiten no experimentar orgasmos durante la relación sexual.

¿Qué se siente en un orgasmo?

Algunos pueden describir al orgasmo como la liberación explosiva de un inmenso placer contenido. Otros, hasta lo han comparado con un estornudo, en el que se acumula la sensación del estornudo que se aproxima y luego hay un alivio. Aunque es difícil describir el orgasmo, es muy placentero para los dos integrantes de la pareja, aun cuando sea diferente para cada sexo no solo en los sentimientos, sino también en la duración de la experiencia.

¿Qué es el juego amoroso?

El juego amoroso se describe clásicamente como la actividad sexual que precede a la relación sexual en sí. Puede incluir una gama de actividades sexuales, como besos profundos y prolongados, caricias en los senos o los genitales y besos en los

Las respuestas que tú necesitas y ellos quieren

Forjadores del carácter

Cuando los adolescentes entran al instituto, las responsabilidades aumentan y se desea más independencia. Las dos deberían estar estrechamente ligadas. La libertad debería aumentar a medida que tu adolescente muestra que puede manejar las responsabilidades de la escuela, los deportes, de conducir, las drogas y la sexualidad. Se necesita autodisciplina a fin de lograr estas tareas. Recuerda:

• **Demuestra tu propia autodisciplina** al tener buenos hábitos de ejercicio y de alimentación. Desarrolla el hábito de estar a tiempo.

• **La pérdida de los estribos es falta de autodisciplina** en tus emociones; así que antes de explotar frente a tu adolescente, respira hondo, cuenta hasta cinco y baja el tono de voz hasta un suspiro. Esto tiene mucho poder para ayudarlos a los dos a tratar con el enojo.

• **La autodisciplina en la tarea escolar es crucial.** Ya no tendrías que sacar más de apuros a tu adolescente. Ayúdalo a realizar un plan y un programa que le permita tener a tiempo la tarea.

• **Elógialo cada vez que logre algo por su cuenta,** sin una petición específica tuya para que lo haga.

• **Cualquier oportunidad para enseñar la gratificación postergada se relacionará a la espera por las relaciones sexuales.** Si hay algo especial que tu adolescente quiere comprar, ayúdalo a encontrar la manera de ganárselo. La expectativa de poseer algo en el futuro es la mitad del entusiasmo.

• **Aliéntalo a participar** en los deportes, la música o actividades de exploración, debido a que esto exige mucha autodisciplina.

• **La abstención de alcohol, drogas y relación sexual requiere autodisciplina** cuando los pares «disfrutan» de estas actividades. (Están asociadas con frecuencia). Conversa acerca de cómo se necesita la autodisciplina para evitarlas.

• **Permite que tu adolescente tenga más independencia** a medida que te muestra que es capaz de tener sus propias responsabilidades.

senos o los genitales. Es decir, cuando una pareja no tiene intenciones de tener una relación sexual con penetración, pero se acuestan el uno junto al otro sin ropa o vestidos en parte[17]. Algunos creen que esta es una alternativa «segura» y «saludable» de la relación sexual con penetración. No lo es, por algunas razones. Aunque no es común, es posible quedar embarazada a raíz del juego amoroso. También se pueden adquirir infecciones de transmisión sexual. Por último, el acto sexual tiende a ser progresivo. El juego amoroso tiene la intención de preparar al cuerpo para la relación sexual. La mayoría de los adolescentes que comienzan con juegos amorosos, a menudo siguen con la relación sexual vaginal luego de semanas o meses.

¿Qué es la masturbación?

La masturbación es la estimulación manual de los genitales. Uno se lo puede hacer a uno mismo o se puede realizar en forma simultánea con otra persona (masturbación mutua).

¿Es dañino masturbarse?

En general, masturbarse no es dañino desde el punto de vista físico, aunque en las muchachas es posible que la masturbación esté asociada con un aumento de las infecciones en el tracto urinario. Puede convertirse en un problema emocional si sustituye las relaciones (no sexuales) con gente de su edad, a fin de vivir en un «mundo de fantasía» (lo cual es común cuando la pornografía se encuentra en el medio). Aunque el asunto de la masturbación personal de vez en cuando puede ser una fuente de desacuerdo entre algunas personas, casi todos los adultos estarán de acuerdo en que la masturbación con otra persona fuera del matrimonio, el uso de la pornografía junto con la masturbación o la masturbación compulsiva, que es una «pasión devoradora», son dañinas.

¿Es normal tener sueños mojados?

Un sueño mojado es otro nombre para la emisión nocturna. Durante la noche, mientras duerme, un varón adolescente puede tener una erección del pene seguida por una emisión de semen. Esto es normal y les sucede a todos los varones de vez en cuando.

¿Qué es hacerse una paja[18]?

Esta frase se refiere típicamente a la masturbación masculina.

¿Qué es un afrodisíaco?

Un afrodisíaco es algo que se cree que aumenta la excitación sexual.

¿Cuál es el tamaño normal de un pene? ¿Puede ser demasiado grande o demasiado pequeño?

El tamaño «normal» de un pene varía. Depende de la edad y del nivel de desarrollo sexual del adolescente. El pene en la posición de erección se vuelve mucho más largo. El concepto de que un pene sea «demasiado grande» es un mito. Con muy raras excepciones, un pene nunca es demasiado pequeño. En realidad, el tamaño del pene no importa. Lo que importa es tener relaciones sexuales dentro del contexto de una relación amorosa, comprometida y duradera (el matrimonio). Cuando esto sucede, la relación sexual puede ser maravillosa y satisfactoria tanto para el hombre como para la mujer, sin importar cuál sea el tamaño del pene.

¿Cuánto vello corporal es normal?

Esto varía y tiene que ver tanto con la edad como con la genética. No tener vello en el cuerpo es anormal. Algunas personas tienen poca cantidad de vello en el cuerpo, en tanto que otras tienen mucho. Ambos casos son normales. Hoy en día, la tendencia es que tanto los muchachos como las muchachas se afeiten el vello del cuerpo, sobre todo en la región púbica.

¿Se supone que debes afeitarte el vello púbico?

La mayoría de las mujeres no se afeitan el vello púbico. Algunas mujeres se afeitan o depilan alrededor de los bordes durante el verano para que no se les vea el vello cuando se ponen un traje de baño. Afeitarse el vello púbico produce picazón en la piel.

195

Algunas veces, las mujeres pueden contraer infecciones menores en la piel o irritaciones luego de afeitarse. Por eso, la mayoría de las mujeres se afeitan solo alrededor de los bordes cuando es necesario.

■ Transpiro mucho; ¿es normal?

No es anormal transpirar mucho durante la actividad física o cuando estás bajo presión, como cuando estás en una prueba o das un discurso frente a una gran cantidad de personas. La transpiración excesiva fuera de la actividad física puede ser motivo de preocupación. Si a cada momento estás húmedo de sudor y tienes las palmas de las manos mojadas, esta es una afección conocida como hiperhidrosis. Deberías conversar acerca de esto con tu médico.

■ ¿Por qué mis pechos tienen diferentes tamaños?

No es anormal tener diferentes tamaños en los pechos. En raras ocasiones, esto puede ser extremo, pero a menudo es sutil, solo con diferencias menores.

■ ¿Es normal tener un bulto en el pecho (varones)?

No es inusual que los varones adolescentes tengan algún desarrollo inicial de los pechos. Esto puede comenzar como un bulto debajo de la tetilla y puede presentarse de un solo lado. Es una parte normal de la adolescencia y casi siempre desaparece.

■ ¿Por qué a algunos varones se les desarrollan los pechos?

Los varones adolescentes, en particular los más jóvenes, pueden tener algún desarrollo inicial de los pechos que casi siempre se resuelve por sí solo en un período de varios años. Esto es parte normal del desarrollo de la pubertad. En la mayoría de los varones, el agrandamiento de los pechos es más bien pequeño y puede limitarse a un bulto que los demás no pueden ver, pero que el individuo puede sentir. Incluso puede ser sensible. En raros casos, los varones tendrán pechos más bien grandes; esto se llama ginecomastia. Por lo general, la ginecomastia se resuelve sin intervención; de vez en cuando, se realiza una cirugía para quitar el tejido mamario excesivo. Algunos varones que tienen un importante sobrepeso parecen tener aumento del tejido mamario; en realidad, es grasa.

¿Por qué mis testículos no son del mismo tamaño?

Es normal que los testículos varíen de tamaño, y que el testículo izquierdo esté suspendido un poco más abajo que el derecho. Los hombres jóvenes, desde los años adolescentes, deberían hacerse exámenes testiculares para fijarse si aparece cualquier bulto o protuberancia fuera de lo común. Esto diagnostica en forma precoz el cáncer, y si sientes cualquier bulto o algo que no parezca estar bien, infórmaselo a tus padres para que te vea un médico.

¿Por qué no debo tatuarme?

Si te tatúas con un equipo que esté sucio, puedes exponerte a la hepatitis B o C, o al VIH. Muchos adolescentes se tatúan por capricho y desearían no haberlo hecho al hacerse mayores. Aunque los dermatólogos pueden realizar algunos procedimientos a fin de ayudar a quitar el tatuaje, pueden ser caros y dolorosos, y muchas veces la piel queda con ciertas cicatrices.

¿Por qué la gente se hace perforaciones en el cuerpo?

La perforación en el cuerpo es una forma de arte corporal, y la gente se lo hace por muchas razones. A algunos, les gusta de verdad el efecto cosmético. Otros se los hacen porque muchos de sus amigos se los han hecho. Alguna gente describe una sensación de creciente euforia o felicidad en el momento en que se perforan. Existen otros que se hacen perforaciones para aumentar su placer sexual. Las perforaciones en el cuerpo se pueden asociar con infecciones y cicatrices y, en algunas personas, se pueden producir *queloides* (grandes cicatrices). La gente se hace perforaciones en todas las partes del cuerpo, incluyendo los labios, los párpados, el ombligo, los pezones, los labios mayores o menores y el pene. Todas estas perforaciones pueden hacer que el individuo corra un riesgo innecesario de infección.

▮ ¿Qué es un preservativo?

Un preservativo es una cobertura temporaria para un pene erecto y, por lo general, está hecha de látex (goma). El propósito del preservativo es recoger los espermatozoides eyaculados de modo tal que no entren en la vagina y comiencen un embarazo en potencia. También se puede usar con la intención de reducir la posibilidad de transmisión de infecciones de transmisión sexual. En ningún caso, el preservativo elimina el riesgo de embarazo ni te protege por completo de pescarte una infección de transmisión sexual, aun cuando se use siempre como es debido. (Revisa el capítulo 15).

▮ ¿Para qué sirve la ducha vaginal?

La ducha vaginal es una solución que se usa para enjuagar la vagina. En casi todos los casos, la ducha es innecesaria porque la vagina se limpia sola. Las duchas frecuentes pueden cambiar el equilibrio del pH de la vagina y puede causar problemas. Por esta razón, los médicos casi nunca la recomiendan.

▮ ¿Qué es el control de la natalidad?

El control de la natalidad es un método para eliminar o reducir el riesgo de embarazo. La abstinencia es el único método de control de la natalidad cien por cien eficaz para un adolescente. Otras formas de control de la natalidad son las píldoras anticonceptivas orales, los parches, los preservativos, los espermicidas, los diafragmas, las cápsulas cervicales junto con un espermicida, inyecciones periódicas de hormonas y los DIU (dispositivos intrauterinos). La planificación familiar natural trata de evitar el embarazo sin usar químicos, píldoras anticonceptivas o preservativos. Se basa en el ciclo menstrual de la mujer y evita la relación sexual durante los días en que se puede producir un embarazo. Aunque esta forma de control de la natalidad puede ser muy exitosa en el caso de parejas casadas con mucha motivación, nunca se les recomienda a los adolescentes. (Revisa el capítulo 15).

¿Qué es la circuncisión? ¿Cuál es la diferencia entre un pene circuncidado y uno sin circuncidar?

La circuncisión es un procedimiento en el que se quita el prepucio suelto que se encuentra alrededor de la punta del pene. En la mayoría de los casos, esto se realiza en la infancia. En muy pocos casos es necesaria desde el punto de vista médico, pero se realiza con frecuencia en lo niños por razones culturales o religiosas. En un varón circuncidado, la punta (llamada glande) del pene es visible. En el pene incircunciso no se puede ver la punta porque está cubierta por el prepucio. Se puede ver la punta si se retrae el prepucio o si el pene está erecto y el prepucio se retrae solo. Existe alguna evidencia de que la circuncisión puede reducir las posibilidades de que una persona adquiera ciertas infecciones de transmisión sexual (en particular el VIH).

¿Por qué mi desarrollo es más lento que el de mis amigos?

El ritmo del desarrollo es algo que está programado en forma genética. No tienes control sobre él. El solo hecho de que te desarrolles en forma más lenta que tus amigos, no quiere decir que seas anormal. Si tienes preocupaciones en este sentido, conversa acerca de tu nivel o tasa de desarrollo con tu médico.

¿Cómo sé si soy homosexual?

Los sentimientos y las curiosidades homosexuales son normales; sentimientos pasajeros que muchos adolescentes experimentan a esta edad. Casi todos los adolescentes se han preocupado por las tendencias homosexuales. La homosexualidad significa el constante sentimiento de atracción sexual hacia una persona del mismo sexo, en tanto que no se siente atracción hacia el sexo opuesto. Los orígenes exactos de los sentimientos homosexuales se desconocen todavía, pero los peligros del comportamiento homosexual, tanto físicos como emocionales, son bien conocidos. La homosexualidad no se produce porque alguien te diga que eres homosexual ni porque hayas tenido experiencias de relaciones con el mismo sexo (revisa el capítulo 6).

¿Qué debo hacer si pienso que soy homosexual?

Recuerda, la curiosidad homosexual no quiere decir que seas homosexual. No siempre se pueden tener los sentimientos y las atracciones bajo control. Las decisiones en cuanto al comportamiento son controlables. La decisión de participar en una conducta homosexual puede ser peligrosa desde el punto de vista físico y emocional. Si piensas que eres homosexual, es importante que se lo cuentes a un adulto de confianza que te pueda ayudar a pensar y conversar a través de los muchos sentimientos y emociones que quizá tengas. Solo a través del apoyo y la rendición de cuentas podrás descubrir la verdad acerca de tu sexualidad, y podrás planear conductas que no te produzcan daño físico ni emocional.

Si te preocupan tus preferencias sexuales, guárdate de la tentación del comportamiento homosexual y protégete en especial de los que se muestran demasiado simpáticos contigo, que te ofrecen racionalizaciones imprecisas en las que afirman que la homosexualidad no es más que un estilo de vida alternativo o que te tientan a entrar en una relación homosexual. Por último, busca terapia profesional.

12
Caída libre
Los últimos años de la adolescencia:
De los dieciséis a los dieciocho años

Hollywood y otros íconos de la cultura popular querrán hacerte creer que terminó el trabajo con tu adolescente y que ya no eres un factor de influencia en su vida. No hay nada más lejos de la verdad. Tu adolescente te necesita más que nunca. No hace falta que tomes sus decisiones, pero sí precisa que escuches mientras procesa las propias.

A pesar de que quizá tu adolescente se marche en breve a la universidad, tus responsabilidades como padre no han terminado, en especial en lo que respecta a la sexualidad. Si se encuentra en una relación seria, esfuérzate por conocer a su novia (aunque pienses que no es la muchacha para él). Ahora es el momento de captar su atención en conversaciones acerca de sus sueños y deseos para el futuro. También es el momento adecuado para recordarle cómo las relaciones sexuales pasajeras pueden causar un impacto en sus sueños futuros de tener una familia.

No cometas el error de pensar que a tu adolescente no le importa lo que piensas; sí le importa. Solo recuerda que desea con urgencia que lo escuches. Esfuérzate por escuchar y comprender el mundo desde su perspectiva, porque es diferente en gran medida del mundo en el que tú creciste. Por último, participa de manera activa en su vida, y si todavía no lo has hecho, haz de tu hogar un lugar en el que él y sus amigos quieran pasar el rato.

Preguntas de los padres

¿Debería preocuparme si mi adolescente está en una relación a largo plazo?

Algunas adolescentes están en relaciones a largo plazo y es importante que los padres tengan un sentido realista de qué se trata la relación. Puedes hacerlo conociendo a su novio. Invítalo a casa e inclúyelo en actividades familiares, de modo tal que logres ver cómo trata a tu hija y le responde ella. Si tienen una relación saludable, si se tratan el uno al otro con respeto y parecen tener una amistad saludable más allá del romance, los dos pueden estar enamorados de verdad.

Esto tal vez sea una buena experiencia, pero también puede plantear algunos problemas. La investigación indica que los adolescentes en relaciones de largo plazo se sienten muy tentados a tener actividad sexual (esto se da sobre todo en las muchachas que salen con varones dos o más años mayores)[1]. Los padres tienen que participar y ayudar a sus adolescentes a evitar la actividad sexual debido a las consecuencias negativas asociadas con la actividad sexual extramatrimonial (incluyendo las infecciones de transmisión sexual, los embarazos y la angustia emocional).

Algunas adolescentes siguen en relaciones de largo plazo perjudiciales, porque no ven lo mala que es la relación. Por eso necesita que la ayudes a salir de ella. ¿Cómo sabemos si la relación no es saludable? Aquí tenemos algunas preguntas para ayudarte a decidir:

1. ¿Cómo está tu adolescente cuando su novio anda cerca? ¿Se encuentra irritable o actúa de manera más inmadura que lo habitual?
2. ¿El novio le da espacio y tiempo libre o es posesivo y dominante?
3. ¿Alguna vez tu adolescente ha intentado romper la relación y el novio no se lo ha permitido?

Muchas veces, los adolescentes permanecen en relaciones a largo plazo solo porque no pueden abandonarla. Ayuda a tu adolescente a evaluar en forma periódica la salud de su relación. Mantén las líneas de comunicación abiertas haciendo las preguntas y luego permaneciendo el tiempo suficiente callado para escuchar las respuestas. Si eres sincero en tu búsqueda por ayudar a tu adolescente a negociar relaciones intensas, ella te responderá. Si solo predicas y no escuchas, se cerrará.

¿Cómo protejo a mi hijo de situaciones comprometedoras?

¡Piensa con antelación! Conversa con tu adolescente mucho antes de que se encuentre en una situación comprometedora acerca de lo que significa estar hasta el cuello. Ayúdalo a elaborar un plan a fin de permanecer en abstinencia hasta el matrimonio. A continuación hay algunas ideas para ayudarte a comenzar con tu adolescente:

* Piensa en posibles escenarios en los que tu adolescente se pudiera sentir atraído hacia la tentación y que fueran abrumadores. Los largos períodos a solas no deberían ser una opción; tampoco debería serlo cuidar niños juntos (en particular cuando los niños están dormidos y la casa está tranquila). Alienta a tu adolescente a pensar con detenimiento en situaciones en las que se pueda encontrar con el deseo de hacer algo que se ha comprometido a no hacer; no te limites a establecer las reglas en cuanto a estar a solas con su novia sin recibir su opinión.
* Ayúdalo con determinación a que pase tiempo con su novia mientras hay otros presentes. Asegúrate de que se encuentren en lugares públicos: restaurantes, centros comerciales, cines, etcétera.
* Alienta a tu adolescente a tener uno o dos amigos íntimos que se comprometan a ayudarlo a permanecer en abstinencia. Pueden hablar el uno con el otro y confiarse sus luchas; esto les proporcionará un gran apoyo.
* Apoya a tu adolescente a llevar un símbolo visible como recordatorio de su compromiso. Algunos adolescentes usan un anillo, un brazalete o un collar para que les recuerde del compromiso que hicieron de permanecer en abstinencia hasta que se casen.

- Aborda el tema de la confianza de frente. Muchos adolescentes se quejan ante sus padres de que no quieren que estén a solas con su novia porque no les tienen confianza. Déjale en claro que ayudarle a evitar los períodos en que se encuentre a solas con su novia no es un asunto de confianza. Se trata de ayudarlo a evitar situaciones en las que se sienta tentado a hacer algo que puede lamentar.

¿Debo darle preservativos o anticonceptivos a mi hijo, ya que es probable que tenga relaciones sexuales de todas maneras?

¡No! Nunca supongas que tu hijo «tendrá relaciones sexuales de todas maneras». A decir verdad, los adolescentes más saludables toman de sus padres las claves en cuanto a la conducta sexual. Si tu adolescente siente que piensas que va a ser activa sexualmente, es probable que lo sea. Si piensas que tu adolescente va a ser (o es) activa en lo sexual, siéntate con ella en un momento en que los dos estén relajados y descansados, y no en medio de una batalla. Es importante escuchar primero y luego responder en amor; resiste la tentación de perder la calma o de levantar la voz si te dice algo con lo que no estás de acuerdo.

En el momento apropiado, hazle preguntas como: ¿Por qué deseas ser sexualmente activa? (Este también sería un gran momento para conversar acerca de lo hermoso y maravilloso que es la relación sexual en el momento adecuado en su vida [en el matrimonio] cuando no tenga que preocuparse por tener un bebé fuera del matrimonio ni contagiarse una infección de transmisión sexual). ¿Comprendes el riesgo? ¿Piensas que la relación sexual te hará sentir mejor? Este también sería un buen momento para conversar de los aspectos sociales, emocionales y espirituales del acto sexual fuera del matrimonio. Lo cierto es que la mayoría de los chicos responderán muy bien si te tomas el tiempo para escuchar y conversar de manera paciente con ellos, y para darle buenas razones por las que se deben mantener alejados de la relación sexual hasta encontrar a la persona con la que quieran pasar el resto de sus vidas.

Explica que ningún método de anticoncepción es perfecto. El preservativo tiene alrededor de una tasa del quince por ciento de fracaso durante el primer año de uso, e incluso la píldora tiene una tasa de más o menos el ocho por ciento de fracaso durante el primer año, ya que muchas adolescentes no toman la píldora con constancia y de manera adecuada[2].

Además, los preservativos nunca eliminan el riesgo de ninguna infección de transmisión sexual. En el mejor de los casos, reducen el riesgo si se usan siempre, pero incluso entonces la posibilidad de infección de la mayoría de las enfermedades de transmisión sexual es de alrededor del cincuenta por ciento si tienes relaciones sexuales con una persona infectada una y otra vez. La posibilidad de infección de VIH con el cien por cien de uso de preservativo es menor, pero el VIH es una enfermedad que casi siempre lleva a la muerte (así que aun la reducción del riesgo es una preocupación). Con la excepción del VIH o del herpes genital, el beneficio del uso inconstante del preservativo es de poco o nada de beneficio. El uso constante y adecuado de los preservativos a lo largo del tiempo no es común[3].

¿Cómo me mantengo participativo en la vida de mi hijo cuando me quiere fuera?

Recuerda con frecuencia que aunque tu adolescente parezca que no quiere saber «nada» de ti por fuera, en su interior te necesita mucho. Solo que no se siente cómodo con el hecho de que todavía te necesite, pero de una manera muy diferente. Es como un párvulo: está confundido; quiere independencia, pero lucha por obtener esa independencia. Sabe y cree que, sin importar lo que veas, necesita con desesperación tu aprobación, tu amor y tu compromiso de mantenerte a su lado pase lo que pase. (Esto no te da derecho a controlar su vida de manera detallada o entremetida).

Encuentra esferas de interés común en las que los dos puedan reunirse. Esto debería ser divertido, un tiempo de «conexión» en el que los dos tan solo traten de disfrutar el uno del otro. Salir a almorzar o a cenar solos es un buen comienzo. Pasar pequeños períodos juntos los ayudará a suavizar esas conversaciones ásperas que se deben tener, y proporcionará el trabajo preliminar para los comienzos de su relación de adultos.

¿Qué hago si encuentro píldoras anticonceptivas en la habitación de mi hija?

Primero, permítete algún tiempo de reacción antes de conversar con tu hija. Si estás enojada, triste o desilusionada, llama a una

205

Forjadores del carácter

Esta es una edad en la que tu adolescente se prepara para partir del hogar. Es hora de reevaluar las reglas estrictas y de enseñarle a tomar sus propias decisiones. Si todavía tienen un montón de reglas que tiene que cumplir antes de irse de la casa, el desastre le espera en su nuevo destino. Si le das más responsabilidad a tu adolescente ahora, así como más libertad, tendrás alguna idea de cómo enfrentará el mundo cuando deje tu hogar.

- **Muéstrale a tu adolescente lo importante que son tus responsabilidades** en tu vida y quién se desilusionaría si no las cumplieras.
- **Alienta a tu adolescente a conseguir un empleo.** Este es el mejor maestro de responsabilidad y está conectado a una recompensa financiera.
- **Habla sobre lo que significa tener responsabilidad** en las esferas de la sexualidad, las drogas y el alcohol. Infórmale de tu norma de cero tolerancia y sugiere maneras para evitar, o salir, de situaciones incómodas.
- **Muéstrale tu confianza** (¡si es confiable!) extendiendo cada año el horario de llegada a casa.
- **Permite que la escuela sea su responsabilidad,** de manera que comprenda que su futuro en la universidad y en su carrera dependen de su propio esfuerzo.

amiga y ocúpate de tus sentimientos. Tal vez te sientas como un fracaso o te consideres una madre terrible. No te sumas en esos sentimientos. Recuerda, los adolescentes crecen en una cultura que los seduce por todas partes a donde van a fin de que entren en la actividad sexual. Todos los buenos padres trabajan mucho en contra de esto en lo que concierne a sus adolescentes, y tu familia no es la excepción. Supera la culpa y sigue adelante.

Luego del impacto, dile a tu hija que los dos necesitan tomarse un tiempo para hablar acerca de algunas cosas importantes. Acuerden un tiempo, luego ESPERA hasta entonces para decirle lo que encontraste. Te acusará de «no tener derecho a hurgar en sus pertenencias», pero no entres en esa discusión. Si descubriste las píldoras anticonceptivas, serías negligente como padre si no enfrentaras a tu hija.

Pregúntale cuándo compró las píldoras, dónde y quién se las dio. Pregúntale si ha tenido actividad sexual; si ha sido así, pregúntale desde cuándo la tiene. Luego escucha. Pregúntale por qué tiene actividad sexual. Luego escucha. Pregúntale con quién ha tenido actividad sexual. Está muy atenta a su respuesta, aun cuando haya silencio de su parte. Recuérdale que la amas y que te preocupas por ella y que no quieres que la lastimen.

Cuando termine de hablar, dile que aunque a todos a su alrededor quizá les parezca que la relación sexual no es «gran cosa», sí lo es. En el aspecto emocional, psicológico y físico, la relación sexual puede tener consecuencias muy dolorosas a su edad y tu tarea es ayudarla a evitar que la lastimen. Explícale que la relación sexual es un don increíble, y que si continúa teniendo actividad sexual, se arriesga a arruinar este don por el resto de su vida. Tú no quieres esto para ella. Quieres que tenga una vida sexual grandiosa, y la mejor manera de asegurarse de esto es esperar hasta el matrimonio, o si ya ha tenido actividad sexual, tomar la decisión de permanecer en abstinencia a partir de este momento hasta el matrimonio. Si te escucha, sigue adelante. Si te elude y se va como una tromba, vuelve a sacar el tema después de un día o dos, pero no te des por vencida. Recuerda, si no luchas por ella, ¿quién lo hará?

Busca a un médico que tenga tu parecer, que crea que no es saludable que los adolescentes solteros tengan actividad sexual y que hará todo lo posible para mantener a tu hija lo más a salvo y saludable que sea posible. Sin embargo, recuerda que aunque el médico sienta con tanta fuerza como tú que la actividad sexual a esta edad no corresponde, a menudo lleva tiempo alentar a los adolescentes a tomar la elección más saludable: la abstinencia. Llama al médico con antelación, dile lo que sucede y pregúntale si puedes acordar una cita para tu hija. Si tu hija ya ha tenido experiencias sexuales, necesitará que la examinen para ver si está embarazada o si tiene infecciones de transmisión sexual.

El apoyo externo, como el de la familia, el de los amigos y el de tu comunidad en la fe, pueden ser determinantes en gran medida para las dos. Recuerda, la mayoría de las adolescentes en un momento o el otro tomarán una mala decisión; y de seguro la actividad sexual es una decisión perjudicial. Cuando eso suceda, tu tarea es continuar amándola a pesar de que desapruebes sus acciones o su estilo de vida. Con el tiempo, si continúas amando, apoyando a tu hija y manteniendo las líneas de comunicación abiertas, es probable que influyas de manera muy importante sus decisiones futuras.

Encontré preservativos en los vaqueros de mi hijo. ¿Qué debo hacer?

(Revisa la pregunta anterior). Prepárate para conversar acerca de sus amigos, qué hacen y por qué lo hacen. Además, reconoce que tiene impulsos sexuales fisiológicos muy fuertes y que estos impulsos son buenos y normales, pero aliéntalo a que tiene (contrario a lo que le digan sus amigos) la capacidad de controlar sus acciones y que aprender a tener dominio propio es un rasgo muy masculino. Pregúntale qué sabe acerca de los preservativos. ¿Qué puede esperar de los preservativos y en qué circunstancias? ¿Sabe cómo usar un preservativo de manera adecuada? ¿Sabe que, en el mejor de los casos, los preservativos solo reducen la posibilidad de infección, pero que nunca eliminan el riesgo por completo? Si somos realistas, los preservativos no tienen muchas posibilidades de ayudar, a menos que se usen siempre a la perfección (lo que casi nunca sucede). Al educar a tu hijo con respecto a los preservativos, es de esperar que vea que no son la respuesta en realidad; que en el mejor de los casos, reducen el daño.

Si mi adolescente bebe o fuma, ¿tiene más probabilidades de tener actividad sexual?

Sí. Los estudios muestran que los adolescentes involucrados en el alcohol y las drogas son más propensos a tener actividad sexual[4]. Esto tiene sentido. Cada vez que un adolescente está ebrio o drogado, sus inhibiciones bajan y es más probable que pierda el control de sí mismo. Por lo tanto, si tu adolescente fuma o bebe, asegúrate de preguntarle acerca de su actividad sexual. Recuérdale que si bebe y tiene actividad sexual con la chica que sale, pueden acusarlo de violación. Recuérdale a tu hija que la bebida la pone en un alto riesgo de que la violen.

Las respuestas que tú necesitas y ellos quieren

■ Mi hijo quiere asistir a una fiesta de toda la noche con amigos de la escuela; ¿está bien?

Las fiestas de toda la noche se han vuelto muy populares. Se originaron ante la preocupación de que los adolescentes bebieran y luego conduzcan. Para evitar esto, los padres y maestros ofrecieron fiestas de toda la noche como un medio para mantener a los adolescentes fuera de las carreteras. Aunque la idea tiene buenas intenciones, estas fiestas también entrañan riesgos.

En primer lugar, muchos adolescentes siguen bebiendo, pero dentro de los confines de la fiesta. En segundo lugar, muchos adolescentes siguen teniendo relaciones sexuales, pero dentro de la fiesta, en lugar de hacerlo en privado, en algún otro lugar. Las fiestas pueden reducir los conductores ebrios, pero no necesariamente cualquier otra cosa. Algunas fiestas tienen «acompañantes» adultos, pero a menudo esto no es otra cosa que un padre dormido en alguna parte, escaleras arriba. El mejor consejo: sabe dónde se realiza la fiesta, quién es el acompañante y qué chicos estarán. Si no te gustan ninguna de las cosas mencionadas arriba o si no conoces a los padres, no dejes que tu adolescente vaya. Aunque sean «buenos» chicos y «buenos» padres, hay demasiadas cosas buenas que se vuelven malas.

■ Mi hija me dijo que es lesbiana; ¿qué debo hacer?

Puede ser difícil, pero trata de no reaccionar de manera exagerada. Esto es importante, porque quieres mantener líneas sólidas de comunicación abiertas con ella. Si ella siente que estás muy molesta, es probable que se cierre y que no confíe en ti. Por lo tanto, si te sientes enojada, confundida o herida, trata de no mostrárselo al principio. Conversa con una amiga de confianza que pueda ayudarte.

Es importante que le preguntes a tu hija por qué se siente de esta manera y durante cuánto tiempo se ha sentido así. Según la edad, puedes descubrir que piensa que es lesbiana porque tiene un fuerte apego emocional hacia algunas de sus amigas. Por ejemplo, algunas jovencitas en el comienzo de la adolescencia se sienten cómodas con otras chicas y no con varones. Una joven puede sentir que como no le gusta estar con varones, debe ser lesbiana. Esto, por supuesto, no es verdad.

Además, muchas muchachas al comienzo de la adolescencia pueden experimentar con juegos homosexuales (los varones

209

también pueden hacerlo). Una vez más, por el solo hecho de que le haya acariciado los genitales o los pechos a otra chica, o haya sido la receptora de tal conducta, no quiere decir que sea lesbiana, aunque piense que lo es. La identidad sexual de las jovencitas sigue en formación durante la adolescencia temprana y los años de la adolescencia, y muchas chicas sienten que son lesbianas porque tienen sentimientos emocionales o sexuales hacia otra muchacha. La comprensión de que estos sentimientos pueden tener lugar algunas veces y de que pueden ser confusos, logra ayudar a tu hija a ver que en verdad es una heterosexual que experimenta algunos sentimientos mezclados comunes en su estadio de desarrollo. (Las relaciones dentro del mismo sexo están muy de moda en algunas comunidades, y es probable que tu hija tan solo quiera encajar).

Si por otro lado tu hija viene a ti cuando ya es una adolescente mayor y te dice que es lesbiana, te enfrentarás a problemas diferentes. Una vez más, asegúrate de no reaccionar con exageración. Pregúntale con calma por qué piensa de esta manera. Quizá te diga que solo se siente atraída hacia las mujeres y que nunca ha tenido sentimientos románticos hacia un hombre. Es probable que esté muy a la defensiva cuando hable contigo y que esté esperando que seas crítica, que te enojes y que te sientas desilusionada. En lugar de reaccionar frente a ella con cualquiera de estos sentimientos, muéstrale que te preocupa ella y su salud emocional. Sigue alcanzándola en amor y aceptación. Con el tiempo, luego de que se rompa su estado a la defensiva, pregúntale si estaría dispuesta a hablar con un terapeuta acerca de sus sentimientos.

Muchos adolescentes homosexuales luchan contra la confusión emocional, la depresión e incluso una historia de abuso sexual. Tu hija necesita ayuda para desenmarañar una red de sentimientos complejos. Si le muestras de manera genuina que tu primera preocupación y la más importante es su salud emocional (no su orientación sexual), y que quieres ayudarla a que encuentre el camino que la lleve a sentirse bien consigo misma y con la vida, estará más dispuesta a aceptar tu consejo. Luego, si acepta la idea de la terapia, asegúrate de investigar un poco y de encontrar un consejero que ayude a tu hija con respecto a su identidad y la depresión, y que también esté dispuesto a ofrecerle ayuda y aliento si desea dejar su estilo de vida actual.

La decisión de cambiar un estilo de vida debe venir desde adentro. Sin embargo, es posible si el individuo desea cambiar de verdad. No es fácil y puede llevar años de terapia. La tasa de éxito en dejar un estilo de vida homosexual es similar a la de vencer el alcoholismo. Ninguna de las dos es fácil, pero ambas son posibles. Tu papel en esta coyuntura es amar y apoyar de manera incondicional a tu hija y ayudar a hacer los arreglos y a financiar la terapia si se acepta este ofrecimiento.

■ Mi hija quiere salir con un muchacho de la universidad; ¿debo dejarla?

Depende de cuántos años tenga tu hija. Si está en el último año del instituto y él está en el primer año de la universidad, y los dos se llevan alrededor de un año, puede estar bien que salgan juntos. Aun así, es probable que quiera ir a visitarlo a la universidad durante el fin de semana; esto debe entrar en la zona prohibida. Si por otra parte tu hija tiene dieciséis años y quiere salir con un hombre de veinte y tantos, no es apropiado. Una buena regla empírica en cuanto a las salidas es que las chicas salgan con muchachos de su misma edad, o a lo sumo mayores en un año. Por lo general, las muchachas quieren salir con varones de más edad, porque casi todos los muchachos están rezagados en su desarrollo físico y emocional en el instituto con respecto a las chicas.

Cuando una muchacha sale con un joven mucho mayor, se coloca en una situación en la que la pueden manipular en el aspecto físico, intelectual o emocional. Tiene una ventaja psicológica inmediata sobre ella, porque lo ve y lo considera (casi siempre de manera inconsciente) como mayor, más sabio, más especial, más fuerte, etc. Cuando esto sucede, lo respetará en muchos niveles distintos y en situaciones diferentes, y esto puede ser peligroso cuando se trata de asuntos sexuales. Por lo tanto, mantén a tu hija en un terreno parejo cuando se trata de salir con muchachos. Por lo general, los muchachos universitarios y las chicas del instituto no se mezclan.

■ Mi hijo dejó embarazada a su novia. ¿Qué debo hacer?

Es probable que cuando te acabaras de enterar de la situación, te sintieras enojado, desilusionado, herido y un fracaso como padre, todo al mismo tiempo. Para empeorar las cosas, sientes esto en

211

presencia de un hijo que, según la edad que tenga, puede tener un susto mayúsculo. Así que respira hondo, date a ti y a tu hijo algún espacio para respirar, y luego trata de resolver las cosas y de ayudarlo a tomar las mejores decisiones posibles.

Primero, aliéntalo a tener responsabilidad. Aunque ninguno de los dos puede controlar lo que su novia hará con el embarazo, puedes animarlo a que la ayude. Puedes alentar a su novia a que busque un buen cuidado médico lo antes posible, a fin de asegurar la salud del bebé. Ayúdalo a encontrar un buen médico y ofrécete a llevarla a las citas médicas si sus padres no quieren o no pueden hacerlo.

Luego, tal vez quieras alentarlo a buscar la ayuda de un centro local de recursos para el embarazo donde puedan ayudarlo a él y a su novia con respecto a las decisiones acerca de si deben quedarse con el bebé o si deben ofrecerlo en adopción. Si la novia decide quedarse con el bebé, tu hijo tendrá la responsabilidad desde el punto de vista financiero por el niño, aunque no decidan casarse.

Mi hija está embarazada. ¿Qué debo hacer?

Tu primera reacción y la más importante debe ser amar a tu hija de manera incondicional. Resiste la tentación de decir: «¿Cómo pudiste hacer esto?», o: «Estoy muy desilusionada». En un principio, tu hija necesita que la abraces y la ames, y le digas que estarás a su lado a medida que se toman las decisiones en los días por venir en cuanto al futuro del bebé. Agradécele por venir a ti en busca de consejo.

Después de un tiempo, tal vez luego de una buena noche de sueño, tendrás que sentarte con ella y ayudarla a pensar en las opciones que tiene. Ninguna de las opciones que debe considerar tu hija son fáciles, y todas implicarán una medida de dolor y sufrimiento. Como padres, deben ofrecerle el mejor consejo sin erigirse en jueces, sabiendo que, en definitiva, puede tomar una decisión que sea contraria a lo que piensan que es mejor. Como esto es un asunto tan emotivo, considera la posibilidad de escribir tus pensamientos en una carta a tu hija. Abajo tienes una carta modelo.

Querida hija:
Gracias por permitirnos ayudarte durante este momento difícil de tu vida. Tu madre y yo no seríamos sinceros si no te

dijéramos que, al igual que a ti, nos duele. Ten presente que nuestro amor hacia ti no ha disminuido debido a tu embarazo.

Existen varias opciones que puedes escoger. La primera es dar a tu bebé en adopción. Esto le traerá gran gozo a una pareja casada que no puede tener hijos propios. Sin embargo, sentirás dolor al llevar nueve meses a tu bebé y tener que entregárselo luego a los padres adoptivos. De todas formas, el gozo será saber que una pareja casada y amorosa criará a tu bebé en un hogar con ambos padres.

La siguiente opción es quedarte con el bebé como madre soltera. Para una familia estable, con los dos padres, a veces es difícil, más aun para una adolescente soltera. Tu madre y yo no decimos que sea imposible, sino solo que será muy difícil.

Otra opción es casarte con el padre de tu hijo, pero muchos matrimonios adolescentes terminan en un divorcio temprano. Si decides casarte, tú y tu esposo tendrán que esforzarse para crear un matrimonio duradero.

La última opción es el aborto. Sabes que para tu madre y para mí esa no es una opción. Creemos que la vida comienza cuando el espermatozoide de un hombre fertiliza el óvulo de la mujer. La nueva vida ha heredado los veintitrés cromosomas de cada padre, cuarenta y seis en total. Esta única célula contiene el complejo mapa genético para cada detalle del desarrollo humano: el sexo del niño, el color del cabello y de los ojos, la capacidad atlética, la habilidad musical y la personalidad. Luego, solo se necesita alimento y oxígeno para que crezca el bebé a partir de una célula hasta convertirse en un bebé de tres kilos, nueve meses después.

El corazón del bebé comienza a latir el día veintiuno. Al llegar el día veintidós, ya se encuentra establecida la base para el sistema de cada órgano y se encuentra en desarrollo. A las nueve semanas, al bebé se le reconoce de manera inconfundible como un ser humano.

En tanto que el embarazo se puede terminar con un aborto, el recuerdo durará para siempre. Algunas mujeres experimentan el síndrome postaborto. El aborto no carece de riesgos y se pueden presentar complicaciones. Algunas mujeres nunca pueden quedar embarazadas en el futuro y luego tienes que vivir enfrentando la realidad de que acabaste tu único embarazo.

213

Te aliento a que veas a tu médica y dejes que sea una fuente de ayuda para responder tus preguntas. También te insto a que visites el centro local de recursos para el embarazo. Tu madre y yo oraremos por tu decisión, pero sabe también que te amamos sin importar lo que suceda y que siempre estaremos a tu lado.

Con amor,

Papá

◼ Mi hijo quiere quedarse en un hotel la noche de la graduación; ¿qué debo responderle?

En primer lugar, pregúntale por qué quiere pasar la noche en un hotel. ¿Quién estará allí y por qué piensa que esto será una buena idea? Después, dile que el único «beneficio» de quedarse en un hotel sería continuar la fiesta con amigos luego de la graduación o evitar que conduzca si ha estado bebiendo. Estas son las razones comunes que usan los adolescentes para defender la idea de quedarse en un hotel luego de una fiesta o de la graduación.

Con respecto a su primera respuesta, dile que toda diversión debe terminar en algún momento, y que las dos de la mañana es mejor que las ocho de la noche. No se trata de una cuestión de confianza; quieres ayudarlo a mantenerse alejado de situaciones en las que estaría tentado a hacer cosas que lamentaría más tarde. Debe evitar esas situaciones de la misma manera en que tú, como adulto, evitarías las situaciones de tentación. La maduración saludable requiere que desarrolle esa habilidad; dile que necesita comenzar a tomar esas decisiones difíciles ahora.

En segundo lugar, si expresa que quiere quedarse en el hotel para evitar manejar ebrio, no pases por alto el hecho de que desea beber. De ninguna manera debes alentarlo a beber alcohol, aun cuando se encuentre en un lugar «seguro». Además, quizá esté transgrediendo la ley.

¿Qué es el síndrome postaborto?

El síndrome post-aborto (SPA) es una forma de síndrome de estrés postraumático (SEPT). El SEPT es el resultado de haber sufrido un acontecimiento tan estresante y traumático (por lo general, algo que ponga en riesgo la vida o ser testigo de una muerte) que se cierra la capacidad normal de la persona para procesar el hecho. Diversos mecanismos sustitutos para enfrentar la situación (por ejemplo, represión o negación rotunda) ayudan a la persona a seguir adelante en la vida de manera entorpecida, pero a la larga comienzan a salir a la superficie varias reacciones que se encuentran fuera de la capacidad de control de la persona.

El camino hacia la sanidad luego de un aborto incluye (1) la disposición para identificar y nombrar el trauma, (2) procesar al fin las fuertes emociones que se paralizaron con el tiempo (culpa, enojo, dolor), (3) hacer duelo por la pérdida y (4) reintegrarse a la vida.

A continuación tenemos algunos de los síntomas del síndrome de postaborto:

- Depresión y pensamientos de suicidio
- Deterioro de la autoestima
- Interrupción de las relaciones interpersonales (insensibilización psicológica)
- Alteraciones del sueño, el apetito y sexuales.
- «Síndrome del aniversario» (un aumento de los síntomas cerca de la época del aniversario del aborto o de la fecha en que hubiera nacido el niño abortado)
- Culpa de supervivencia
- Volver a experimentar el aborto (mientras se está despierta o a través de pesadillas)
- Preocupación por quedar embarazada de nuevo
- Ansiedad por la fertilidad y los asuntos relacionados con la maternidad
- Interrupción del proceso de creación de lazos con los hijos actuales o futuros
- Desarrollo de trastornos alimenticios
- Abuso de alcohol y drogas

¿Qué es el síndrome postaborto?

• Otras conductas de castigo y degradación propias (relaciones abusivas, promiscuidad, evadir el cuidado médico, lastimarse con premeditación a uno mismo)

• Breve psicosis reactiva (un episodio de una realidad distorsionada de manera drástica dentro de las dos semanas posteriores al aborto sin un subsiguiente colapso psicótico)

Para mayor información, consulta *A Solitary Sorrow*, de Teri Reisser, terapeuta familiar y matrimonial, y Paul Reisser, doctor en medicina[5].

A mi hija (que está en el último año del instituto) la invitaron a ir a un viaje de graduación a Cancún sin adultos. ¿Debo permitirle que vaya?

¡No! En primer lugar, los adolescentes pueden beber todo lo que quieren en Cancún, y el alcohol y los adolescentes son una mala mezcla. En segundo lugar, no es poco común que los tragos alcohólicos estén conectados con drogas ilegales en países como México, y los adolescentes pueden meterse en muchos problemas aunque tengan la guardia alta. Si tu hija desea ir a Cancún, ve con ella, fíjate que otro padre vaya con ella y sus amigas, o no la dejes ir. Si dice que no quiere adultos como compañía, deben aparecer banderas rojas en tu mente.

¿Debo permitir que mi adolescente asista al programa de educación sexual de la escuela?

Antes de que tu adolescente asista a la clase de educación sexual, documéntate. Pregúntale a la profesora si puedes revisar el programa. Dile que quieres mirar los libros, y si se muestra un vídeo, pide verlo con antelación. Es ideal que hagas esto mucho antes de que tu adolescente vaya a la clase, porque si pides revisar el material justo antes de que se lo presente, tu hijo se sentirá avergonzado. Luego, si el material no te resulta ofensivo, deja que tu adolescente asista a la clase y asegúrate de que los dos conversen acerca de lo enseñado. Es probable que vacile en

Las respuestas que tú necesitas y ellos quieren

conversar al respecto, pero debes ser lo suficiente arrojado como para hablar al respecto, a pesar de su vacilación. Si había material que te gustó, dilo. Si había material que te resultó molesto o con el cual no estabas de acuerdo desde una posición estratégica ética o religiosa, dile a tu adolescente cómo te sientes. No obstante, recuerda, antes de que declares tus sentimientos, pedirle que te cuente lo que siente. Esto mantiene abiertos los canales de comunicación.

Si el material te resulta ofensivo por completo, una vez revisado, díselo al director de la escuela. Además, aunque existe una enorme variación en el material que se presenta en las escuelas, e incluso si el programa es bueno, es normal que cada maestro lo presente desde su propio punto de vista. Así que no vaciles en preguntarle a la profesora lo que pretende comunicarle a la clase con respecto a los preservativos, la abstinencia, el control de la natalidad, etc. Entérate de sus puntos de vista. Si estás muy en desacuerdo o descubres que su programa en sí es ofensivo, haz que se retire tu adolescente.

¿Debo preocuparme por quiénes son los amigos de mi adolescente?

Sí. Los adolescentes son muy influenciables, y aunque en forma universal quieran ser «diferentes», es notable cómo se inclinan a imitar las conductas de sus amigos. En general, tu adolescente también hará todo lo que hagan sus amigos. Quizá quieras creer que es lo suficiente fuerte para resistir la tentación como para enredarse en malas conductas, pero lo cierto es que los chicos estadounidenses más normales y saludables no pueden hacerlo, a menos con constancia. Existen razones psicológicas profundas por las que esto es así, pero basta con decir que la mayoría de los adolescentes quieren seguir las conductas de sus amigos, porque les urgen que los acepten. Si los chicos son responsables y se respetan entre sí, eso es lo que hará tu adolescente, pero si se involucran en conductas de riesgo, eso es justo lo que él hará también.

¿Por qué la relación sexual adolescente es tan riesgosa?

La relación sexual adolescente es riesgosa por varias razones. Para las muchachas adolescentes, el acto sexual es mucho más riesgoso que para las mujeres de veintitantos años debido a las

217

Fomento de amistades

Las amistades fuertes son esenciales en esta etapa de la adolescencia. Las amistades de la misma edad sirven como un puente sólido para cruzar hacia la vida adulta. Recuerda:

• **Las amistades del mismo sexo serán fuertes.** No es inusual para los adolescentes de esta edad que cambien las amistades a medida que maduran y profundizan en su comprensión de sí mismos. Estas amistades son fuerzas importantes para fomentar la confianza en sí mismos y una sensación de dirección hacia el futuro.

• **Las amistades son menos dependientes de tus aportaciones u opiniones.** No te rindas en cuanto a marcar límites apropiados, pero permite que tu adolescente tenga algo de flexibilidad en su pensamiento y opiniones.

• **Recuérdale a tu adolescente que unas pocas amistades cercanas son más productivas** que las relaciones superficiales con muchos de su edad.

• **Las amistades sólidas con el mismo sexo son necesarias a fin de evitar la dependencia en demasía y las relaciones controladoras** con el sexo opuesto.

diferencias anatómicas. Por ejemplo, el cérvix [o cuello uterino] de una jovencita de diecisiete años tiene paredes diferentes a las de una mujer de veinticinco años[6]. Las células en las paredes que recubren el cérvix de la adolescente son más vulnerables a las bacterias y a los virus que entran en contacto con ellas durante la relación sexual[7].

La relación sexual adolescente es arriesgada debido a las maneras en que los adolescentes se comportan sexualmente. Por ejemplo, la popularidad del acto sexual oral ha crecido entre los adolescentes en los últimos años por dos razones: muchos creen que pueden participar del mismo y permanecer libres de enfermedades y seguir siendo vírgenes. Los adolescentes tienen que entender que casi todas las infecciones de transmisión sexual que se pueden adquirir a través de la relación sexual vaginal se

• **Las relaciones de noviazgo son más propensas a comenzar** durante esta edad. Enfatízale a tu adolescente que las habilidades para la amistad con el sexo opuesto son más importantes que los sentimientos románticos. La verdadera intimidad en los años posteriores requerirán las habilidades de la amistad más que tan solo los sentimientos románticos. Las parejas casadas desde hace treinta, cuarenta y cincuenta años son en verdad los mejores amigos.

• **Mantén las normas de la familia, pero no controles como un policía a tu adolescente.** Dale espacio para que tome decisiones por sí mismo, incluso si esas decisiones quizá traigan consecuencias inesperadas o indeseadas. Esta edad es la última etapa para «experimentar» con la libertad antes de que exista la libertad verdadera y total.

• **Dale instrucciones acerca de los sentimientos apasionados** que surgirán en las relaciones con el sexo opuesto. Enseñar y alentar el autocontrol nunca será más apropiado que durante este tiempo de pasiones elevadas.

• **Comienza a prepararte para el día en que tu adolescente deje la casa.** Fortalece y mantén tus propias amistades y tu matrimonio, así como tu identidad aparte de ser el padre de un adolescente.

pueden adquirir mediante el acto sexual oral. Además, aunque en el aspecto físico las adolescentes sean vírgenes luego del acto sexual oral, muchas no sienten que son vírgenes desde el punto de vista emocional.

Otras conductas sexuales que colocan a los adolescentes en un riesgo mayor son la gran cantidad de compañeros sexuales, el uso del alcohol o de las drogas antes de tener relaciones sexuales y la participación de conductas sexuales como el acto sexual anal y el oral, que los hace sentir «seguros» con respecto a la vulnerabilidad de contraer las infecciones de transmisión sexual.

Un adolescente que comienza la actividad sexual a una edad temprana, digamos a los trece años, tiene más probabilidades de tener un mayor número de compañeros sexuales en su vida, y cuantos más compañeros, mayor es el riesgo de infección. Si

219

puedes ayudar a un adolescente a posponer la iniciación de la actividad sexual, tiene menos probabilidades de tener compañeros sexuales y, por lo tanto, tendrá menos probabilidades de contraer una infección de transmisión sexual.

Si miras el desarrollo mental y emocional de un adolescente, tiene sentido pensar que los adolescentes corran un riesgo mayor de contraer infecciones de transmisión sexual. Las habilidades del pensamiento abstracto no están desarrolladas en la mayoría de los adolescentes hasta que se acercan a los veinte años (nuevas investigaciones sugieren que puede estar más cerca de los veinticinco)[8]. El pensamiento abstracto les permite captar el futuro de una manera significativa: comprender que la acción A llevará a la consecuencia B mañana o dentro de diez años. Hasta que esta forma de pensamiento se complete, los adolescentes están limitados en sus creencias acerca de lo que les puede suceder en realidad. No son estúpidos, pero en el aspecto intelectual viven fuera de lo que los psicólogos llaman la «fábula personal». Esta forma de pensamiento se transfiere a su actividad sexual, lo que los conduce a creer que nunca quedarán embarazadas, nunca contraerán una infección de transmisión sexual, ni experimentarán ninguna otra consecuencia seria a raíz de la actividad sexual.

¿Mi adolescente debería hacerle una visita regular al médico?

Sí, sería ideal que todos los adolescentes tuvieran un chequeo físico anual con un médico determinado de la familia, un pediatra o un internista. A muchos adolescentes (y a sus padres) les parece que es innecesario ir con esta frecuencia al consultorio del médico, pero pueden enfrentarse a serios problemas de salud y necesitan un lugar al cual ir y donde se revisen estos problemas en su examen de salud general. Las muchachas que tienen actividad sexual o tuvieron actividad sexual (aunque sea una vez) deberían hacerse un examen pélvico, un citodiagnóstico y un chequeo en busca de infecciones de transmisión sexual si fuera indicado. Si una adolescente nunca ha tenido actividad sexual, debería hacerse su primer examen pélvico entre los dieciocho y los veintiún años; a partir de entonces, debe hacerlo con regularidad. La frecuencia del citodiagnóstico se está debatiendo; el mejor consejo es seguir las pautas de tu médico.

Las respuestas que tú necesitas y ellos quieren

A los varones adolescentes habría que alentarlos para que vean a su médico una vez al año también. Deben ser francos con el médico en cuanto a su actividad sexual de modo que los pueda chequear en caso de que haya alguna infección de transmisión sexual. Recuerda, muchas de estas enfermedades no tienen síntomas, y el solo hecho de que un adolescente se sienta bien, no quiere decir que no tenga una infección de transmisión sexual.

¿Cómo preparo a mi adolescente para el ambiente saturado de sexo que existe en los campus universitarios hoy en día?

No hay vuelta que darle; la relación sexual y el alcohol prevalecen en los campus universitarios en toda nuestra nación. No importa si tu joven adulto forma parte de un grupo social de los que se nombran con letras griegas, o si solo anda dando vueltas fuera de los dormitorios; a menudo, la actitud preponderante es un abandono insensato, en especial durante los dos primeros años.

Para ayudarle a tener éxito en este medio, es importante que fomentes una buenísima relación de comunicación con él durante el instituto. Si sabe que estás dispuesto a escucharlo, será abierto y sincero en cuanto a la presión del grupo a la que se enfrenta. Si te teme, la oportunidad para la apertura se evaporará y no sabrás si está preparado para resistir las tentaciones con las que se encontrará o no.

Busca a algunos adultos jóvenes que hayan tenido consecuencias negativas asociadas con el asunto de las fiestas y haz que hablen con tu adolescente. Si has cometido algunos errores, puede ser beneficioso contarle tus experiencias durante esta conversación. Además, en lugar de controlar a tu hijo durante los dos últimos años del instituto, comienza poco a poco a pasarle la responsabilidad de la toma de decisiones, de modo tal que pueda tener experiencia al respecto frente a la presión del grupo antes de entrar a la universidad. Para él, es mejor cometer algunos errores menores mientras tú estás cerca para ayudarlo a atravesar las consecuencias, que cometer errores que le alteren la vida mientras está lejos de casa.

■ **¿Cuánto debo participar en la vida de mi adolescente?**

La investigación muestra que el cerebro de un joven adulto no está del todo maduro en términos del juicio y el control de los impulsos hasta más o menos los veinticinco[9]. Por lo tanto, los padres y otros adultos de confianza son importantes como supervisores para dar consejo y dirección a la gente joven (considérate un consultor). Busca ayuda exterior si está involucrado en actividades que sean peligrosas para su salud física y mental. Las cosas tales como el alcohol, las drogas y la actividad sexual son ejemplos de cuándo se necesita la intervención. Alienta y apoya de manera activa la presencia de guías adultos en la vida de tu hijo. A medida que crezca, buscará la sabiduría y rechazará el control.

■ **¿Cómo debo alentar a mi hijo a que encuentre un guía adulto?**

Establece el ejemplo. Los consejeros y guías son esenciales para toda nuestra vida. Admite que no tienes todas las respuestas, pero que la experiencia en la vida es una maestra valiosa. Señálale a tu adolescente maestros confiables, médicos, entrenadores, empleadores o amigos de la familia dentro de tu comunidad. Trata de identificar personas que tengan un sistema de valores similar al tuyo, pero que no tienen que ser copias con papel carbón de ti. Enfatízale a tu hijo la sabiduría y la fuerza que se encuentra en los guías, y luego déjalo cultivar una relación con su guía sin el temor de sentirte incompetente.

Preguntas que hacen los adolescentes

■ **Hace cuatro meses que salgo con este muchacho. Quiere que tengamos relaciones sexuales, pero no estoy segura. ¿Qué debo hacer? ¿Se las debo?**

Si todavía no has meditado en esto en tu mente y en tu corazón, ahora es el momento de decidir si tendrás actividad sexual o no. En primer lugar, nunca le debes la relación sexual a nadie. Es tu decisión. Tener relaciones sexuales con alguien es un acto tan íntimo que debería producirse en una relación comprometida y de largo plazo, donde te sientas libre de culpa y segura; es decir, el matrimonio.

Recuerda, los riesgos de la práctica sexual temprana sin el compromiso del matrimonio incluyen las infecciones de transmisión sexual, el embarazo y la desilusión emocional, por decir unas pocas. Si le dices a tu novio que no tendrás relaciones sexuales hasta que te cases y rompe contigo, todo lo que quería era relación sexual. Si te ama de verdad, te respetará y apoyará tu compromiso.

Recuerda también que la intensidad de los sentimientos sexuales y el verdadero amor pueden ser dos cosas muy diferentes.

▮ Si soy cuidadosa respecto a usar anticonceptivos y preservativos, ¿qué tiene de malo tener relaciones sexuales?

Tener relaciones sexuales es una decisión muy importante y que cambia la vida. No se debería tomar a la ligera. No tiene que ver con el cuidado que tengas, porque los anticonceptivos y los preservativos no pueden proteger tu corazón.

Solo tienes una primera experiencia sexual. El regalo de la relación sexual es como tener un hermoso obsequio de cumpleaños todo envuelto con un papel muy bonito y un gran moño. Si lo abres antes del cumpleaños, es probable que el regalo ya esté roto o gastado cuando llegue tu gran día. Lo mismo puede suceder si comienzas a tener relaciones sexuales antes de casarte. Esta decisión puede ponerte en riesgo de contraer infecciones de transmisión sexual, de quedar embarazada y de experimentar la angustia emocional. También puede conmocionar cualquier esfera de tu vida. La espera para tener relaciones sexuales hasta el matrimonio es una decisión de la que nunca te arrepentirás. (Busca el capítulo 14).

▮ ¿Cómo sabes si la relación sexual es lo adecuado para ti?

¿Estás casada? Si no estás casada y tratas de decidir si la relación sexual es «adecuada» para ti, necesitas hacerte algunas otras preguntas. ¿Estás lista para manejar las complejas situaciones que acompañan la decisión de tener relaciones sexuales? ¿Estás dispuesta a buscar tratamiento médico si te aparecen verrugas genitales o si contraes clamidia? ¿Estás dispuesta a cuidar de un niño que se conciba en forma «accidental» durante el momento de pasión? ¿Estás lista para el dolor que viene con un corazón hecho pedazos? Estos son solo algunos de los posibles resultados de tener relaciones sexuales fuera del matrimonio. La relación sexual es fabulosa cuando tiene lugar en un matrimonio saludable. Fuera del matrimonio, pierde su poder porque carece de compromiso.

¿Cómo uno se detiene para no ir demasiado lejos si estás enamorado de verdad?

Es importante darse cuenta de que el amor y el acto sexual no son lo mismo. Para que la relación sexual sea la expresión del amor de alguien, tiene que existir en una relación comprometida. El verdadero amor busca lo que es mejor para la otra persona y no procura su propio bien. Es considerado y no exige el control. Se necesita tiempo para fomentar estas cualidades en una relación. La mayoría de los adolescentes piensan que están «enamorados», pero la relación no ha tenido tiempo para progresar hasta llegar a niveles más profundos de compromiso. El nivel final de compromiso en una relación es el matrimonio. Una vez que una pareja está casada, la relación sexual es la expresión más hermosa del amor de una persona hacia su cónyuge.

Para desacelerar el progreso físico de tu relación, debes establecer límites antes de encontrarte en una situación en la que sea demasiado difícil volver atrás. Es una buena idea tener citas en grupo con otros amigos comprometidos a no «ir demasiado lejos» y evitar estar solos en casa durante largos períodos. También hagan juntos trabajo voluntario.

Servir a otros no solo desarrollará tu carácter, sino también una nueva profundidad en tu relación.

¿Cuáles son maneras saludables de mostrarle afecto a alguien por el que te preocupas de verdad?

Depende del lenguaje del amor que tenga. El libro *Los cinco lenguajes del amor*, de Gary Chapman, habla acerca de diferentes maneras en que las personas se sienten amadas[11]. Existen cinco lenguajes del amor principales mediante los cuales cada persona recibe el mensaje de que le aman:

1. Tiempo de calidad: tan solo pasar tiempos juntos.
2. Palabras de afirmación: decirle a alguien que él o ella es valioso o valiosa.
3. Actos de servicio: ayudar con un proyecto o hacer algo por él o ella.

La actividad sexual temprana puede conducir a la depresión

La depresión y el suicidio son la tercera causa principal de muerte en los adolescentes en los Estados Unidos. Existe una creciente evidencia que apoya una conexión entre la actividad sexual temprana en los adolescentes, la depresión y el suicidio. Un informe de la Heritage Foundation descubrió que la probabilidad de experimentar depresión de las jovencitas es tres veces mayor que los de su misma edad que no tenían actividad sexual, mientras que la de los varones adolescentes es dos veces mayor. Además, el estudio informaba que la propensión a tener intentos de suicidios de las adolescentes con actividad sexual son casi tres veces más que los adolescentes que permanecen en abstinencia, mientras que la de los varones con actividad sexual es de casi ocho veces mayor. Asimismo, la mayoría de los adolescentes entrevistados hubieran deseado no tener actividad sexual (el setenta y dos por ciento de las mujeres y el cincuenta y cinco por ciento de los hombres)[10].

Es difícil determinar si los adolescentes deprimidos tienen más probabilidades de tener actividad sexual o si los que tienen actividad sexual se deprimen debido a su comportamiento. El estudio parece sugerir que las dos cosas pueden ser ciertas.

La actividad sexual temprana conduce a menudo al estrés psicológico a raíz de relaciones vacías y a los sentimientos de desprecio por uno mismo y de falta de valor. En tanto que los adolescentes pueden involucrarse en la actividad sexual para aliviar sentimientos de vacío y soledad, la actividad sexual en sí parece aumentar el riesgo de depresión e incluso de suicidio. A las claras, la evidencia sugiere que la actividad sexual en los adolescentes plantea riesgos mentales y de salud significativos.

4. Regalos: decir: «Pienso en ti».
5. Toque físico: abrazos que no sean sexuales, apretones, palmadas en la espalda o masajes.

En tu relación, trata de imaginarte cuál es el lenguaje de amor de tu amigo y úsalo para comunicarte con él. La comprensión de este recurso clave de la comunicación te ayudará mucho a fomentar una relación duradera y satisfactoria desde el punto de vista emocional.

▌ Entonces, ¿qué es el amor? ¿No es relación sexual?

Luego de mirar los últimos éxitos de Hollywood, es fácil suponer que tener relaciones sexuales es igual a amar. En la vida real, la relación sexual y el amor pueden ser dos cosas muy diferentes. Hay mucha actividad sexual que tiene lugar carente de amor. Cualquier adolescente o adulto puede tener relaciones sexuales tan solo por el puro placer físico, y luego puede levantarse y seguir adelante con otra relación. Sin embargo, el mejor acto sexual tiene lugar en una relación comprometida, comprensiva y de largo plazo, ¡conocida como el matrimonio! La relación sexual es un medio de comunicación importante para las personas que se aman las unas a las otras. Fuera del matrimonio, la relación sexual se usa casi siempre como un medio de entretenimiento más que como una expresión de emociones íntimas.

El verdadero amor es mucho más que un enamoramiento. Es una emoción que hace que te preocupes y te entregues a otra persona de una manera que implique sacrificio. Es buscar lo mejor para el otro por encima de tu propio bien. El amor crece de manera más profunda con el tiempo y no es algo que sucede de la noche a la mañana. Como joven, los sentimientos intensos que quizá tengas hacia alguien pueden remedar el «verdadero» amor, pero solo el tiempo dirá si es así.

▌ ¿Se puede producir un embarazo sin que haya relación sexual vaginal?

Sí. Los espermatozoides son capaces de nadar largas distancias. Si dos personas tienen contacto genital, pero no tienen relación sexual penetrativa, es posible que la mujer quede embarazada porque el espermatozoide puede escaparse del pene y viajar hasta la cavidad vaginal.

▌ ¿El espermatozoide puede nadar a través de la ropa?

Muchos adolescentes tratan de expresar sus intensos deseos físicos del uno hacia el otro a través de la simulación de la

Las respuestas que tú necesitas y ellos quieren

relación sexual con la ropa puesta. En este caso, el espermatozoide no puede nadar a través de la ropa. Con todo, si se
estimulan el uno al otro con la ropa puesta, es solo cuestión de
tiempo hasta que se la quiten. Protégete a ti mismo y a tu
corazón; no permitas que tu relación progrese hasta este punto.
En su lugar, concéntrense en conocerse el uno al otro en el
aspecto emocional. Por lo general, cuando se llega a una relación
física se puede arruinar lo que hubiera podido ser una relación
emocional satisfactoria.

¿Una muchacha puede quedar embarazada si tiene relaciones sexuales de pie?

En cualquier posición en que tengas relaciones sexuales, si se
eyaculan los espermatozoides dentro de la vagina de una mujer,
puede producirse un embarazo.

¿Los varones necesitan las relaciones sexuales más que las muchachas?

La mayoría de las personas piensan que los varones necesitan
más la relación sexual que las muchachas. Sin embargo, esto no
siempre es verdad. Hay momentos, en especial cuando las
mujeres son mayores, en que desean más relaciones sexuales que
sus esposos. La realidad es que nadie «necesita» tener relaciones
sexuales para seguir vivo, estar feliz, tener una vida productiva o
sentirse amado y querido. Incluso las parejas casadas atraviesan
períodos en los que no tienen relaciones sexuales con
regularidad, como en el último tiempo del embarazo, en los
viajes, en la enfermedad o en el distanciamiento emocional. Para
controlar los impulsos sexuales se necesita dominio propio y
disciplina, los mismos rasgos que se requieren para ser un atleta
o un estudiante excelente.

¿Cuántos días al mes se puede quedar embarazada?

Un óvulo liberado por el ovario de una mujer vive durante unas
veinticuatro horas antes de que se rompa y no se pueda fertilizar.
Esto quiere decir que una mujer puede quedar embarazada
durante tres o cuatro días en cada ciclo menstrual, ya que el
espermatozoide vive entre uno y tres días.

¿Cuántos espermatozoides libera un hombre cuando eyacula?

Cuando un hombre eyacula, libera entre ciento cincuenta y seiscientos millones de espermatozoides en la vagina de una mujer. Solo de cincuenta a doscientos espermatozoides pueden llegar, en realidad, hasta donde se liberó el óvulo.

¿Cuánto contacto físico está bien cuando tengo citas con alguien?

Cuando comienzas a conocer a alguien, es imposible saber si van a ser una pareja que resulte, así que mantener las manos en los bolsillos es una excelente idea. Muchos jóvenes se sienten obligados a tomarse de la mano y a besarse en la primera cita. No obstante, cuando se trata de fomentar el aspecto físico de una relación, el comienzo lento solo traerá beneficio a tu futuro. Si la persona con la que sales quiere entrar en lo físico de inmediato, puedes decirle que te gustaría llegar a conocerlo primero. Si no respeta tus límites, la realidad es que no se preocupa mucho por ti.

Se dice que es mejor ser amigo de alguien antes de comenzar a salir en forma más romántica. Es la manera más saludable de comenzar una relación porque entonces no piensas en lo físico, sino en pasar tiempo para conocerlo como persona. Una vez que los dos determinan que tienen sentimientos románticos el uno por el otro, conversen acerca del nivel de comodidad en cuanto al afecto físico y hasta dónde les parece bueno llegar. Recuerda que tomarse de las manos lleva a besarse, los besos profundos llevan a las caricias íntimas y estas pueden conducir en línea recta a la relación sexual en momentos de pasión. Si los dos han decidido esperar hasta el matrimonio para tener relaciones sexuales, necesitas mantener el contacto físico dentro de las actividades que no te lleven a perder el dominio propio. Una buena regla general es no quitarse la ropa, ¡ni tocar nada que cubra el traje de baño!

¿Con cuánta frecuencia tienen relaciones las personas casadas?

¡Los investigadores le han hecho esta pregunta a las parejas casadas y la gama de posibilidades puede ir desde una vez al año hasta todas las noches! El promedio es entre una a tres veces por semana[12]. Lo más importante no es la frecuencia con la que se

Las respuestas que tú necesitas y ellos quieren

Forjadores del carácter

A medida que maduran los adolescentes, se profundiza su capacidad para dar amor a otros. Las amistades son sólidas y el romance puede madurar hasta llegar a ser una clase de amor desinteresado, a pesar de que es típico que la mayoría de los adolescentes del instituto todavía estén centrados en sí mismos. Antes de que se vaya del hogar, tu objetivo debería ser ayudarlo en la transición hacia relaciones centradas en otros. Es de suma importancia que...

• **Ames a tu adolescente de manera incondicional.** Dile a diario que lo amas. Si todavía no lo has hecho, lee Los cinco lenguajes del amor, de Gary Chapman.
• **Seas ejemplo de preocupación** por otros al ofrecerte como voluntario en una organización de servicio.
• **Modeles el amor hacia la gente difícil al contar** cómo tratas de mostrarle amor a una persona que difícil: un compañero de trabajo, un ex cónyuge o un familiar.
• **Le muestres a tu adolescente mucho afecto,** tanto como lo tolere, con abrazos, masajes en la espalda y en los pies, etc.
• **Busques maneras en las que puedas servir a otros** como familia y en las que puedas dar de manera desinteresada.

tienen relaciones sexuales, sino si tanto el esposo como la esposa disfrutan de la relación sexual. Los estudios muestran que las parejas casadas disfrutan más de la relación sexual y se sienten más seguros en sus relaciones que las parejas que tienen relaciones sexuales y que no están casados[13]. Recuerda, ¡la mejor relación sexual se encuentra en el matrimonio!

¿Cuándo dejan de tener relaciones sexuales las parejas casadas?

Las parejas casadas dejan de tener relaciones sexuales cuando se encuentran incapacitados de manera física o emocional. Eso quiere decir que la gente de noventa años todavía puede disfrutar de la relación sexual.

229

■ Tengo el pecho plano; ¿existe alguna manera de hacer que crezcan mis pechos?

Las mujeres vienen en todas formas y tamaños. Algunas mujeres tienen pechos que son demasiado grandes y no se sienten cómodas. También están las que tienen muy poca grasa en el cuerpo, que también incluye al tejido mamario. Si tus pechos son pequeños y comenzó tu período, no puedes aumentar mucho su tamaño. Esto no quiere decir que no puedas satisfacer a tu esposo una vez casada o que no puedas amamantar más tarde. Algunas mujeres se someten a las cirugías para aumentar sus pechos, pero existen varias complicaciones importantes asociadas con esto. Recuerda, no es tu apariencia lo que quieres que le guste a la gente, sino la persona que eres por dentro.

■ ¿Qué produce la infertilidad?

La infertilidad, o la incapacidad para quedar embarazada, se ha convertido en un problema significativo en la sociedad actual. Un tercio de las mujeres que visitan las clínicas de infertilidad y que se someten a la fecundación in vitro, tienen un bloqueo de las trompas de Falopio causado por una infección de transmisión sexual. También existen otras afecciones médicas que pueden hacer que una pareja no sea fértil, como la endometriosis.

■ ¿Qué es la endometriosis?

La endometriosis es la presencia de tejido uterino normal en un lugar que no le corresponde. Cuando el tejido del endometrio, que recubre al útero, se encuentra en cualquier otra parte del cuerpo, se llama endometriosis. Las hormonas femeninas circulan por todo el cuerpo, estimulando el crecimiento del tejido endometrial, sin importar dónde se encuentre el tejido durante el mes. Cuando el nivel hormonal cae para producir el sangrado menstrual, el tejido endometrial, dondequiera que se encuentre en el cuerpo, también sangrará.

El tejido endometrial normal que recubre al útero sangrará por la vagina, pero en las otras partes del cuerpo, la sangre no puede escapar y se formarán sacos de sangre en el tejido que la contiene. Estos sacos son irritantes y hacen que los tejidos de alrededor formen cicatrices. A este tejido endometrial, los sacos de sangre y las cicatrices se les llaman endometriosis. La endometriosis se encuentra casi siempre del lado exterior de la superficie del útero de la mujer, de las trompas de Falopio, de los ovarios, de la vejiga o de los intestinos. La endometriosis puede ocasionar un gran dolor en la pelvis y las cicatrices, junto con otros cambios que forman parte de esta afección, pueden causar la infertilidad.

¿Qué es la fecundación in vitro (FIV)?

La FIV es un método de reproducción asistida en la que el espermatozoide del hombre y el óvulo de la mujer (u ovocito) se unen en un tubo de laboratorio, donde se produce la fecundación. Entonces, el embrión que se forma se transfiere al útero para que se desarrolle en forma natural. Por lo general, se trasplantan dos o cuatro embriones en cada ciclo.

La infertilidad es una enfermedad del sistema reproductivo que afecta al hombre y a la mujer casi con la misma frecuencia. Menos del cinco por ciento de las parejas en tratamiento que no son fértiles usan la FIV. A menudo este tratamiento es el que se elige para una mujer con las trompas de Falopio bloqueadas, muy dañadas o ausentes. También se utiliza para salvar la infertilidad causada por la endometriosis o por un factor masculino. Muchos programas también la usan para tratar a parejas con infertilidad inexplicable, y que viene de larga data, que no han tenido éxito con otros tratamientos de infertilidad.

De acuerdo con las últimas estadísticas, la tasa de éxito de la FIV es del veintinueve por ciento por cada óvulo recuperado. Esta tasa de éxito es similar al veinte por ciento de posibilidades que tiene una pareja normal y saludable en el aspecto reproductivo de lograr, en cualquier mes dado, un embarazo que termine en un bebé con vida[14].

¿Qué significa la «virginidad secundaria»?

La virginidad secundaria es un término para una persona que tuvo actividad sexual en el pasado, pero que toma la decisión de no tener relaciones sexuales hasta el matrimonio. Cualquiera, en cualquier momento, puede decidir dejar de tener relaciones sexuales y esperar hasta el matrimonio. Esta decisión eliminará las posibilidades de contraer una nueva infección de transmisión sexual, suponiendo que ya no tengas una, de quedar embarazada o de experimentar un dolor emocional adicional.

¿Qué significa la abstinencia?

La abstinencia quiere decir privarse de forma voluntaria de la relación sexual. Si quieres hablar en términos técnicos, la relación sexual se produce cuando el pene del hombre penetra la vagina de la mujer. No obstante, si amplías la definición más allá de lo físico e incluyes lo emocional, lo espiritual y lo relacional, cada vez que el toque de otra persona estimula de manera sexual tus órganos sexuales (pene, clítoris y pechos), participas de una forma de actividad sexual. Recuerda, la abstinencia no significa quedarse sin relación sexual para siempre, sino hasta que te encuentres en una relación matrimonial comprometida, para toda la vida. Aun en el matrimonio, existen períodos de abstinencia. Más allá de la edad o de las circunstancias, la gente puede controlar sus impulsos sexuales y practicar la abstinencia.

¿Qué quiere decir ser bisexual?

Un bisexual es una persona que tiene relaciones sexuales tanto con hombres como con mujeres.

¿Qué es la ninfomanía?

La ninfomanía es un deseo sexual incontrolable en los hombres y las mujeres.

¿Qué es el exhibicionismo?

El exhibicionismo es un acto perverso marcado por una necesidad compulsiva de exponer los genitales en público.

¿Qué es un paidófilo?

Un paidófilo es un adulto que se siente atraído sexualmente hacia los niños (y actúa de acuerdo a esa atracción). Para un niño es muy dañino desde el punto de vista psicológico que un adulto lo explote sexualmente.

¿Qué es el voyeurismo?

El voyeurismo es la preocupación por ver las relaciones sexuales o los órganos sexuales de otros, en especial desde un punto de ventaja secreto.

¿Qué es un examen pélvico?

Un examen pélvico es el chequeo interno de la vagina, el cuello

Forjadores del carácter

Algunos jovencitos tienen relaciones sexuales en el instituto, ¡pero no todos! Comienza conversaciones continuas con tu adolescente acerca de la importancia de esperar para tener relaciones sexuales hasta el matrimonio. Créase o no, esto influirá en su decisión en cuanto a esperar para tener relaciones sexuales.

• **Sé ejemplo de relaciones saludables y morales** con apropiada muestras públicas de afecto en tu propia vida.

• **Plantea a menudo tu sueño para la felicidad sexual de tu adolescente si espera hasta el matrimonio** para tener relaciones sexuales. Si descubres que ella ya perdió su virginidad, aliéntala a comenzar de nuevo con una virginidad secundaria. Infórmale que nunca es demasiado tarde para comenzar de nuevo.

• **Si tu adolescente tiene una relación seria, pasa mucho tiempo con los dos.** Asegúrate que no estén solos en ninguna de las dos casas (donde tienen lugar la mayoría de las relaciones sexuales entre adolescentes). Conversa con los otros padres a fin de que tengan el mismo compromiso de dialogar con su adolescente.

• **Usa los medios para promover el análisis** de tus opiniones acerca de las relaciones huecas, llenas de actividad sexual que representan mal al verdadero amor y al compromiso a largo plazo.

• **Padres, sigan teniendo «citas» con sus hijas, aun si encuentran resistencia. Madres salgan en «citas» con sus hijos.** Esto les muestra que se preocupan por ellos y que quieren permanecer conectados.

del útero, el útero y los ovarios de una mujer. El médico o la enfermera usan un espéculo, que es un instrumento que se inserta en la vagina para abrir sus paredes, de modo tal que se pueda inspeccionar el cuello del útero en busca de señales de infección. Se realiza un citodiagnóstico[15] para detectar cualquier clase de precáncer o cáncer causado por una infección de

233

transmisión sexual llamada papilomavirus humano (HPV). Las mujeres activas sexualmente necesitan hacerse chequeos con su médico, ya que la frecuencia del citodiagnóstico depende de la edad y de otras circunstancias. Los cultivos para las infecciones de transmisión sexual también se pueden tomar del cuello del útero o de la vagina.

También se realiza un examen bimano como parte del examen pélvico. El médico se coloca guantes de látex, pone dos dedos dentro de la vagina de la mujer y palpa con la otra mano el abdomen para chequear el útero y los ovarios. Lo que explora es el agrandamiento o la sensibilidad de estos órganos que pudieran indicar un embarazo o una enfermedad inflamatoria pélvica (infección en las trompas de Falopio). Por lo general, los exámenes pélvicos se realizan una vez al año, en cuanto la mujer comienza a tener actividad sexual, o en una muchacha virgen entre los dieciocho y los veintiún años. La frecuencia del citodiagnóstico está en discusión, así que lo mejor que puedes hacer es seguir las pautas de tu médico.

¿Qué es la masturbación mutua?

Es cuando dos personas estimulan los genitales del otro para que alcance el orgasmo sin tener relaciones sexuales. Durante la masturbación mutua, las infecciones de transmisión sexual se pueden contagiar a través de las secreciones corporales en las manos de tu pareja.

¿Qué debo hacer si he tenido relaciones sexuales?

Si ya has tenido relaciones sexuales y lamentas esa decisión, deja de tenerlas hasta que comprendas por completo los riesgos a los que te expones si sigues siendo sexualmente activa. En primer lugar, pregúntate: ¿Por qué comencé a tener relaciones sexuales? ¿Me presionaron para que las tuviera? ¿Estaba hambrienta de amor y pensé que esto llenaría esa necesidad? ¿Estaba sola o deprimida y pensé que eso llenaría mi vacío? ¿Tenía curiosidad y tan solo quería ver de qué hablaba «todo» el mundo? ¿Estaba ebria o drogada y no pude decir que no? Por la relación sexual no vale la pena contraer infecciones de transmisión sexual, experimentar un embarazo, sentir una desilusión emocional, ni poner en riesgo tu futuro matrimonio. En segundo lugar, piensa en las metas a largo plazo y en cómo puede afectarlas la actividad

Las respuestas que tú necesitas y ellos quieren

sexual. En tercer lugar, consulta a tu médico para asegurarte de que no estés embarazada y hazte las pruebas para ver si no tienes infecciones de transmisión sexual. La elección más segura y saludable es esperar hasta el matrimonio para volver a tener relaciones sexuales.

¿Por qué mi médico quiere saber si he tenido actividad sexual?

Tu médico necesita saber si has tenido actividad sexual para descartar cualquier afección médica posible. Debes decirle si has tenido cualquier clase de contacto sexual, ya sea que hayas tenido relación sexual oral, contacto genital sin penetración, relación sexual anal o vaginal con penetración. Esta información es confidencial y es importante que seas sincera porque te ayudará a que recibas el cuidado óptimo para tu salud. Si has tenido cualquier forma de contacto sexual, tu médico necesitará asegurarse de que no tengas una infección de transmisión sexual. Como hay tantas infecciones de transmisión sexual que no tienen síntomas, es importante descubrirlas porque producen daño permanente.

¿Por qué es tan importante estar casado antes de tener relaciones sexuales?

Tener relaciones sexuales antes de casarte es arriesgado. Las relaciones sexuales con más de una persona aumentan las posibilidades de que te contagies una infección de transmisión sexual, como la clamidia, el papilomavirus humano o el herpes genital. Quizá pienses: *Con solo usar un preservativo estaré seguro.* Es lamentable, pero los preservativos no eliminan el riesgo de contraer infecciones de transmisión sexual. En segundo lugar, puedes quedar embarazada si eres una muchacha o, si eres un muchacho, tener la responsabilidad financiera por el bebé. Una de cada cinco muchachas que tienen actividad sexual queda embarazada antes de llegar a los veinte años.

La relación sexual es especial. La gente que tiene relaciones sexuales antes del matrimonio trae mucho bagaje emocional consigo, y esto puede poner en riesgo la calidad de la relación sexual en el matrimonio y aumentar las posibilidades de divorcio. Tener relaciones sexuales antes del matrimonio puede destruir el romance y el misterio de la relación matrimonial.

¿Soy rara si no tengo citas o nunca he tenido novio?

No. Tener un novio o citas tiene beneficios. Te sientes especial, recibes atención y regalos y tienes a alguien con quien hablar y pasear. Sin embargo, existen muchísimos beneficios de estar «intacta». Tienes más tiempo para pasar con la familia y los amigos. Cuando estás atada, estas relaciones se descuidan y puedes descubrir que si de repente tienes libertad para divertirte con amigas, ya se han olvidado de ti. Cuanto no estás ligada a nadie, tienes la capacidad de concentrarte en el futuro y en la libertad de explorar sus objetivos. No tendrás el bagaje de sentirte atada de manera emocional a relaciones fracasadas. La mayoría de las relaciones mixtas en el instituto son huecas y no se basan primero en la amistad. Siempre es mejor llegar a conocer a las personas por lo que son antes de permitirte fomentar sentimientos románticos hacia las mismas.

¿Cómo sabré con quién debo casarme?

Esta quizá sea la pregunta más importante que debas hacerte y comprender si quieres tener un matrimonio feliz y saludable. La mayoría de los matrimonios fracasan porque los componentes se casan con la persona equivocada. En primer lugar, evita algunos de los riesgos que ponen en peligro a un matrimonio desde el comienzo:

- No decidas casarte con demasiada rapidez. Las relaciones llegan a lo mejor luego de varias temporadas de «erosión» o de ver cómo superan algunos obstáculos juntos. Si no le das tiempo, en realidad no conoces a la persona con la que te casas.
- No te cases demasiado joven. Tu personalidad se sigue desarrollando a lo largo de los años de la adolescencia y casi hasta los veinticinco años, y te expones a muchas sorpresas si te casas demasiado joven.
- Resuelve cualquier bagaje que provenga de tu familia o de tu origen antes de casarte. Es lamentable que, hasta cierto punto, todos tengamos familias disfuncionales capaces de envenenar nuestro futuro matrimonio. Descubre cuáles son tus «problemas» y ocúpate de ellos antes que arruinen tu matrimonio.

Anota en un papel lo que te parece importante que tenga la persona con la que quieres estar durante toda la vida. ¿Con qué tipo de personalidad te gusta estar? ¿La inteligencia y la apariencia tienen mucho peso en tu escala? ¿La espiritualidad es un factor clave? ¿Qué me dices de los valores y el carácter? ¿Cuáles son tus metas en cuanto a la familia y la paternidad? (Si quieres tener cinco hijos y él no quiere tener ninguno, eso será un problema, ¡y ha deshecho matrimonios!). La gente solía decir que los polos opuestos se atraen, pero en realidad querrás encontrar una persona que se parezca mucho a ti; que posea tus intereses, tus valores, tus creencias y tu trasfondo. De otra manera, las diferencias terminarán causando mucho conflicto.

Al pasar tiempo juntos, verás lo comprensiva o centrada en sí misma que es la persona. Todos se comportan de la mejor manera posible cuando tratan de impresionar a alguien que les gusta, pero con el tiempo, y cuando se presentan algunos obstáculos, la verdadera persona que hay adentro mostrará sus auténticos colores. Sé receptivo a las opiniones de los parientes cercanos y de los amigos en cuanto a tu relación. Son más objetivos y pueden ver banderas rojas que no divisas tú. (A veces, ¡el amor es ciego de verdad!).

¿Qué debo hacer si mi novia me persigue para tener relaciones sexuales?

En nuestra sociedad, muchas muchachas son las agresoras en lugar de serlo los varones. Esta actitud se extrae de la televisión, las películas y los anuncios en los que la mujer siempre tienta al hombre para tener relaciones sexuales. ¡Todo tiene que ver con el poder! Algunas veces, existen algunos problemas subyacentes de dolor debido al abuso sexual y la necesidad de sentirse amada, que la mujer piensa que se conectan con la relación sexual. Hacerse algunas buenas preguntas puede revelarle otras maneras de recibir afirmación. Sin embargo, la declaración: «¡No, no me interesa!», debería hablar por sí sola. Si no respeta ese límite, no está interesada en ti y es tiempo de cortar la relación.

¿Por qué no debo tener relaciones sexuales si estoy enamorado?

El deseo de relaciones sexuales y del uno al otro no es lo mismo que amarse de verdad. El verdadero amor es la clase de amor que

237

se preocupa más por la otra persona que por sí mismo. El verdadero amor quiere lo mejor para la otra persona y está dispuesto a sacrificarse por ella. ¿Contagiarle una infección de transmisión sexual (porque has tenido relaciones sexuales con alguien que tenía una) es lo mejor para ella? ¿Dejarla embarazada es lo mejor para ella en este momento de su vida? Si de verdad amas al otro, no desearías que le sucedan estas cosas. El mejor regalo del verdadero amor es esperar hasta el matrimonio donde estos riesgos no están presentes porque esperaste. Decir que no ahora hace que decir sí en el matrimonio tenga el significado que debe tener de: «Te amaré para siempre». Si es la persona adecuada, tus sentimientos crecerán y durarán sin tener relaciones sexuales. El solo hecho de saber que reservas la relación sexual para el matrimonio puede hacer que tu relación sea aun más especial. La decisión deliberada de abstenerse de tener relaciones sexuales antes del matrimonio también te puede ayudar a abstenerte de tener relaciones sexuales en el matrimonio durante períodos de enfermedad, embarazo o separación de tu cónyuge.

¿Cómo podemos estar cerca mi novio y yo sin tener relaciones sexuales?

El fomento de la intimidad sin tener relaciones sexuales es una habilidad que te servirá para toda la vida. Como lo pueden atestiguar las parejas casadas, la actividad sexual no siempre es sinónimo de intimidad emocional. Lo mejor que puedes hacer es comunicarte con tu novio acerca de tus sueños y deseos, y mantenerse alejados de situaciones comprometedoras. Conversen acerca de sus metas futuras y creen un plan para alcanzar esas metas. Además, dediquen tiempo a satisfacer las necesidades de otros. Ya sea que se ofrezcan como voluntarios en un hogar para ancianos o que trabajen para construirle una casa a alguien, la promoción de intereses comunes mediante actividades en el exterior puede desarrollar una relación estrecha. Asimismo, sé creativo en tu vida de citas amorosas. Desafíense el uno al otro a crear momentos que forjen recuerdos; luego tómense el tiempo para crear un diario de fotos del tiempo que vivieron juntos. Después de todo, si este novio resulta ser tu compañero, habrás creado un cofre del tesoro de recuerdos para tu futuro.

Quiero reservar la relación sexual hasta el matrimonio. ¿Cómo puedo lograrlo cuando todos los de mi grupo tienen relaciones sexuales?

Vayamos por partes: no todos los de tu grupo tienen relaciones sexuales. Muchos lo hacen, pero no es poco común que los adolescentes exageren en cuanto a lo que han hecho o a lo que no. Lo mejor que puedes hacer para reservar la relación sexual para el matrimonio es no permitirte quedar atrapado en una situación comprometedora (como estar solos hasta tarde en casa sin la supervisión de un adulto). Recuerda, la actividad sexual es progresiva. Los besos pueden llevar a tocarse, esto puede llevar a las caricias íntimas y estas pueden conducir a la relación sexual. Después de algún tiempo, tomarse de las manos y besarse quizá parezca aburrido, pero si te has comprometido a permanecer en abstinencia, estas son conductas que deberían satisfacerte. Adopta la costumbre de salir en grupo. Si tienes una cita individual, pasa tiempo con la familia del otro. Las parejas jóvenes que pasan tiempo con los padres del otro casi siempre fomentan un respeto que los puede proteger de traspasar los límites físicos. Además, mantente ocupado. Participa en los programas extraescolares, ofrécete como voluntario en la comunidad y planea tus citas. No extiendas el horario de llegada que te han impuesto. Por otra parte, no alargues el tiempo entreteniéndote con tu novia; durante estos momentos de aburrimiento es que muchas parejas jóvenes traspasan la línea sexual. Siempre ten en mente que no tener relaciones sexuales hoy será el mayor regalo que puedas darte a ti mismo y a tu futuro cónyuge.

¿Cómo mi novio y yo podemos evitar situaciones comprometedoras?

Es de suma importancia que los dos conversen acerca de las metas que tienen en la relación física. Si esperan a tener relaciones sexuales hasta el matrimonio, la elección más saludable, necesitan un plan con antelación a fin de evitar los momentos de pasión que puedan empañarles el juicio. Decidan por adelantado hasta dónde están dispuestos a llevar su relación física. Es importante que recuerden que cuanto más avancen, más difícil será controlar sus deseos físicos. Comprométanse el uno con el otro a mantener su relación pura y planeen actividades acordes.

Algunos consejos incluyen las citas en grupo, no estar juntos a solas en la casa y evitar ver películas sexualmente explícitas.

¿Qué es la droga de la violación? ¿Cómo me protejo para que no me dañen con ella?

La droga de la violación se llama Rohypnol [flurnitrazepam]. Es un derivado del Valium, pero es diez veces más potente. También se le llama «roofies» o «roche». Los violadores la usan para controlar a su víctima y eliminar cualquier recuerdo del abuso. Bajo su influencia, una persona no se puede mover ni gritar.

La droga se puede tomar en forma oral y se disuelve en líquido. Para protegerte contra esta droga, no vayas a fiestas donde se usen alcohol y drogas. Si asistes a fiestas donde se sirve alcohol, piensa en la posibilidad de llevar tus propias bebidas, o bebe solo cuando veas que la vierten en tu vaso directo de la botella. (Evita también las poncheras). Además, mantén siempre tu vaso en la mano; nunca lo bajes donde alguien pueda deslizar con discreción una droga en su interior sin que te des cuenta.

¿Por qué no debo beber alcohol?

El alcohol es un depresivo y baja las inhibiciones de una persona. Puedes estar convencida de que nunca tendrás relaciones sexuales antes del matrimonio, pero luego de unas cuantas cervezas: «¿Por qué no?». Si bebes alcohol, la investigación muestra que eres más propenso a tener relaciones sexuales. Los adolescentes que beben son más proclives a tener más de un compañero, lo cual aumenta el riesgo de las infecciones de transmisión sexual y de embarazo[16]. Muchos adolescentes también participan en un consumo desenfrenado de bebida (cuatro o cinco seguidas)[17]. Es más fácil que a una muchacha la violen cuando está demasiado ebria para decir que no o para saber lo sucedido.

¿Qué problema hay con el exceso en la bebida?

La bebida en exceso es peligrosa y puede matarte. Se considera que se bebe en exceso cuando se beben cuatro o más tragos con rapidez uno detrás del otro. El consumo de alcohol de esta manera tan rápida hace que los niveles de alcohol en sangre se eleven y se vuelvan tóxicos en el cerebro. La investigación parece indicar que el cerebro del adolescente es más susceptible a los efectos tóxicos del alcohol. Además, este modo de beber baja las inhibiciones individuales, lo cual significa que estás más dispuesto a las conductas de riesgo. A decir verdad, la mayoría de los primeros encuentros sexuales entre adolescentes tienen al alcohol en el medio[18].

Cuando se van de casa
La universidad y más allá

«¡No veo la hora de mudarme!», fueron las palabras que escuchaste la semana pasada de boca de tu adolescente. Y si eres sincero, es probable que mascullaras entre dientes: «Yo tampoco veo la hora». Seamos sinceros, la búsqueda de la independencia de un adolescente quizá sea más agotadora que evitar que el bebé de diez meses se mantenga alejado de los tomacorrientes. Si te pareces a la mayoría de los padres, te has estado abriendo paso hasta esta etapa de la vida durante dieciocho años. Algunos días puedes sentir euforia ante la idea de que se mude tu adolescente. Otros puedes preocuparte al pensar si está listo o no para enfrentar al mundo. Quédate tranquilo, ¡has hecho todo lo que podías! Ahora es tiempo de cambiar del papel de padre que está en todo a un consejero clave.

En esencia, la relación que has desarrollado con tu hijo determinará lo amplio que es el papel que desempeñarás en su vida desde este punto en adelante. A esta altura, muchos adolescentes tienden a huir de la casa hacia el irresponsable abandono de la mayoría de los campus universitarios para encontrarse a sí mismos. Es de esperar que, durante los últimos años, le hayas dado a tu hijo la cuerda suficiente como para que se encuentre a sí mismo antes de marcharse a la universidad.

A medida que tu hijo transita por el camino hacia la independencia, las preguntas o preocupaciones que puedas tener, o las

243

preguntas que tu joven adulto se pueda hacer, quizá sean demasiado difíciles para articularlas en persona. Considera la posibilidad de manejar estas interacciones delicadas con cartas, sobre todo debido a que muchos adultos jóvenes no viven en casa. Si resultas ser uno de esos raros casos de padres que se expresan y que todavía captan la atención de su adolescente, tienes toda la ventaja de manejar estas cuestiones cara a cara. Sin embargo, en el caso del resto, es de esperar que los contenidos de estas cartas los ayuden a elaborar el mensaje que quieren comunicarle a su joven adulto al tratar con algunos de estos temas difíciles, ya sea que estés casado, divorciado o que nunca te hayas casado*.

Preguntas de los padres

■ **¿Qué le digo a mi joven adulta que quiere venir a casa para los feriados con su novio, con el cual cohabita?**
La respuesta a esta pregunta dependerá de si has conversado con tu hija adulta acerca de la cohabitación y si la apruebas o no. Esta carta se escribió desde la perspectiva de un padre que ha conversado sobre la cohabitación o la actividad sexual antes del matrimonio y cree que se trata de una decisión perjudicial. Más allá del tono que tenga esta carta o conversación, el amor debe prevalecer y la libertad de venir a casa a recibir amor incondicional siempre es una opción.

Queridísima hija:

Gracias por querer venir a casa en estas fiestas y por ser sensible ante nuestras creencias y valores. Tu padre y yo ansiamos que nos visites y queremos conocer a tu nuevo novio.

*Te darás cuenta de que algunas cartas de padres están escritas desde la perspectiva de la fe. A pesar de que el Instituto Médico no se basa en la fe sino que es una organización médico-científica, reconoce la importancia de la fe en la toma de decisiones sexuales. A los padres que tienen fe, se les alienta a expresarla en las cartas a sus hijos adultos. Sin embargo, una palabra de advertencia: si un hijo adulto ha rechazado tu fe, no intentes hacerlo entrar por la fuerza. A esta edad, es más probable que la influencia sea por la manera en que pones en práctica tu fe a diario que por las palabras en un papel. Por supuesto, los padres que no tienen fe, pueden modificar estas cartas según les parezca.

Como padres de una hija adulta, por supuesto, hace tiempo que te hemos soltado para que sigas tu propio camino. Pondremos una condición para tu visita, y es que tú y tu novio duerman en habitaciones separadas durante su estadía en nuestra casa. Por nuestra parte, hemos resuelto resistir la tentación de ofrecerte consejo paternal o de expresarte nuestra preocupación con respecto a tu estilo de vida actual. Aunque a tu padre y a mí nos preocupa tu futuro, te amamos mucho y esperamos que vengas a casa para las fiestas.

Te ama,
Mamá

¿Qué le digo a mi hija a punto de casarse acerca de la relación sexual en el matrimonio?

Esta es una pregunta difícil de evitar, porque puede ser espinosa debido a tu propia carga emocional. No existe una respuesta única para esta pregunta, ya que hay muchos factores en juego. ¿Es el padre o la madre el que responde la pregunta? ¿La hija entra al matrimonio en estado virgen o con experiencia sexual, en especial con su prometido? ¿El prometido de la hija es virgen o tiene experiencia sexual, incluso de un matrimonio anterior? ¿El padre que habla está casado o divorciado? ¿La familia tiene una herencia espiritual? Es probable que esta pregunta sea una de las discusiones más obviadas en todo este libro, pero de muchas maneras tal vez sea una de las más importantes. Esta carta la escribe un padre con fe espiritual que le habla a su hija que es virgen. Deberás modificarla de acuerdo a tus circunstancias.

Queridísima hija:

Tu madre y yo esperamos con ansias el día de tu matrimonio. Fue sabio que pidieras consejo prematrimonial, y sé que te comprometerás con tus votos de «hasta que la muerte nos separe». El consejo que te han dado quizá abarcara algunas de las diferencias entre el hombre y la mujer, pero dudo que trataran algunos de los asuntos más difíciles.

245

Anoté mis pensamientos porque, a decir verdad, puedo olvidar o quedarme trabado en algunos puntos. Además, en medio del entusiasmo por tu casamiento, es probable que no escuches ni la mitad de lo que te digo. De esta forma, en los meses por venir tendrás la posibilidad de releer esta carta y tengo la esperanza que se la leas a tu esposo.

Espero haberte transmitido en nuestras conversaciones previas lo hermoso y maravilloso que puede ser la relación sexual en un matrimonio comprometido. Te felicito por esperar para tener relaciones sexuales hasta la noche de bodas. Para algunos, en especial para una mujer, puede ser difícil decirle que sí al acto sexual luego de haber dicho que no durante tantos años. Tal vez el mejor consejo que pueda darte es tan solo que seas paciente. También puedo garantizarte que la relación sexual será mejor diez años después de casarte que en la noche de bodas.

Desearía que la noche de bodas y la luna de miel fueran las campanas y los silbatos con fuegos artificiales, como los del 4 de julio en Washington D.C., pero si no lo son, no te desesperes.

Algo que puede causarte algunos problemas es tener la cistitis de la luna de miel (una infección de la vejiga que se produce durante los primeros días del matrimonio debido a las frecuentes relaciones sexuales). Si sientes dolor al orinar, llama a tu médico para que te prescriba un medicamento. Tal vez sea mejor que tu médico te dé una receta escrita que puedas llenar si la necesitas, con un antibiótico para el tracto urinario y Piridium, que es un analgésico específico para controlar el dolor. (El Piridium puede cambiar el color de la orina). Es de esperar que no contraigas una infección, pero si lo haces, toma el medicamento y comprende que no será un problema recurrente.

Aunque tu vida sexual sea increíblemente satisfactoria en tu luna de miel, debo decirte que no siempre será así. Tanto los hombres como las mujeres atraviesan períodos sexuales. La mala salud puede estropear la relación sexual durante algún tiempo para ambos cónyuges. Un fracaso en los negocios o problemas en el trabajo pueden afectar de manera seria a tu esposo. Dos niños con pañales y la «depresión posparto» pueden hacer que te cueste tener relaciones sexuales durante un

246

tiempo. Creo que lo que trato de decir es que la relación sexual dentro del matrimonio variará de vez en cuando; no te desanimes. Tienes delante de ti toda una vida y diferentes etapas para descubrir cómo agradarse el uno al otro. Dicho de manera sencilla, sé paciente, pero al mismo tiempo estudia lo que excita a tu esposo y cómo agradarlo.

No hay dos parejas que sean iguales con exactitud, pero lo más probable es que haya diferencias en la manera en que los dos vean la relación sexual. Por lo general, los hombres quieren tener relaciones sexuales con mayor frecuencia que las mujeres, pero esto varía con las etapas de la vida, y a medida que pasa el tiempo, esto se puede revertir. No existe una respuesta adecuada ni inadecuada acerca de la frecuencia de la relación sexual y cambiará con la edad, los hijos y las circunstancias externas. Lo principal es aprender a comunicarse el uno al otro sus deseos, necesidades, frustraciones y expectativas.

Los hombres casi siempre se sienten rechazados si su mujer no quiere tener relaciones sexuales. Por otra parte, las esposas no sienten rechazo si su esposo está demasiado cansado como para tenerlas. Mi consejo es que te asegures de que tu esposo sepa que no lo rechazas, que lo amas y que estás dispuesta a dejarlo para más adelante.

En otros momentos, puedes tener la sensación de que tu esposo necesita de verdad un alivio sexual y, en esencia, le das la libertad de satisfacerse sin intentar satisfacerte a ti ni llevarte a tener un orgasmo. Para tu esposo, esta entrega desinteresada de tu parte es recorrer la segunda milla.

Con respecto a llegar al orgasmo de manera simultánea, es maravilloso cuando sucede, pero no hay problema cuando no es así. Permítanse la libertad de no tener que actuar a la perfección cada vez que tienen relaciones sexuales.

El acto sexual es una parte tan compleja del matrimonio que si tienen problemas, deberían buscar ayuda profesional. Ten cuidado de no hablar acerca de la relación sexual, la parte más íntima de tu matrimonio, en especial con cualquiera del sexo opuesto. Te sugiero que busques ayuda de una consejera que no solo sea profesional, sino que también tenga tu fe y tus valores.

Creo que sus cuerpos les pertenecen el uno al otro por completo, pero con esta única salvedad: cada aspecto de su vida sexual debe satisfacerlos a ambos. Se genera mucho problema si uno obliga al otro a realizar algún acto sexual que no los satisface a los dos. El acto sexual oral tiende a ser cosa de varones, pero es algo que los dos tendrán que decidir por cuenta propia. Sin embargo, desde el punto de vista médico, debes saber que si tú o tu esposo tienen «herpes de la boca», el acto sexual oral puede producir herpes genital.

La relación sexual durante el período menstrual es otra esfera de controversia. Durante este tiempo en el ciclo de una mujer, casi nunca es placentero, en especial para la mujer. Es en estas esferas y en otras de tu matrimonio en las que la comunicación entre el esposo y la esposa es tan crítica. Una vez más, si se están acercando a un callejón sin salida, busquen consejo.

Quizá haya momentos en el matrimonio durante los cuales, por razones médicas, los dos no pueden tener relaciones sexuales durante un tiempo. El embarazo es solo un ejemplo. Te aliento a que consideres las necesidades de tu esposo en este tiempo. Si para tu esposo es agradable, puedes estimularlo de manera manual a fin de aliviar sus tensiones sexuales. Tal vez prefieras una estimulación mutua en tiempos en los que la relación sexual no es posible durante períodos debido a la enfermedad, durante el último tiempo del embarazo o luego del parto, si a los dos los satisface. Una vez más, deben comunicarse a un nivel muy profundo. Con el tiempo, se hará más fácil hablar acerca de esto y de cualquier otro asunto en tu matrimonio.

Para finalizar, sé que tendrás un buen matrimonio, lo cual incluye una vida sexual maravillosa. Lo grandioso de la relación sexual dentro de un matrimonio comprometido, decidido a llegar lejos, es que no estás en el escenario, ni tienes que actuar siempre a la perfección. Permítanse el uno al otro la libertad de fracasar en ocasiones. Aprende a reírte de ti misma y aprendan a reír juntos como pareja.

Que tengas un gran matrimonio.

Te amamos,

Papá

¿Qué le digo a mi hijo a punto de casarse acerca de la relación sexual en el matrimonio?

Esta puede ser una pregunta difícil, y dependerá de la situación de tu hijo, pero aquí tienes una carta escrita a un hijo que no ha tenido actividad sexual.

Querido hijo:

Tu madre y yo esperamos con mucha expectación el día de tu matrimonio. Fue sabio que pidieras consejo prematrimonial, y sé que te comprometerás con tus votos de «hasta que la muerte nos separe». Es probable que los consejos que recibieras abarcaran algunas de las diferencias entre los hombres y las mujeres, pero en esta carta, hablaré de algunos de los temas difíciles.

Espero haberte transmitido en nuestras conversaciones previas lo hermosa y maravillosa que puede ser la relación sexual en un matrimonio comprometido. Te felicito por esperar para tener relaciones sexuales hasta la noche de bodas. Puedes entrar al matrimonio sin temor a contagiar de una infección de transmisión sexual a tu esposa y sin recuerdos del pasado. Es lamentable que los medios les den a muchos jóvenes la impresión equivocada de lo que es el acto sexual en un matrimonio bueno y lleno de vida. Es especial y maravilloso, pero la televisión y las películas solo muestran puntos supremos, no los bajos que atraviesa toda buena vida sexual de casados. Por lo tanto, comencemos.

Estoy seguro de que tu consejero habló acerca de las diferencias que existen en cuanto a la excitación entre los hombres y las mujeres, pero permíteme darte mi aporte en este aspecto. Los hombres se basan en la vista, y las mujeres en la relación y en lo emocional. Un hombre puede pelearse con su esposa, pero cuando la ve con su camisón sensual, de inmediato está listo para tener relaciones sexuales. Sin embargo, las mujeres no olvidan con facilidad la pelea de hace dos horas o, tal vez, de hace dos días. Las mujeres se excitan por el romance y las palabras amables.

Confío en que a tu futura esposa la haya visto un médico y que los dos hayan hablado de qué forma de control de la natalidad

249

quieren usar, si es que quieren usar alguna. Por lo general, su médico puede detectar cualquier problema serio en potencia, pero la relación sexual para una mujer puede ser un poquito dolorosa las primeras veces, así que, por favor, sé paciente con ella. La paciencia y la comprensión de tu esposa al principio de su vida sexual juntos pagará grandes dividendos en el futuro.

Tomarse tiempo y el llegar a conocerse el cuerpo del uno al otro es importante en especial para tu esposa, ya que esto le proporcionará la lubricación que necesita para que la relación sexual sea en verdad placentera para los dos, pero en especial para ella. Al comienzo, es probable que necesite alguna lubricación extra, así que te sugiero que lleves un tubo de lubricante soluble en agua que cualquier farmacéutico puede proporcionarte. Además, algo que a menudo no se les dice a los hombres es que pueden tener una eyaculación precoz. No te avergüences si sucede esto; puede ser normal dado el estrés del día y también la expectativa de algo que, sin duda, anhelabas.

Si tu luna de miel es fabulosa y tu vida sexual increíble, debo decirte que no siempre será así. Tanto los hombres como las mujeres atraviesan períodos sexuales dentro del matrimonio. La mala salud puede estropear la relación sexual durante algún tiempo para ambos cónyuges. Un fracaso en los negocios o problemas en el trabajo pueden afectar de manera seria tu impulso sexual. Dos niños con pañales y la «depresión posparto» pueden hacer que a tu esposa le cueste tener relaciones sexuales durante un tiempo. Tienes delante de ti toda una vida y diferentes etapas para descubrir cómo agradarse el uno al otro. Dicho de manera sencilla, sé paciente, pero al mismo tiempo estudia lo que excita a tu esposa y cómo agradarla.

No hay dos parejas que sean iguales con exactitud, pero lo más probable es que haya diferencias en la manera en que los dos ven la relación sexual. Por lo general, los hombres quieren tener más relaciones sexuales con mayor frecuencia que las mujeres, pero esto varía con las etapas de la vida, y a medida que pasa el tiempo, esto se puede revertir. No existe una respuesta adecuada ni indebida acerca de la frecuencia de la relación sexual y cambiará con la edad, los hijos y las circunstancias externas. Lo principal es aprender a comunicarse el uno al otro sus deseos, sus necesidades, sus frustraciones y expectativas. Si los dos están satisfechos, en realidad no importa con cuánta frecuencia tengan relaciones sexuales.

Los hombres casi siempre se sienten rechazados si su mujer no quiere tener relaciones sexuales. Por otra parte, las esposas no sienten rechazo si su esposo está demasiado cansado como para tener relaciones sexuales. Si sientes que te estás quedando sin vida sexual, tómate el tiempo para sacar las cosas adelante. Trae flores a casa, llévala a una cena romántica o a pasar un fin de semana juntos, y en el momento apropiado, exprésale tus frustraciones a tu esposa. El momento oportuno es fundamental en la vida y en el matrimonio.

Con respecto a llegar al orgasmo de manera simultánea, es maravilloso cuando sucede, pero no hay problema cuando no es así. Permítanse la libertad de no tener que actuar a la perfección cada vez que tengan relaciones sexuales.

La relación sexual es una parte tan compleja del matrimonio que si tienen problemas, deberían buscar ayuda profesional. Ten cuidado de no hablar acerca de la relación sexual, la parte más íntima de tu matrimonio, en especial con cualquiera del sexo opuesto. Te sugiero que busques la ayuda de un consejero que no solo sea profesional, sino que también posea tu fe y tus valores.

Creo que sus cuerpos les pertenecen el uno al otro por completo, pero con esta única salvedad: cada aspecto de su vida sexual debe ser satisfactorio de manera mutua. Se da lugar a muchos problemas si uno obliga al otro a realizar algún acto sexual que no los satisfaga a los dos. El acto sexual oral tiende a ser cosa de varones, pero es algo que los dos tendrán que decidir por cuenta propia. Sin embargo, creo que debe ser una decisión mutua y que ningún cónyuge debería forzar al otro. De todas formas, desde el punto de vista médico, debes saber que si tú o tu esposa tienen «herpes de la boca», el acto sexual oral puede producir herpes genitales. Por otra parte, te advierto acerca de la relación sexual rectal, pero por razones físicas y de salud. A decir verdad, el recto no se diseñó para la penetración del pene.

La relación sexual durante el período menstrual es otra esfera de controversia. En primer lugar, el acto sexual durante este tiempo en el ciclo de una mujer, casi nunca es placentero, en especial para la mujer. Es en estas esferas y en otras de tu matrimonio en las que la comunicación entre el esposo y la esposa es muy crucial. En esta esfera de la relación sexual durante el período menstrual, siempre es sabio que el esposo ceda ante la esposa. Una vez más, si se acercan a un callejón sin salida, busquen consejo.

Quizá existan momentos en el matrimonio cuando por razones médicas no puedan tener relaciones sexuales por un tiempo. Un período durante el embarazo es solo un ejemplo. Te aliento a que le expreses tus necesidades a tu esposa. Tal vez esté dispuesta a aliviar tus hormonas y tu tensión sexual en forma manual. Según mi opinión, esto es preferible a que te masturbes solo. Tu esposa puede preferir una estimulación mutua en tiempos en los que la relación sexual no es posible debido a la enfermedad, al final del embarazo o luego del parto, si a los dos los satisface. Una vez más, deben comunicarse a un nivel muy profundo que, al principio, puede ser muy difícil para uno o para los dos. Con el tiempo, será más fácil conversar acerca de esta cuestión y de otros asuntos en el matrimonio y de procurar satisfacer y agradar de verdad al otro. Este es el significado de la verdadera intimidad: poder quitarse la máscara y ser uno mismo sin temor al rechazo.

Para terminar, sé que tendrás un buen matrimonio, lo cual incluye una vida sexual maravillosa. Lo grandioso de la relación sexual dentro de un matrimonio comprometido, decidido a llegar lejos, es que no estás en el escenario, ni tienes que actuar siempre a la perfección. Permítanse el uno al otro la libertad de fracasar de vez en cuando; no hay problema. Aprende a reírte de ti mismo y aprendan a reír juntos como pareja.

Con amor,

Papá

Mi hija ha encontrado al amor de su vida y quiere casarse, pero no ha terminado la universidad. ¿Qué debo hacer?

No hay una respuesta fácil a esta pregunta, y a fin de cuentas la decisión es de tu hija, pero como padre puedes proporcionarle guía y dirección. Las primeras preguntas a hacer son: ¿Piensas que tu hija ha hecho una buena elección? ¿Qué piensan sus amigos de su compañero? Si tienes hijos mayores, ¿qué piensan de la elección de su hermana?

Si crees que tu hija es lo suficiente madura como para casarse, y ella y su novio hacen una buena pareja, piensa en darles tu bendición para que se casen y disponte a ayudarlos en el aspecto financiero hasta que termine la universidad. En la mayoría de los casos, la hubieras ayudado de todos modos, así que usarás fondos que ya estaban destinados para eso, aunque es probable que se requieran fondos adicionales. Tal vez el ofrecimiento de ayudarlos en el aspecto financiero esté condicionado a que reciban consejería prematrimonial y de seguro que muchas iglesias incluso hacen que la consejería sea obligatoria antes de que tenga lugar la boda.

Si no estás seguro en cuanto a la persona que ha escogido tu hija, la consejería es aun más importante. Lo mejor para tu hija y su novio sería descubrir, con la ayuda de un consejero, que quizá fuera sabio cancelar el matrimonio o al menos posponerlo.

¿Cuáles son las posibles repercusiones de no darle tu bendición y tu ayuda financiera? Tu hija y su novio podrían decidir irse a vivir juntos, y debido a la falta de fondos y de compromiso, la relación podría estallar antes del matrimonio. Podría quedar embarazada y resultar siendo una madre soltera con un hijo a la zaga. O podrían casarse sin tu bendición y, en parte debido a las luchas financieras, a la falta de consejería y de preparación para la vida matrimonial, su matrimonio podría autodestruirse y terminar en divorcio.

Aunque pienses que la elección de tu hija no es la adecuada, el matrimonio puede marchar bien si ella y su novio reciben orientación prematrimonial. Necesitan ver sus diferencias con claridad, pero deben aceptarlas con la decisión de que el matrimonio requerirá mucho esfuerzo por parte de ambos. Deben estar comprometidos a hacerlo salir adelante, pase lo que pase.

La clave de esta discusión y de muchas otras es decidirse a guardar la calma y a ser objetivo, sin levantar la voz ni decir palabras de las que te arrepentirás después. Recuerda, a esta edad no puedes controlar a tus hijos ni puedes decirles qué hacer; debes proporcionarle opciones que con el tiempo pueden aceptar por su propia cuenta.

¿Qué le respondes a tu joven adulta que te ha dicho que tiene la intención de comenzar a tener actividad sexual?

Esta pregunta, como todas las otras, puede ser difícil de responder, y existen muchas respuestas posibles que dependen de tu visión de la sexualidad y de lo que es bueno o malo. Es probable que la respuesta sea diferente si estás casado a si estás divorciado y vives con alguien. Tendrás que modificar la carta o responder según tu fe personal, tu visión del mundo y tus convicciones morales. Esta carta es la respuesta de una madre que siente que su hija comete un error y que tiene todas las probabilidades de que le produzca dolor en el futuro. Sin embargo, una constante que debería formar parte de cualquier versión de esta carta es el amor incondicional hacia tu hijo aunque desapruebes la decisión que toma.

Querida hija:

Gracias por tu disposición a contarme la decisión de comenzar a tener actividad sexual. Sé que es probable que fuera una decisión muy difícil.

Primero, déjame decirte que aunque sepas que me sentí desilusionada por tu decisión, espero que haya quedado claro que mi amor hacia ti sigue firme, sin importar cuál decisión tomes ahora o en el futuro. Si no escuchas ninguna otra cosa, por favor, quiero que sepas que te amo. No hay nada que puedas hacer ni decir que haga que deje de amarte. Tu padre y yo siempre te abriremos las puertas para que vengas a casa, aunque tengamos que poner restricciones en cuanto a lo que sucede debajo de nuestro techo. Espero que lo entiendas.

No puedo estar segura de si tomaste la decisión por completo o si me pedías permiso para comenzar la actividad sexual. No hubiera sido ninguna sorpresa, basándonos en nuestras conversaciones previas acerca de la sexualidad, que no pudiera darte mi aprobación personal.

En parte, mi respuesta se basó en mi fe, pero de igual importancia es que ninguna madre quiere ver a su hija, sin importar cuál sea su edad, que se lastime o incluso que entre en situaciones donde pueda salir lastimada. Creo que si tienes relaciones sexuales fuera del matrimonio, tarde o temprano esto te traerá alguna clase de sufrimiento en algún momento de la vida.

Si tu decisión es definitiva, debes tomar algunas medidas difíciles y rápidas. Si él ya ha tenido relaciones sexuales, debe hacerse un examen para ver si tiene infecciones de transmisión sexual, porque la mayoría de estas enfermedades no producen síntomas y no existe manera de saber si las tienes a menos que te hagan exámenes. Algunas pueden tratarse, pero si tiene una infección de transmisión sexual viral, debes entender que tienes muchas probabilidades de infectarte con el tiempo. ¿Puedes aceptarlo? Aunque el uso constante y adecuado de los preservativos puede reducir el riesgo de contagio en la mayoría, pero no en todas las infecciones de transmisión sexual, tu riesgo de adquirir una ETS de tu compañero, en especial una viral, es mayor a través del tiempo con múltiples actos sexuales, incluso con el uso adecuado de un preservativo. Además, se debe decir que menos del cien por cien del uso adecuado quizá ni siquiera ayude a reducir el riesgo.

Suponiendo que no quieras tener hijos ahora, necesitarás hablar con tu médico acerca de la mejor opción de control de la natalidad para ti. Aunque la píldora está cerca del cien por cien de eficacia si se toma a la perfección, debes saber que la tasa de fracaso total en el primer año de la píldora es de alrededor del ocho por ciento. ¿Por qué? Porque somos humanos, y algunas veces olvidamos tomar los medicamentos. Además, la píldora no ofrece ninguna protección en contra de las infecciones de transmisión sexual.

El matrimonio es un gran estabilizador para los hombres, y la mayoría de los hombres casados les serán fieles a sus esposas. Un hombre es mucho más propenso a serle infiel a su compañera si no está casado. Si tu compañero tiene relaciones sexuales con alguna otra persona y se contagia de una ETS, es probable que te la contagie a ti, en especial si no usan preservativos de manera adecuada todas las veces.

¿Has pensado en qué sucedería si quedas embarazada? Ya conoces, por supuesto, lo que siento en cuanto al aborto, ¿pero has pensado en lo que harás? ¿Tu compañero se casará contigo y es alguien con el cual quieres pasar el resto de tu vida? Si no se casa contigo, ¿intentarías criar a tu bebé por tu cuenta? ¿Darías al bebé en adopción? ¿Te practicarías un aborto? No existen respuestas fáciles al tener un hijo fuera del matrimonio.

Existen altas probabilidades de que no te cases con la primera persona con la que tuviste relaciones sexuales. Aunque no te contagies con una infección de transmisión sexual ni quedes embarazada, ¿cómo afectará tu futura relación de matrimonio el tiempo que pasaste cohabitando? ¿La excitación de tener relaciones sexuales con múltiples compañeros pondrá una traba en la relación sexual de tu futura relación matrimonial debido a los recuerdos, las cicatrices o las expectativas del pasado? No puedo decir que esto sea lo que sucederá, pero existe la posibilidad de que sea así, y ningún padre quiere ver que lastimen a su hijo ni que tenga un matrimonio que sea menos de lo que podría ser. Tampoco digo que las heridas y las cicatrices del pasado no puedan sanarse con el tiempo y la terapia, pero en sí mismas son costosas en términos de finanzas y de dolor personal.

Quiero que sepas que te amo y que estoy lista para abrazarte o para conversar contigo en cualquier momento en el futuro, aunque no esté de acuerdo con el camino que escogiste. Será difícil, pero por mi parte he dicho lo que tengo en el corazón y prometo no sacar este asunto en el futuro a menos que tú inicies la conversación.

Te amo,

Mamá

¿Qué le digo a mi hijo que me acaba de decir que es homosexual?

En parte, tu respuesta dependerá de las conversaciones previas que hayas tenido con tu hijo con respecto a la homosexualidad, así como de tu sistema de creencias. Esta respuesta es de una madre que no aprueba el estilo de vida homosexual, pero que ama mucho a su hijo.

Querido hijo:

Sé que eres consciente de los sentimientos que tenemos tu padre y yo acerca del estilo de vida homosexual. Ha pasado mucho tiempo desde que hablamos de este asunto y espero que te hayamos transmitido que nuestra desaprobación no es en contra de la persona homosexual, sino en contra del estilo de vida que se escoge. Te mentiría si dijera que tu decisión no me ha dejado abatida, pero también quiero que sepas que sigues siendo mi hijo al que sigo amando mucho y por el que me preocupo de una manera que tal vez trascienda tu capacidad de comprensión. Te expreso estos sentimientos no para hacerte sentir culpable, sino solo para explicarte el dolor que siento ahora.

La práctica de la homosexualidad va en contra de mi sistema de valores y del de tu padre, pero también nos preocupa y nos da temor el riesgo de contraer VIH y de una muerte prematura, como de otras complicaciones emocionales y físicas propias de este estilo de vida. También pienso que la mayoría de los padres esperan y oran para que un día su hijo crezca y encuentre una esposa con la cual casarse y que pronto vengan los nietos. Tener hijos es la esperanza y el sueño de la mayoría de las parejas casadas. Tal vez también sea el deseo de nosotros como seres humanos que sabemos que un día moriremos, pero que nuestros hijos y nietos pueden ser nuestro legado.

Parte del dolor que siento es la culpa que tengo ahora. ¿Acaso como madre te crié de una manera que te predispuso a este estilo de vida? ¿Hubo algún abuso sexual en tu niñez o adolescencia? Sé que no tenemos todas las respuestas, pero sí sé que a pesar de los factores hay una decisión en el medio. Con ayuda profesional, un individuo puede dejar un estilo homosexual si el deseo de cambiar está presente. Tal como sucede con un alcohólico, la recuperación es posible si el individuo está dispuesto. Sé que esta esfera es controversial, pero yo misma he conocido y visitado a individuos que han dejado el estilo de vida homosexual y también más tarde entraron en una relación heterosexual de matrimonio. No digo que el cambio sea fácil, pero es posible. No trataré de pensar demasiado en esta posibilidad, pero solo quiero ponerla sobre la mesa, junto con el ofrecimiento de ayuda financiera para la terapia, si ese es el camino que decides seguir en el futuro.

Sé que existen muchas consecuencias médicas que se deben considerar además de la infección del VIH. Te suplico que hables con tu médico acerca del estilo de vida que decidiste seguir y que busques el mejor consejo médico posible. Tal vez, con el tiempo, puedas hablar con tu padre acerca de tu estilo de vida.

Para terminar, permíteme decirte que te amo muchísimo. Siempre serás bienvenido a casa, pero deberemos hablar acerca de cómo manejar la situación si quieres traer a un amigo varón contigo. Por supuesto, en esto tendremos que hacer participar a tu padre, pero por mi parte tendré que pedirles que estén en dormitorios separados. Espero que entiendas.

Te ama,

Mamá

■ **¿Cómo le respondo a mi hijo cuando me pregunta por qué está mal tener relaciones sexuales antes de casarse si una pareja es madura y se preocupan el uno por el otro?**
La respuesta a esta pregunta dependerá en parte de la fe del padre y del hijo. A esta edad, resiste la tentación de dar un sermón o de estallar en ira. Como padre, no importa cuán grandes sean tus preocupaciones, no puedes controlar las acciones de tu hijo adulto. Es mejor reconocer que esta es su decisión y que tu amor por él continuará sin importar lo que decida, pero dile lo que piensas y que estas son las razones que

Las respuestas que tú necesitas y ellos quieren

esperas que tendrá en cuenta antes de tomar su decisión final. Esta carta se la escribió un padre de fe a su hijo adulto que al menos ha estado expuesto a la fe y a las creencias de sus padres.

Querido hijo:

Sabes que nuestra fe es clara a fin de que la relación sexual sea para que solo tenga lugar entre esposo y esposa en el contexto de una relación para toda la vida y de mutua fidelidad llamada matrimonio. Sabes que creo que la relación sexual dentro del contexto del matrimonio es maravillosa y hermosa. Por supuesto, puede ser maravillosa y placentera fuera del matrimonio, pero lo mejor (lo más seguro y saludable) es dentro del matrimonio.

En el matrimonio, donde la pareja se ha comprometido a permanecer junta para toda la vida, tiene la libertad de tener intimidad no solo en el acto sexual, sino en cada aspecto de su vida y matrimonio. Con la verdadera intimidad que se encuentra en un matrimonio comprometido, la esposa y el esposo tienen la capacidad de quitarse las máscaras y de expresar sus sueños y sentimientos más íntimos sin temor al fracaso, a hacer el ridículo, al rechazo y hasta sin temor al abandono.

La relación sexual entre dos personas que se preocupan el uno por el otro es poderosa y maravillosa. ¿Qué sucede cuando la relación se rompe por cualquier razón? Por lo general, al menos uno de los dos, o tal vez ambos, sienten dolor y rechazo. Es como quitar un vendaje cuando se encuentra pegado a la piel y se arranca la carne. Duele y casi siempre deja una cicatriz, y el individuo recuerda ese dolor y esa herida. El cuerpo humano es resistente al dolor y se recupera a menudo, pero las cicatrices quedan y pueden interferir en una relación futura, en especial en el matrimonio.

La intimidad profunda en las futuras relaciones se puede ver impedida debido al recuerdo de que le hirieron la última vez. Puede haber heridas y dolor incluso en relaciones que no han experimentado la relación sexual, pero esta es tan poderosa que es probable que las cicatrices y heridas sean más severas y estén más propensas a interferir con la intimidad profunda en un matrimonio posterior.

La relación sexual también puede traer como consecuencia un hijo, y entonces te enfrentas a decisiones difíciles. Aunque algunas decisiones son mejores que otras, ninguna es fácil y sin dolor. Además, mientras más compañeras tengas antes del matrimonio, más probabilidades tienes de adquirir infecciones de transmisión sexual y posibles complicaciones para el resto de la vida. Como la mayoría de las enfermedades de transmisión sexual son asintomáticas, si tú o tu compañera han tenido relaciones sexuales en el pasado, es posible contagiarse o transmitirse el uno al otro una infección de transmisión sexual, sin saberlo, a menos que se hicieran un chequeo y el tratamiento como corresponde. En tanto que las ETS se pueden tratar, las virales no se curan. Aunque algunas desaparecen solas con el tiempo, otras persisten para toda la vida.

Otro posible problema al tener relaciones sexuales antes del matrimonio es que puedes terminar casándote con la persona equivocada. El acto sexual puede enmascarar las diferencias y cegarte para que no veas la verdadera personalidad del individuo, haciendo así que una relación de matrimonio futura sea difícil o que termine en divorcio. Es bueno casarse con alguien hacia el que te sientes atraído, pero con el tiempo la pasión puede desvanecerse un poco a medida que se desarrolla un amor más profundo y estable. Es muy probable que un matrimonio que se construye solo sobre la pasión, no dure para toda la vida.

Como padre, no quisiera ver que te lastimen. Sé que la relación sexual fuera del matrimonio puede causar dolor y sufrimiento tarde o temprano. Espero que reconsideres tu decisión. Si piensas que has encontrado a la persona con la que quieres pasar el resto de tu vida, comiencen a conocerse el uno al otro sin que la relación sexual te ciegue y te impida ver las faltas y las imperfecciones del otro. Busca consejo, y si los dos deciden que de verdad quieren permanecer juntos para el resto de la vida, cásense. Entonces, disfruten de la relación sexual en el contexto del matrimonio, donde no solo se encuentra la mejor, sino también la más saludable.

Sea cual sea tu decisión, siempre te amaré.

Papá

Las preguntas que hacen los jóvenes adultos

¿Qué tiene de malo la relación sexual ocasional?

La relación sexual ocasional puede arruinarte la oportunidad de disfrutar de una vida sexual fantástica en el futuro. Los problemas asociados con esto incluyen las infecciones de transmisión sexual, la angustia emocional, la posibilidad de un embarazo y la incapacidad de fomentar relaciones estrechas en el futuro.

Cuando tienes relaciones sexuales con una persona, no solo tienes relaciones con ese individuo, sino con todas sus compañeras anteriores y los compañeros de sus compañeras. Además, si una persona está dispuesta a tener una relación sexual ocasional contigo, existen muchas probabilidades de que haya tenido muchos compañeros sexuales antes de ti, y es muy factible que tenga una o más infecciones de transmisión sexual. Como la mayoría de estas infecciones no tienen síntomas, es casi imposible saber si tu potencial compañero tiene una. También existe el riesgo de un embarazo extramatrimonial. Si se produce un embarazo sin que exista una relación matrimonial comprometida, la mayoría de las personas toman decisiones de las que se arrepentirán algún día. Lo esencial es que la relación sexual se creó a fin de establecer un lazo especial en una relación matrimonial permanente.

¿Los hombres necesitan tener relaciones sexuales con mayor frecuencia que las mujeres?

¿Qué significa en realidad «necesidad»? La comida, el agua y el oxígeno son las cosas que necesitamos para vivir. En tanto que la relación sexual es de seguro una parte fantástica de la vida, una persona puede vivir largos años felices y plenos sin tener relaciones sexuales. Es verdad que la mayoría de los hombres desean tener relaciones sexuales más que las mujeres, pero lo gracioso es que los hombres y las mujeres las desean en cantidades diferentes durante varias etapas de la vida.

Si tuve una infección de transmisión sexual, ¿esto afectará mi capacidad de tener relaciones sexuales en el matrimonio o mis posibilidades de tener hijos?

Como sucede con otras esferas de la relación sexual, la respuesta a esta pregunta depende de si es hombre o mujer el que la hace.

La pregunta comienza con la palabra «tuve», lo que implica que la infección ya no está presente. Las infecciones de transmisión sexual bacteriales y parasitarias (la gonorrea, la clamidia, la sífilis, la vaginitis bacterial y las infecciones por tricomonas) se pueden tratar, y la mayoría se van con el curso de los meses y años en algunos casos, aun cuando no se traten. (Es probable que queden para toda la vida las posibles cicatrices o el daño).

Las infecciones de transmisión sexual virales (el VIH, el virus herpes simple [HSV] y el virus del papiloma humano [HPV]), sin embargo, no se pueden tratar por completo y pueden durar para toda la vida. El VIH y el HSV son para toda la vida. En el caso del HPV, el cuerpo suele limpiar la mayoría de las infecciones luego de muchos meses; algunas infecciones persisten y pueden llevar al cáncer. Tanto hombres como mujeres con una historia pasada de una infección de transmisión sexual (e incluso los que tienen experiencia sexual, pero que no tienen antecedentes de infecciones) que se van a casar, deberían examinarse con un médico y hacerse las pruebas necesarias para asegurarse de que todavía no estén arrastrando una infección de transmisión sexual del pasado. Estas infecciones quizá no tengan síntomas y en el matrimonio se le pueden contagiar al cónyuge.

Estas infecciones son sexistas. Por lo general, los hombres no experimentan los problemas que tienen las mujeres con relación al dolor inicial y las complicaciones tales como la infertilidad y la incapacidad para experimentar una relación sexual placentera en el matrimonio. Los hombres pueden tener una infertilidad temporal debido a la clamidia o a la gonorrea, pero casi siempre esto se revierte con tratamiento o con el paso del tiempo. En el caso de algunas infecciones de transmisión sexual, como el herpes genital, el hombre puede pensar que se ha curado ya que no ha tenido ninguna ampolla ni síntomas durante años. Sin embargo, el virus puede seguir presente y pasar a la esposa en el futuro. Si eso sucede, la frecuencia de la relación sexual en el varón dentro del matrimonio puede verse alterada debido a los recurrentes brotes de herpes en la esposa que pueden durar años. Es probable que el hombre tenga que enfrentar el posible resentimiento de su esposa porque le transmitió esta infección muy dolorosa.

Hasta un tercio de las parejas que se someten a la fertilización in vitro no son fértiles debido a la fibrosis cicatricial de infecciones anteriores (clamidia y gonorrea). La mayoría de las mujeres con clamidia y gonorrea no tienen síntomas, y aun cuando la infección se trate por fin, ya se puede haber producido un daño irreversible que puede causar infertilidad.

Una historia pasada de alguna infección de transmisión sexual puede o no causar problemas en un futuro matrimonio. Cualquiera que se case que haya tenido relaciones sexuales con una pareja previa, se debería evaluar y tratar, si en necesario, por cualquier infección de transmisión sexual. Si se encuentra una de estas infecciones que no se pueden tratar ni curar, la pareja necesita recibir orientación y la parte no infectada debe entender y aceptar el riesgo potencial de entrar en la actividad sexual. La mejor manera de evitar los posibles riesgos de esta situación es que las dos partes se mantengan en abstinencia hasta el matrimonio y luego sean fieles dentro del mismo.

Solía ser activo sexualmente, pero ahora quiero mantenerme en abstinencia. ¿Está bien? ¿Qué hago?

Volver a una vida de abstinencia no solo está bien, sino que es la mejor elección que puedes hacer para tu salud, tu esperanza y tu felicidad futuras. No puedes cambiar el pasado, pero puedes hacer cambios que influirán en tu futuro.

¿Qué haces? Solo deja en claro al comienzo de cualquier nueva relación que tomaste la decisión de no tener relaciones sexuales de nuevo hasta que estés casado. Esta decisión puede terminar algunas relaciones antes de que comiencen, pero es la mejor manera de protegerte para que no te enredes en lo sexual fuera del matrimonio.

Una vez que tomas la decisión de permanecer en abstinencia, conversa con tu médico acerca de esta decisión. Lo más probable es que el médico te haga algunas pruebas para ver si tienes cualquier infección de transmisión sexual asintomática. Las mujeres deberían hacerse un citodiagnóstico anual. Las infecciones bacterianas se pueden tratar, pero es lamentable que las virales no se curen y puedan durar para toda la vida.

¿Existe algún peligro si tengo relaciones sexuales mientras estoy comprometida?

El compromiso es un tiempo en el que una pareja debe recibir orientación profesional a fin de sacar a la luz cualquiera de los problemas básicos capaces de conducir al divorcio. O bien tratan

263

estos problemas o cancelan el compromiso. La relación sexual durante este tiempo puede enmascarar algunas diferencias básicas en las personalidades que tal vez conduzcan al divorcio.

Aunque se usen anticonceptivos, siempre existe la posibilidad de un embarazo que los dejará a ti y a tu compañero frente a difíciles decisiones por tomar. Un embarazo puede obligarte a casarte aunque la terapia indique que tu futuro matrimonio se dirige a tener problemas. Aun cuando la terapia señale que son una pareja perfecta, pueden enfrentarse al problema de caminar por el pasillo de la iglesia con un embarazo visible o que su adolescente haga los cálculos y descubra que nació siete meses después de la boda. Un aborto antes del matrimonio puede terminar con la vida del único hijo que conciban jamás como pareja. Si se cancela el compromiso, te enfrentarás a difíciles decisiones, algunas mejores que otras, pero ninguna que carezca de dolor. Quedarte con el bebé como madre soltera, entregarlo en adopción o interrumpir el embarazo son todas opciones que tienen serias consecuencias.

Si cualquiera de ustedes o los dos tuvieron experiencias sexuales previas, existe la posibilidad de contagiarte o contagiar una infección de transmisión sexual que fue asintomática. Por esto, más allá de si la relación sexual tiene lugar antes de la boda o después de la misma, el examen para descartar la posibilidad de infecciones asintomáticas debería hacerse antes de tener relaciones sexuales. Algunas infecciones de transmisión sexual se pueden curar, otras no, y el compañero infectado debe entender y aceptar esos riesgos antes de iniciar la actividad sexual.

Si la parte que no está infectada acepta esos riesgos y se infecta antes de la boda, y más tarde la boda se cancela, se enfrentará al problema o la posibilidad de transmitirle esa infección no tratable a cualquier futura pareja, incluyendo a su futuro cónyuge.

¿Cuándo debo casarme?

La respuesta sencilla es cuando estés listo en el aspecto financiero y emocional para sostenerte a ti mismo y a otra persona. Hace varias generaciones, los individuos se casaban durante la adolescencia, pero es muy raro que un adolescente de hoy esté listo de manera emocional y financiera para sostener un matrimonio y cualquier hijo que pueda venir a continuación. Los matrimonios entre adolescentes hoy, a diferencia de aquellos de hace varias generaciones, casi nunca tienen éxito.

Al comenzar la década de los veinte, deberías tener la libertad para admitir y desear el matrimonio, y para estar dispuesto a la posibilidad de casarte si encuentras a alguien que encaje dentro de tu criterio para un cónyuge. Al prepararte para el matrimonio, es una buena idea comenzar a pensar en las características, en las metas y en las cualidades que deseas en tu futuro cónyuge. Aunque no es probable que encuentres a un cónyuge que satisfaga por completo tu lista de deseos o sueños, es un comienzo. Es probable que haya algunas características, como que tenga tu fe, que no quieras transigir.

Ha existido un aumento gradual en la edad promedio del matrimonio en los últimos años, pero muchos se cuestionan la sabiduría de esta tendencia. En parte, este aumento se debe a la creciente exigencia de asistir a la universidad, tener una educación de posgrado y a la necesidad que se percibe de seguir más carreras tanto en el caso de los hombres como en el de las mujeres, antes de casarse.

La fertilidad de una mujer y el alumbramiento sin complicaciones se encuentra en su pico máximo desde el comienzo de los veinte hasta alrededor de los veinticinco años. Esto no quiere decir que una mujer no pueda concebir ni dar a luz a un hijo cuando tenga treinta o cuarenta años, pero la fertilidad decrece de manera progresiva cada año hacia el final de los veinte y en los treinta. El comienzo de una familia a una edad más joven es de mayor importancia para los que desean tener una familia grande, en especial si se desea algún tiempo entre un hijo y otro. Con el aumento de la edad de la madre, en especial al final de la década de los treinta y a comienzos de los cuarenta, también existe el riesgo de ciertos trastornos genéticos, como el síndrome de Down. Aunque las parejas en la década de los veinte pueden ser más inmaduras y menos estables en el aspecto financiero que las parejas de treinta, tienden a adaptarse más a los cambios y pueden tener más energía y resistencia para sobrellevar con facilidad a un párvulo inquieto.

Esto no quiere decir que los individuos deban casarse a una edad temprana solo por el hecho de estar casados. Lo que quiere decir es que se debe estar dispuesto al matrimonio al comenzar la década de los veinte si encuentras a alguien que encaje dentro del criterio que tienes para un cónyuge. Sin importar cuál sea tu edad, siempre es sabio recibir el consejo prematrimonial e incluso

Veintiuna razones para casarte

¡Vive más tiempo! ¡Cásate! Esta no es una etiqueta adhesiva que quizá veas mientras conduces por la autopista. Decir que los estadounidenses de hoy ven el matrimonio de manera diferente que hace tres décadas es quedarse corto. Desde 1970, la edad promedio del primer matrimonio ha aumentado de manera sustancial, junto con las tasas de divorcio y los nacimientos extramatrimoniales. Al mismo tiempo, las tasas de convivencia (personas que viven juntas fuera del matrimonio) han aumentado también[1].

La tendencia es evidente: menos estadounidenses están casados y una mayor proporción de hijos crecen en hogares con un solo padre. La respuesta de muchos en nuestra sociedad a estos datos es un resonante: «¿Y qué?». El Instituto de Valores Estadounidenses recopiló esta lista de veintiuna razones por las cuales el matrimonio tiene valor. Para mayor comprensión, visita su sitio Web en www.americanvalues.org.

1. El matrimonio aumenta la posibilidad de que los padres tengan buenas relaciones con sus hijos.
2. La convivencia no es el equivalente funcional del matrimonio.
3. Crecer fuera de un matrimonio intacto aumenta la posibilidad de que los hijos mismos se divorcien o se conviertan en padres solteros.
4. El matrimonio es casi una institución humana universal.
5. El divorcio y los hijos que nacen fuera del matrimonio aumentan la pobreza tanto para los hijos como para las madres.
6. Las parejas casadas parecen reunir más riqueza en promedio que los solteros o las parejas que conviven.
7. Los hombres casados ganan más dinero que los solteros con una educación y un historial de trabajo similares.
8. El divorcio (o no casarse) parece aumentar el riesgo de que los hijos fracasen en la escuela.
9. El divorcio reduce la posibilidad de que los hijos se gradúen de la universidad y alcancen trabajos de alto prestigio.

Las respuestas que tú necesitas y ellos quieren

10. En promedio, los hijos que viven con sus dos padres casados disfrutan de una mejor salud física que los hijos en otras formas de familia.
11. El matrimonio está asociado con un marcado riesgo menor de mortalidad infantil.
12. El matrimonio está asociado con tasas reducidas de alcohol y abuso de drogas, tanto en el caso de los adultos como en el de los adolescentes.
13. La gente casada, en especial los hombres, tienen una expectativa de vida más larga que otros solteros de características similares.
14. El matrimonio está asociado con una mejor salud y con tasas más bajas de perjuicios, enfermedades e incapacidades tanto en el caso de los hombres como en el de las mujeres.
15. Los hijos cuyos padres se divorcian tienen tasas más altas de ansiedad sicológica y enfermedades mentales.
16. El divorcio parece aumentar de manera significativa el riesgo de suicidio en ambos padres y en los adolescentes.
17. Las madres casadas tienen tasas menores de depresión que las solteras o las que conviven con su pareja.
18. Los varones que se crían en familias con un solo padre son más propensos al comportamiento delincuente o criminal.
19. El matrimonio parece reducir el riesgo que los adultos sean tanto autores o víctimas de un crimen.
20. Las mujeres casadas parecen tener un riesgo menor de experimentar violencia doméstica que las que conviven o las que tienen citas.
21. Un niño que no vive con sus dos propios padres se encuentra en mayor riesgo de sufrir abuso sexual.

es mejor recibir alguna orientación antes de anunciar de manera formal una boda. Si un consejero, los amigos y la familia tienen reservas acerca de la persona con la que planeas casarte, considera que estas son grandes banderas rojas. Si sucede, deberías proceder con mucha lentitud o incluso deberías poner el matrimonio en espera durante un período.

Los efectos de la cohabitación

A muchos adultos jóvenes les parece que vivir juntos es una gran alternativa para el matrimonio. La mayoría ha experimentado el dolor de no ver nunca un matrimonio que resulte. Estos jóvenes no se dan cuenta de que al cohabitar, en realidad podrían estar saboteando las posibilidades que tienen de experimentar un matrimonio fabuloso en el futuro. Aquí tenemos algunos hechos acerca de la convivencia:

• Las parejas que conviven experimentan en forma significativa más dificultades en sus matrimonios con el adulterio, el alcohol, las drogas y la independencia que las parejas que no han cohabitado. Al parecer, los matrimonios precedidos por la cohabitación son más propensos a tener problemas asociados, a menudo con otros estilos de vida anormales (drogas y abuso del alcohol, más relaciones sexuales permisivas y una aversión a la dependencia) que los matrimonios que no han estado precedidos por la convivencia[3].
• En comparación con las parejas casadas, las que conviven tienen relaciones menos saludables. Tienen una calidad de relación más pobre, una estabilidad más baja y un nivel más alto de desacuerdos[4].

¿Qué tiene de malo vivir juntos?

El problema que existe en cohabitar como una especie de prueba para la compatibilidad en el matrimonio es que casi nunca da resultado. Aunque algunas parejas cohabitan debido a la relación sexual, a la conveniencia o para ahorrar dinero, muchos lo hacen con la esperanza de evitar el divorcio. La mayoría de los hijos del divorcio desean con desesperación evitar los errores de sus padres.

Como solo entre el treinta y el cuarenta por ciento de los matrimonios de hoy duran para toda la vida, es natural que los adultos jóvenes solteros quieran evitar el divorcio. Aun así, mira los hechos. El problema que se presenta con la convivencia como una forma de prueba para el matrimonio es que la mayoría de las

Las respuestas que tú necesitas y ellos quieren

• Los que conviven son mucho más violentos que los casados. La tasa general de violencia en las parejas que conviven es el doble de alta que en las parejas casadas, y la tasa general de violencia «seria» es casi cinco veces más alta[5].

• Uno de los estudios más respetados en el campo de la psiquiatría, conducido por los Institutos Nacionales de Salud Mental, descubrió que las mujeres en relaciones de convivencia tenían tasas de depresión casi cinco veces más altas que las mujeres casadas, seguidas solo por las mujeres divorciadas[6].

• La Encuesta Nacional de Sexo informa que, durante el año pasado, los hombres que conviven tuvieron cuatro veces más probabilidades de engañar a sus parejas que los esposos. Aunque las mujeres son casi siempre más fieles que los hombres, las mujeres que conviven tienen ocho veces más probabilidades de engañar que las esposas[7].

• La investigación indica con fuerza y de manera coherente que el matrimonio es una institución constructora de riquezas. Las parejas casadas ganan y ahorran más que las no casadas[8].

La mismísima cosa que las parejas jóvenes piensan que puede mejorar su futura relación, puede servir para socavarlos en realidad.

pruebas no dan resultado. Cerca del sesenta por ciento de las parejas que conviven no se casan. Del restante cuarenta por ciento que se casa, la tasa de divorcio está cercana al setenta y cinco por ciento. Esto quiere decir que alrededor del diez por ciento de las parejas que conviven y que se casan permanecerán así por el resto de sus vidas[2].

¿Qué falta en un matrimonio de prueba? ¡Compromiso! El compromiso es el resultado de un pedazo de papel llamado certificado de matrimonio y de los votos que se hacen el uno al otro de permanecer juntos «hasta que la muerte nos separe» frente a testigos. En un matrimonio de prueba, cada parte puede irse en el momento que quiera por cualquier razón o sin tener ninguna. En lugar de convivir, sería más beneficioso buscar orientación y descubrir las posibles diferencias, lo cual te permitirá decidir si seguir adelante con el matrimonio o no.

Cada pareja que vive bajo un mismo techo, casada o no, tendrá diferencias y conflictos y, sí, incluso peleas. La gran pregunta es si existe la decisión de resolver las diferencias, de ocuparse de los conflictos e incluso de aprender a pelear de manera justa. El compromiso quiere decir que como pareja te tomarás el tiempo y harás el esfuerzo para hacer que un matrimonio resulte a cualquier precio, pase lo que pase. Para que cualquier relación perdure, se necesita compromiso. El matrimonio proporciona compromiso, la convivencia casi nunca lo hace.

¿Es posible que una persona no se case nunca y ser feliz?

¡Sí! Puedes leer las historias de los que han vivido en soltería durante toda la vida y han tenido vidas felices y productivas. Algunos individuos tienen el llamado a la soltería debido a su fe (los sacerdotes católicos, los monjes, las monjas), y algunos son solteros porque la profesión que eligieron fue su amor y decidieron no casarse. Algunos individuos desearon casarse, pero en sí nunca encontraron a la persona adecuada o no la encontraron en el momento propicio de la vida, cuando el matrimonio se consideraba una opción.

Una persona soltera necesita encontrar mediante fuentes alternativas el compañerismo y la fortaleza emocional que se proporcionan un esposo y una esposa el uno al otro. La persona soltera necesita una base saludable de amigos que puedan ayudarlo a llevar sus cargas, a expresar sus sueños y sus esperanzas. Un ministerio dirigido a los solteros en una iglesia o en una sinagoga podría suplir esta base de apoyo, así como una salida social. Hasta podría conducir al matrimonio a una edad mayor.

Muchos de estos principios se aplican a los que nunca se han casado y a la persona que ha quedado sola debido a la muerte o al divorcio. Más allá de si hemos sido solteros toda la vida o si hemos quedado solos debido a la muerte o al divorcio, todos necesitamos compañerismo y amor. Aunque la relación sexual entre el esposo y la esposa comprometidos el uno con el otro es maravillosa y hermosa, podemos vivir sin tener relaciones sexuales si tenemos familia y amigos, y si tenemos un propósito en la vida y sabemos que nos aman.

Tercera parte

La condición actual de la sexualidad

14

Verdad o consecuencias
Infecciones de transmisión sexual

«¡Sexo, drogas y rock 'n' roll!»... quizá fuera el mantra liberador de tu juventud. Es lamentable que los jóvenes de hoy no comprendan el porqué los sesenta marcaron semejante hito. Después de todo, han crecido en una sociedad bombardeada por la sexualidad. La relación sexual dejó de ser un secreto. Al parecer, las letras de las canciones, los programas de televisión y Hollywood celebran la sexualidad todo el día, todos los días. Como consecuencia, el escenario social que rodea a las infecciones de transmisión sexual ha cambiado de la noche a la mañana desde los días de Woodstock. Hoy en día, el acto sexual ocasional es tan común para los jóvenes como ir al cine. Es más, para algunos adolescentes, el acto sexual no es más que un juego; algo para hacer cuando están aburridos.

La diferencia entre ahora y entonces es que hace cuarenta años solo había dos infecciones de transmisión sexual importantes (conocidas entonces como enfermedades venéreas): la sífilis y la gonorrea. A las dos las trataban de manera fácil con antibióticos. En la actualidad, hay casi treinta infecciones de transmisión sexual que pintan el paisaje sexual, y algunas, como el VIH, casi siempre tienen consecuencias mortales. Además, los adolescentes de hoy tienen relaciones sexuales con más parejas, y así se exponen a ellos mismos y a otros en un riesgo significativo de contraer infecciones virales incurables.

Es de esperar que esta sección te ayude a comunicarte de manera más eficiente con tu hijo y con los que te rodean acerca del impacto significativo de las infecciones de transmisión sexual, y a explicar por qué los preservativos casi nunca sirven para prevenir el contagio de estas infecciones.

¿Qué es una enfermedad de transmisión sexual (ETS) o una infección de transmisión sexual?

Las enfermedades de transmisión sexual (ETS) y las infecciones de transmisión sexual son términos que se usan ahora para lo que solían llamarse enfermedades venéreas. Las ETS son el resultado de una infección con varios tipos de «gérmenes» (bacterias y virus) y «parásitos». Ejemplos de bacterias son la clamidia, la gonorrea y la sífilis. Ejemplos de virus son el VIH, el herpes genital, la hepatitis B y el papilomavirus humano. La tricomoniasis la causa un parásito protozoario llamado *Trichomonas vaginalis*.

Cuando el individuo se infecta por primera vez, se llama infección de transmisión sexual. Si parte del cuerpo funciona mal debido a la infección, se considera una enfermedad (ETS). Por ejemplo, cuando un individuo se infecta con el VIH, se considera que la persona tiene una infección de transmisión sexual. Sin embargo, cuando se contrae el verdadero SIDA, lo que puede suceder años más tarde, se podría llamar una ETS.

Una forma en la que las infecciones de transmisión sexual difieren las unas de las otras es en cómo se propagan. Algunas (la gonorrea, la clamidia, la tricomoniasis y el VIH) se contagian a través de los fluidos corporales como el semen, las secreciones vaginales y la sangre. Otras (el herpes genital, la sífilis y el HPV) se contagian mediante contacto directo de piel a piel.

La mayoría se contagia casi en forma exclusiva a través del contacto sexual íntimo y a menudo infectan el área genital, la boca y el recto. Las delicadas paredes de estas áreas, su calidez y humedad permiten el crecimiento de las infecciones de transmisión sexual. Algunas infecciones, como el VIH o la hepatitis B, también pueden transmitirse al estar expuesto a la sangre de la persona infectada (sangre contaminada o agujas). Estas infecciones no se transmiten a través de los asientos de los inodoros, en un apretón de manos, ni en otros contactos que no sean sexuales. Debido al mejor control de la sangre y de los productos que se usan con la sangre, ahora es muy raro contagiarse de VIH o de hepatitis B o C a través de una transfusión de sangre.

¿Por qué las infecciones y las enfermedades de transmisión sexual son importantes?

Las infecciones y enfermedades de transmisión sexual pueden producir consecuencias de por vida para cualquiera que se infecte. Estos problemas son capaces de destruir esperanzas y oportunidades futuras y hacer que la vida sea difícil. Las infecciones de transmisión sexual logran dañar e infectar en forma permanente el cuerpo de una persona y hasta pueden causarle la muerte. Estas infecciones, y las enfermedades que causan, son mucho más comunes que lo que se percata la mayoría. En este momento se estima que existen unos 18,9 millones de nuevos casos por año en los Estados Unidos[1].

Como los virus producen algunas de estas infecciones, no tienen cura y pueden infectar a una persona para toda su vida. Algunas infecciones, como la clamidia y la gonorrea, pueden dañar las trompas de Falopio de una mujer a tal punto que le sea imposible quedar embarazada sin someterse a la fertilización in vitro. El VIH-SIDA pone en peligro la vida, el HPV puede hacerlo también y la hepatitis B y C pueden traer como resultado enfermedades crónicas. El papilomavirus humano (HPV) puede hacer que una mujer tenga crecimientos precancerosos y cancerosos en el cérvix: más del noventa y nueve por ciento de todos los casos de cáncer de cuello uterino están ligados al HPV[2].

Uno de los mayores factores de riesgo para llegar a contagiarse con una de estas infecciones de transmisión sexual es tener varias parejas sexuales. La mejor manera de evitar estas infecciones es tener relaciones sexuales con una sola pareja fiel, que no esté infectada, toda la vida. Este panorama casi nunca se encuentra fuera del matrimonio.

¿Qué es la clamidia?

La clamidia es una infección de transmisión sexual muy común.

Es una infección que portan los hombres y que la pueden contagiar, pero que casi nunca les hace experimentar consecuencias a largo plazo. Sin embargo, cuando la contraen las mujeres, casi siempre sufren consecuencias a largo plazo. La clamidia puede causar infertilidad cuando la infección pasa por el cuello uterino o por el útero de una mujer y llega a las trompas de Falopio. Si una mujer que tuvo la enfermedad inflamatoria pélvica o EIP (una infección en las trompas de Falopio) queda embarazada, tiene un mayor riesgo de experimentar un embarazo ectópico o extrauterino. El embarazo ectópico pone en riesgo la vida de la madre y requiere que la mujer se someta a cirugía o bien haga un tratamiento con medicamentos. Los bebés casi nunca sobreviven en un embarazo ectópico.

Lo que perturba es que tres de cada cuatro mujeres infectadas con clamidia no experimentan síntomas ni saben que están infectadas; y en todo ese tiempo, la infección puede estar dañando para siempre las trompas de Falopio. Incluso cuando la clamidia se diagnostica y se trata con los antibióticos adecuados, las trompas pueden quedar con daños irreversibles que traen como resultado la infertilidad. Alrededor del cinco al diez por ciento de todas las adolescentes que tienen actividad sexual están infectadas con clamidia y en riesgo de quedar estériles.

¿Cuáles son los síntomas de la clamidia?

Por lo general, los hombres no experimentan ningún síntoma. De vez en cuando, pueden tener alguna secreción del pene o dolor al orinar. Aunque no experimenten síntomas de ninguna clase, si están infectados, pueden contagiar esta infección a una mujer durante la relación sexual (vaginal, anal u oral) o durante el contacto genital sin inserción del pene.

Si una mujer se infecta, casi nunca experimentará ningún síntoma, sino que contraerá la enfermedad inflamatoria pélvica (EIP). La EIP puede ser silenciosa o puede presentarse con fiebre alta y fuertes dolores pélvicos y abdominales. La infertilidad puede producirse debido a la EIP más allá de que los síntomas estén presentes o no. También puede tener secreciones vaginales diferentes a las que tiene de costumbre. La secreción puede tener un olor fétido y apariencia amarillenta. Si una mujer ha tenido relaciones sexuales con una nueva pareja (o su pareja ha tenido una nueva pareja sexual) y comienza a tener fiebre y dolor pélvico, debería ver de inmediato a un médico. Si el médico encuentra que tiene EIP, se le administrarán antibióticos para reducir la fibrosis cicatricial en sus órganos reproductivos. Como la mayoría de las mujeres con clamidia no tienen síntomas, se recomienda que todas las adolescentes solteras, que tengan actividad sexual, se sometan a un chequeo para ver si tienen esta infección, al menos una vez al año[3].

¿Cómo puedo evitar contagiarme con la clamidia?

La única manera de evitar por completo el contagio de clamidia es no tener relaciones sexuales (vaginales, orales o anales) o tener relaciones sexuales solo dentro del contexto de una relación monógama, de mutua fidelidad y para toda la vida con una pareja que no esté infectada. Este panorama casi nunca se encuentra fuera del matrimonio. Si tuviste relaciones sexuales en el pasado, tienes menos de veinticinco años y eres soltera, deberías hacerte evaluar y examinar (si es necesario). Si eres portador de clamidia, deberías recibir tratamiento con antibióticos aun cuando no tengas síntomas. Los preservativos, si se usan siempre, pueden reducir el riesgo de infección en alrededor de un cincuenta por ciento o menos[4]. De todas formas, nunca eliminarán por completo el riesgo de transmisión.

¿Qué es la gonorrea?

La gonorrea es una infección de los órganos genitales de un hombre o una mujer causados por una bacteria llamada *Neisseria gonorrhoeae*. La bacteria pasa con facilidad del hombre a la mujer o de la mujer al hombre durante la relación sexual. También se pasa con facilidad durante el acto sexual oral y el anal. En los hombres, la infección puede ocasionar fibrosis cicatricial en la uretra (el conducto para orinar). Si una mujer se infecta, muchas veces se le producirán fibrosis cicatriciales en las trompas de Falopio o alrededor de los ovarios. Estas heridas pueden traerle infertilidad y logran hacer que experimente un fuerte dolor pélvico durante muchos años. El dolor puede ser tan fuerte que quizá sea necesaria una histerectomía para eliminarlo. Aunque la gonorrea no es tan común como la clamidia en los Estados Unidos, aun así es una infección muy peligrosa.

¿Cuáles son los síntomas de la gonorrea?

Si un hombre contrae gonorrea, a menudo tendrá secreciones en el pene y ardor al orinar al principio del contagio. Luego, tras un período sin síntomas, las bacterias le producen fibrosis cicatricial en los órganos genitales, o puede contagiarle la infección a una pareja sexual.

Muchas mujeres no experimentan síntomas de la infección de gonorrea. Si los tienen, los más comunes son fiebre y dolor pélvico como resultado de la enfermedad inflamatoria pélvica (EIP). Si una mujer ha tenido relaciones sexuales y nunca se ha hecho pruebas para ver si tiene gonorrea, necesita ver a un médico, en especial si comienza a tener fiebre y dolor pélvico. Los antibióticos pueden matar las bacterias, pero es posible que las trompas de Falopio ya estén dañadas. Los individuos de los que se sospecha que están infectados con gonorrea deberían hacerse exámenes y comenzar de inmediato un tratamiento si la gonorrea está presente. Cualquiera que tenga relaciones sexuales con una nueva pareja o cuya pareja ha tenido relaciones sexuales con otro, debería someterse a una evaluación médica para ver si tiene gonorrea u alguna otra infección de transmisión sexual.

¿Cómo puedo evitar el contagio de la gonorrea?

La única manera de evitar por completo el contagio de gonorrea es no tener relaciones sexuales (vaginales, orales o anales) o tener relaciones sexuales solo dentro del contexto de una relación monógama, de mutua fidelidad y para toda la vida con una pareja que no esté infectada. Este panorama casi nunca se encuentra fuera del matrimonio. Los preservativos, si se usan siempre, pueden reducir el riesgo de infección en alrededor de un cincuenta por ciento o menos[5]. De todas formas, nunca eliminarán por completo el riesgo de transmisión.

¿Qué es la sífilis?

La sífilis es una infección de transmisión sexual causada por un organismo llamado *Treponema pallidum*. Esta bacteria se transmite con facilidad de una persona a otra durante la relación sexual (vaginal, anal u oral). Puede ser una infección peligrosa. Cuando una persona se infecta por primera vez, muchas veces tendrá una llaga indolora donde ha penetrado la bacteria de la sífilis al cuerpo. En el caso del hombre, puede ser en el pene. En

La condición actual de la sexualidad

el caso de la mujer, puede ser en los labios o más arriba en la vagina donde no tendrá síntomas y, por lo tanto, no sabrá que está infectada. Si la persona no ve a un médico para que le dé un diagnóstico y un tratamiento, la llaga sanará y el individuo infectado creerá que está bien. Sin embargo, la infección solo ha pasado a la clandestinidad en el cuerpo de la persona, y a las pocas semanas aparece una «sífilis secundaria». Los síntomas de la sífilis secundaria son muchos y variados e incluyen fatiga, fiebre, pérdida del cabello, erupción cutánea y otros problemas. Si a un individuo no se le da un diagnóstico y un tratamiento a esta altura, el proceso puede quedar encubierto una vez más y ahora se llama «sífilis terciaria» (tercer estadio de la sífilis). Este último estadio de la sífilis puede causar varios problemas serios de salud más adelante en la vida.

¿Cuáles son los síntomas de la sífilis?

El primer síntoma de la sífilis es una llaga indolora que a menudo tiene de medio centímetro a dos centímetros y medio de tamaño. Esta llaga se llama chancro. Cuando la llaga sana luego de unas dos semanas, la persona puede pensar que está bien. Sin embargo, en pocas semanas aparecen síntomas de la sífilis secundaria, que incluyen fatiga, fiebre, pérdida del cabello, erupción cutánea, crecimientos parecidos a las verrugas (*condyloma latum*) alrededor de la vulva y el ano, y nódulos linfáticos agrandados en diversas partes del cuerpo. La sífilis secundaria también puede producir inflamación del hígado y de los riñones, cambios en los huesos e infecciones en los ojos. La sífilis terciaria (el tercer estadio de la sífilis) se desarrolla en más o menos el veinticinco por ciento de las personas infectadas con sífilis y puede traer como consecuencia un daño a las arterias principales del cuerpo, a las válvulas cardíacas y al cerebro[6]. En la fase final, la sífilis puede causar demencia.

¿Cómo puedo evitar el contagio de la sífilis?

La única manera de evitar por completo el contagio de la sífilis es no tener relaciones sexuales (vaginales, orales o anales) o tener relaciones sexuales solo dentro del contexto de una relación monógama, de mutua fidelidad y para toda la vida con una pareja que no esté infectada. Este panorama casi nunca se encuentra fuera del matrimonio.

Los preservativos, si se usan siempre, pueden reducir el riesgo de infección en alrededor del cincuenta por ciento o menos[7]. De todas formas, nunca eliminarán el riesgo de transmisión. Si piensas que quizá tuvieras relaciones sexuales con alguien que tal vez estuvo infectado con sífilis o cualquier otra infección de transmisión sexual, o si tienes cualquier erupción o llaga en la zona genital, debes ver a un profesional de la salud para que te evalúe y te haga pruebas, si es necesario.

Como la sífilis y otras infecciones de transmisión sexual no siempre tienen síntomas evidentes, es importante que le digas a tu médico si tú o tu pareja han tenido relaciones sexuales con otros individuos, a fin de que se considere la posibilidad de hacer los exámenes para detectar la sífilis y se puedan considerar otras infecciones de transmisión sexual. Esto es importante sobre todo en el caso de las mujeres embarazadas, porque la sífilis que no se trata puede transmitirse de madre a hijo con resultados devastadores.

¿Qué es el VIH-SIDA?

El VIH (virus de la inmunodeficiencia humana) es un virus que invade el sistema inmunológico del cuerpo y lo destruye con el tiempo. La persona se infecta de VIH al estar expuesto a sangre infectada, semen o secreciones vaginales durante cualquier tipo de encuentro sexual. Una vez que la gente está infectada con VIH, queda infectada de por vida, ya que no tenemos cura para ningún virus, incluyendo al del VIH. Sin embargo, con los medicamentos modernos y el diagnóstico precoz, podemos impedir que muchos individuos progresen hacia el desarrollo del verdadero SIDA. Con el tiempo, la destrucción del sistema inmunológico reduce la capacidad de la persona para luchar contra las infecciones y algunos tipos de cánceres; en este momento, se dice que el individuo infectado con el VIH tiene SIDA (síndrome de inmunodeficiencia adquirida), el cual es tratable, pero no curable. Los avances en el tratamiento del SIDA han hecho que esta enfermedad se convierta en una condición crónica que se puede controlar durante años. Algunos individuos no tienen evidencia de infección mientras los tratan. La mayoría de las personas con SIDA, sin embargo, a la larga morirán de infecciones que no se pueden controlar, a menos que mueran antes por otra causa.

¿Cuáles son los síntomas del VIH?

Los individuos infectados pueden experimentar en un principio síntomas como los de la gripe (fatiga, fiebre, dolores y a veces erupciones) durante un período limitado. Luego de la infección inicial, la mayoría de los individuos no tienen síntomas reconocibles durante años, aun cuando sean capaces de contagiar a sus parejas sexuales durante este tiempo. Lo típico es que, luego de diez años, el sistema inmunológico se debilite lo suficiente como para causar síntomas, y se dice que el individuo tiene SIDA (síndrome de inmunodeficiencia adquirida)[8]. El diagnóstico precoz de la infección de VIH y las nuevas terapias pueden retrasar más el comienzo del SIDA propiamente dicho, así como permitirle a cualquier pareja sexual potencial acerca del riesgo de contraer VIH.

¿Cómo puedo prevenir el contagio de VIH?

Evitar el uso de drogas y no realizarse tatuajes ni perforaciones en el cuerpo en un lugar que no tenga un certificado de inspección actualizado del departamento local de salud, son maneras seguras de evitar la infección. Si eres soltero, abstente de tener actividad sexual. Si estás casado, sé fiel. Si no has tenido relaciones sexuales (vaginales, orales o anales) y no usas drogas, las posibilidades de contraer el VIH-SIDA son bajas en extremo.

Aunque el uso constante y adecuado de un preservativo puede reducir el riesgo de contraer VIH, en realidad no te protege por completo de contraer el virus. Si se usa un preservativo siempre, la posibilidad de infección se reduce en alrededor del ochenta y cinco por ciento, pero eso deja todavía un quince por ciento de riesgo de infectarse con una enfermedad fatal en potencia[9]. Si ya tuviste relaciones sexuales, procura que te examinen y toma la decisión de no ponerte en riesgo en el futuro de adquirir el VIH.

¿Qué es el herpes genital?

El herpes genital es una infección de transmisión sexual causada por el virus herpes simple (VHS). Lo más común es que infecte el pene del hombre y, de manera menos común, que infecte la piel que rodea el área genital. Es frecuente que infecte la vulva, la vagina, el cuello uterino y la piel adyacente a los genitales de la mujer. Si los individuos tienen relación sexual oral o anal, el herpes se puede esparcir a esas áreas también.

Una consecuencia negativa de contraer herpes genital es que una vez que la gente se infecta, puede quedar infectada para siempre. Alrededor del setenta por ciento de los individuos infectados con el herpes genital tendrán recurrencias[10]. La frecuencia de estas recurrencias decrece a menudo con el tiempo, pero es posible que algunos individuos tengan brotes a lo largo de la vida. Estos brotes pueden darse desde cada varias semanas hasta cada varios años. También es posible contagiar esta infección aun cuando no exista un brote evidente. Por lo general, el herpes genital no es peligroso en adultos, pero de vez en cuando se puede esparcir al sistema nervioso central y provocar meningitis o encefalitis. Sin embargo, el herpes genital puede causarle un malestar severo al individuo infectado.

¿Cuáles son las señales y los síntomas del herpes?

Unas llagas ardientes en la zona genital son casi siempre el primer síntoma de una infección por herpes. En el caso de una mujer, esta quemazón puede ser tan seria que no le permita orinar debido a que empeora el ardor. A menudo, esta infección inicial se cura en el lapso de un par de semanas.

Luego de la infección inicial, pueden existir brotes de nuevas llagas en la misma zona de la infección original cada pocas semanas o meses. Las infecciones subsiguientes tienden a durar solo unos días y casi nunca son muy dolorosas. La sensación que tiene una persona justo antes de una reaparición se llama pródromo y puede incluir fiebre, escalofríos, hormigueos, quemazón o dolor. Aunque no existe cura para el herpes genital, los medicamentos antivirales pueden reducir la severidad de los síntomas y acortar la duración de las lesiones.

En el caso de la mujer, un aspecto devastador de la infección del herpes es que si le sale en el momento en que está dando a luz, el bebé puede infectarse. La presencia de las lesiones de herpes en el momento del parto casi siempre requerirá una cesárea para reducir el riesgo de que la madre le transmita el herpes a su hijo. En el episodio inicial de herpes genital, el riesgo de contagio cuando está naciendo el bebé a través de la vagina es de más o menos el cincuenta por ciento. Si se trata de un episodio recurrente, el riesgo disminuye hasta menos del tres por ciento[11].

¿Cómo puedo evitar el contagio del herpes?

La única manera de evitar por completo el contagio del herpes genital es no tener relaciones sexuales (vaginales, orales o anales) o tener relaciones sexuales solo dentro del contexto de una relación monógama, de mutua fidelidad y para toda la vida con una pareja que no esté infectada. Este panorama casi nunca se encuentra fuera del matrimonio. Los preservativos pueden reducir las posibilidades de infectarse, pero nunca eliminan el riesgo. En parte, esto es así porque el herpes puede encontrarse en cualquier lugar de los genitales y en las áreas que rodean la piel, y los preservativos no cubren toda la zona genital.

El herpes genital es muy común. Cerca de uno de cada cinco estadounidenses mayores de once años tiene una prueba positiva del virus herpes simple. En tanto que alrededor de un millón de estadounidenses se infectan con el virus herpes simple al año (llamado incidencia), un total de unos cuarenta y cinco millones de estadounidenses tienen anticuerpos contra este virus (llamado prevalencia), porque una vez infectados, los anticuerpos duran para toda la vida[12]. Si tienes relaciones sexuales con más de una persona y tu pareja sexual tuvo relaciones sexuales con otras personas, es posible que te infectes con el virus.

¿Qué es el papilomavirus humano?

De los casi diecinueve millones de nuevas infecciones de transmisión sexual que contraen cada año los estadounidenses, el HPV es el más común, con un estimado de 5,5 millones de nuevos casos al año en los Estados Unidos[13]. Sin embargo, de todos los estadounidenses que existen, hay más infectados con el herpes genital que con el HPV, ya que en la mayoría de los individuos el cuerpo se limpia a sí mismo del virus HPV en el transcurso de un año o dos. Es lamentable que algunos individuos no eliminen de manera espontánea el HPV del cuerpo y ciertas cepas del mismo en las mujeres pueden llevar a un precáncer (displasia cervical) o al cáncer si no se diagnostica y se trata.

Como el HPV es tan común e infeccioso, si has tenido relaciones sexuales con más de una persona que ha tenido relaciones sexuales con otras, puedes contraer (o haber contraído) el virus. Entre el cuarenta y cinco y el sesenta por ciento de los adolescentes que tienen actividad sexual se infectan, por más que usen preservativos. Cerca de una de cada cinco mujeres infectadas con el HPV tendrá un citodiagnóstico anormal, verrugas genitales, precáncer o cáncer de cuello uterino[14].

Uno de los aspectos más peligrosos de la infección por HPV es que el noventa y nueve por ciento de las mujeres infectadas con el virus no lo saben porque no produce síntomas. De este modo, una mujer puede desarrollar un precáncer o cáncer de cuello uterino y no saber jamás que tiene un problema hasta que el citodiagnóstico le da alterado. Por esta razón, se recomienda que todas las mujeres adolescentes que hayan tenido relaciones sexuales, aunque sea una vez, le realicen el citodiagnóstico en forma regular. El momento oportuno y la frecuencia del citodiagnóstico se encuentran en debate, así que los individuos en riesgo deberían consultar a su médico.

¿Cuáles son los síntomas de la infección por HPV?

La mayoría de las personas infectadas con el HPV no lo saben, a no ser por el uno por ciento que posee verrugas genitales. Las verrugas pueden variar desde un bultito apenas perceptible en el pene del hombre o en la vulva de la mujer hasta verrugas grandes que se ven con facilidad.

La mayoría de las verrugas genitales las causan cepas del HPV que no se convierten en cáncer. Sin embargo, aun así, un médico debería evaluarlas, y en las mujeres, se necesita un citodiagnóstico para identificar las cepas de HPV que producen cáncer. Además, es probable que los médicos hagan un examen a fin de descartar la presencia de otras infecciones de transmisión sexual.

El problema más común relacionado con el HPV es que hay cepas específicas del virus que pueden hacer que una mujer experimente un precáncer o cáncer de cuello uterino. Más del noventa y nueve por ciento de todos los precánceres y de los cánceres de cuello uterino los causa el HPV[15]. Existen alrededor de tres millones y medio de casos de células atípicas (displasias) en los Estados Unidos todos los años y trece mil casos de cáncer cervical, lo que termina en unas cuatro mil muertes[16].

¿Cómo puedo prevenir el contagio de HPV?

La única manera de evitar por completo el contagio de HPV es no tener relaciones sexuales (vaginales, orales o anales) o tener relaciones sexuales solo dentro del contexto de una relación monógama, de mutua fidelidad y para toda la vida con una pareja que no esté infectada. Este panorama casi nunca se encuentra fuera del matrimonio.

Los preservativos no parecen reducir el riesgo de infectarse con el HPV, aunque se usen siempre. Algunos estudios sugieren que los preservativos pueden reducir el riesgo de enfermedades asociadas al HPV como las verrugas genitales, la displasia cervical y el cáncer en las mujeres[17]. No existe cura para el HPV. Las verrugas que causa el HPV se pueden tratar, pero el tratamiento es incómodo y las verrugas pueden reaparecer y requerir tratamiento de nuevo. Aunque la displasia cervical y el cáncer de cuello del útero a menudo se pueden tratar con éxito, el tratamiento puede dañar el cuello del útero e interferir con la futura fertilidad y el embarazo.

¿Qué es la hepatitis viral?
La hepatitis viral es la inflamación del hígado como resultado de una infección por virus que elige de manera selectiva al hígado para infectarlo e inflamarlo. Un grupo de virus que producen la hepatitis se clasifican como virus de la hepatitis. El virus de la hepatitis B se contagia a menudo mediante el contacto sexual. La hepatitis C es otro virus que algunas veces se puede transmitir por vía sexual. Aunque la forma principal de contagio de la hepatitis B y C no es a través del contacto sexual con otra persona, sino con su sangre (transfusión de sangre, una aguja contaminada, una hoja de afeitar, un cuchillo), estos virus (en especial el de la hepatitis B) se pueden transmitir mediante la relación sexual.

El problema que tiene la hepatitis no es solo que la persona se puede convertir en un portador del virus e infectar a otros, sino que de vez en cuando la infección puede dañar al hígado y hasta llevar al cáncer de hígado en un período de meses o años. Con los métodos mejorados para el control de la donación de sangre en los Estados Unidos, ahora es muy difícil que una persona se contagie de hepatitis B o C a través de una transfusión de sangre o del uso de otros productos que se utilizan en estos procesos. La hepatitis A no se transmite en la relación sexual vaginal, pero se puede transmitir a través del acto sexual oral y de las relaciones sexuales entre hombres.

¿Cuáles son los síntomas de la hepatitis?

Cuando la gente se infecta con hepatitis viral, puede tener síntomas parecidos a los de la gripe. Pueden incluir fatiga, fiebre baja, náuseas, vómitos y una sensación general de malestar en el abdomen. También es posible que aparezcan las pérdidas del apetito y del peso. Debido a la infección en el hígado, los individuos infectados pueden tener un color oscuro en la orina y la piel se les puede poner de color amarillo (ictericia). Si la hepatitis deriva en hepatitis crónica y luego en cirrosis o en cáncer del hígado, pueden tener síntomas relacionados con estas enfermedades. Estas dos enfermedades son capaces de llevar a la muerte.

¿Cómo puedo evitar el contagio de la hepatitis?

En los Estados Unidos, los tipos más comunes de hepatitis son la A, B y C. La hepatitis A se adquiere casi siempre por consumir comidas o bebidas contaminadas con materia fecal, aunque a veces puede estar en la sangre de una persona durante un corto período. La hepatitis B y C se encuentran a menudo en la sangre de una persona infectada. Cualquier contacto que tenga la piel con alguna pequeña lastimadura con sangre infectada, terminará en una infección. La única manera de evitar el contagio de la hepatitis B y C (y algunas veces la A) es evitar el contacto con la sangre contaminada con cualquiera de estos virus. Las vacunas contra la hepatitis A y B, que tienen entre un noventa y noventa y cinco por ciento de protección, reducen en gran manera el riesgo de infección[18]. No existe vacuna para la hepatitis C. Como ahora la sangre se examina con sumo cuidado en cuanto a la hepatitis, en el momento actual las transfusiones casi nunca contribuyen a la transmisión.

Evitar el contacto con la sangre contaminada es el primer paso que puedes dar para protegerte; esto incluye no usar drogas intravenosas, no compartir artículos del hogar como hojas de afeitar o cepillos de dientes con personas infectadas, y mantenerte alejado de los establecimientos donde se realizan tatuajes y perforaciones corporales que no tienen inspecciones de rutina por parte de un departamento de salud a fin de verificar las condiciones de higiene. La hepatitis B y la C también pueden contagiarse a través de diversas prácticas sexuales, y la hepatitis A se puede contagiar mediante el acto sexual oral. Por lo tanto, la

La condición actual de la sexualidad

segunda cosa que puedes hacer para protegerte de los virus de la hepatitis es abstenerte de las relaciones sexuales o tener relaciones solo dentro del contexto de una relación monógama, de fidelidad mutua y que dure toda la vida (el matrimonio) con una pareja que no esté infectada.

¿Qué es la tricomoniasis?

La tricomoniasis es una infección de transmisión sexual producida por un parásito llamado *Trichomonas vaginalis*. Los nuevos estudios sugieren que la tricomoniasis casi siempre se transmite por contacto sexual. La mayoría de los hombres infectados no tienen síntomas y la tricomoniasis no daña el cuerpo del hombre. Una mujer infectada experimentará a menudo secreciones irritantes profusas y de color verdoso. Hace poco se descubrió que la tricomoniasis se asocia de vez en cuando con la enfermedad inflamatoria pélvica en la mujer. Si una mujer piensa que puede estar infectada con tricomoniasis, es importante que se haga las pruebas y reciba tratamiento lo antes posible. Además, la tricomoniasis puede aumentar el riesgo de una persona de contraer VIH si queda expuesta al virus[19].

¿Cuáles son los síntomas de la tricomoniasis?

La mayoría de las personas infectadas, en particular los hombres, no tienen síntomas. Las mujeres tendrán casi siempre una secreción vaginal muy espesa, espumosa, verdosa, que es muy irritante. Si una mujer tiene una secreción anormal o comienza a tener fiebre y dolor pélvico, necesita ver a un médico lo antes posible.

¿Cómo puedo evitar el contagio de la tricomoniasis?

La única manera de evitar por completo el contagio de la tricomoniasis es no tener relaciones sexuales (vaginales, orales o anales) o tener relaciones sexuales solo dentro del contexto de una relación monógama, de mutua fidelidad y para toda la vida con una pareja que no esté infectada. Este panorama casi nunca se encuentra fuera del matrimonio. Si piensas que quizá estuviste expuesto a alguien con una infección de tricomoniasis o cualquier infección de transmisión sexual, deberías ver a tu médico para que te evalúe y te trate si es necesario.

¿Cómo puedo saber si una persona tiene una infección de transmisión sexual?

A menos que tenga llagas, ampollas o verrugas en los genitales, no se puede decir a la vista si una persona tiene una infección de transmisión sexual. Más de la mitad de las personas infectadas con estas infecciones no tienen síntomas ni saben que tienen dicha infección. Las infecciones de transmisión sexual se le pueden contagiar a otra persona a través de la relación sexual en la ausencia de síntomas. Ahora sabemos que la mayoría de las personas que contraen una infección de transmisión sexual se la infectan una pareja que no tiene llagas, ni secreción, ni síntomas evidentes en el momento en que la persona infectada contagia a la pareja sana.

Además, muchos no dicen la verdad aunque sepan que tienen una de estas infecciones. Tal vez no lo hagan porque temen que si revelan la verdad de la infección a un potencial compañero sexual, este se negará a tener relaciones sexuales con ellos. Por más sorprendente que parezca, un importante número de personas infectadas con el VIH o con SIDA no le dan esta información a sus posibles parejas, aunque puedan contagiarlos de una enfermedad mortal.

Si tengo una infección de transmisión sexual, ¿esto dañará mi vida sexual?

Por lo general, los individuos que contraen una infección de transmisión sexual se sienten sucios, sin atractivos sexuales y deprimidos. Esto es en particular cierto en el caso de las infecciones como el herpes genital. El herpes puede causar dolor durante la relación sexual y es un recordatorio constante para el individuo de que tiene una infección de transmisión sexual. Además de la conmoción emocional causada por una infección de transmisión sexual, la mayoría de las personas que saben que tienen una infección crónica se preocupan por contagiársela a alguien querido durante la relación sexual.

¿Una madre embarazada puede contagiarle a su bebé la infección de transmisión sexual?

Muchas infecciones de transmisión sexual se pueden contagiar durante el embarazo, en el momento del parto e incluso después, cuando la madre amamante al bebé. Por esta razón, es de suma importancia que una mujer que quizá corra el riesgo de estar infectada o que se infectara con una de estas infecciones, vea a un médico al comienzo del embarazo para que le hagan exámenes y la traten lo antes posible. Algunas enfermedades que se pueden transmitir de madre a hijo son:

- La hepatitis B se le puede contagiar al bebé durante el embarazo y puede hacer que el niño tenga hepatitis B, y se convierta en un portador crónico y transmisor de la enfermedad. Además, los niños contagiados de hepatitis B corren un alto riesgo de padecer enfermedades crónicas y cáncer de hígado[20].
- El papilomavirus humano (HPV) se le puede transmitir al bebé durante el parto, y es posible que al niño se le formen pólipos en las cuerdas vocales que quizá requieran cirugía[21].
- La clamidia se le puede contagiar al bebé y causarle infecciones en los ojos; incluso, un tipo de infección puede llevar a la ceguera si no se trata. La clamidia también causa neumonías virales en el niño durante los primeros meses de vida[22].
- El VIH se le puede contagiar al bebé durante el parto o cuando la madre amamanta a su recién nacido.

¿Se pueden contraer infecciones de transmisión sexual a través del acto sexual oral?

¡Sí! La mayoría de estas infecciones se pueden contagiar durante el acto sexual oral. No es posible quedar embarazada a través de este, pero las infecciones de transmisión sexual siguen siendo un verdadero peligro. Algunas infecciones, como la sífilis, la gonorrea, el herpes genital y la clamidia, se contagian con facilidad durante el acto sexual oral. Hasta el VIH puede contagiarse a través del acto sexual oral[23].

¿Puedo contagiarme con una infección de transmisión sexual si uso un preservativo?

¡Sí! Aunque el uso constante y adecuado del preservativo puede reducir el riesgo de la mayoría de las infecciones de transmisión sexual, nunca lo elimina por completo. Aunque uses preservativos a la perfección todas las veces, aun así puedes contagiarte con diversas infecciones de transmisión sexual.

Si se usan siempre preservativos, parece que se reduce el riesgo de la transmisión del VIH en más o menos el ochenta y cinco por ciento. En el caso de las infecciones de transmisión sexual como la clamidia, la gonorrea, el herpes genital y la sífilis, la transmisión se reduce al cincuenta por ciento o menos[24]. Con la posible excepción del herpes genital y del VIH-SIDA, no tenemos estudios científicos confiables que muestren alguna reducción del riesgo con el uso constante del preservativo. Aunque los preservativos se usen de manera perfecta todas las veces, sigue existiendo riesgos debido a que pueda deslizarse o romperse. En el caso de algunas infecciones de transmisión sexual, hay riesgos porque el preservativo no siempre cubre todas las áreas infectadas de los genitales ni de la piel circundante. Es lamentable que la vasta mayoría de los individuos no estén en condiciones de usar preservativos ni de manera constante, ni tampoco adecuada.

También es importante comprender que el riesgo es acumulativo. Por ejemplo, en la situación de una mujer que tiene relaciones sexuales con un compañero con gonorrea, el riesgo estimado por cada acto sexual sin preservativo se cree que es de más o menos el cincuenta por ciento[25]. Si el preservativo se usa siempre a la perfección y el deslizamiento o la rotura son del tres por ciento, se estima que el riesgo de que la mujer contraiga la gonorrea de su compañero es del uno y medio por ciento. El riesgo acumulativo calculado de fracaso del preservativo en el marco anterior es catorce por ciento por cada diez relaciones sexuales con un individuo infectado, veintiséis por ciento por cada veinte relaciones sexuales y treinta y siete por ciento por cada treinta relaciones sexuales[26]. El uso indebido e inconstante del preservativo acelera en forma extraordinaria el riesgo acumulativo[27].

¿Puedo contagiarme con una infección de transmisión sexual en mi primera relación sexual?

Sí. Si tu pareja sexual ha tenido relaciones sexuales con parejas anteriores y está infectada, puedes contagiarte con una infección de transmisión sexual. Si ha estado infectada alguna vez con herpes, hepatitis B, hepatitis C o HIV, bien puede estar infectada todavía, ya que estas infecciones duran, por lo general, para toda la vida.

¿Puedo contagiarme con una infección de transmisión sexual si solo tengo relaciones sexuales con una persona y los dos éramos vírgenes cuando nos casamos y comenzamos a tener relaciones sexuales?

No. Las infecciones de transmisión sexual se contagian de una persona infectada a otra a través de la actividad sexual, ya sea oral, vaginal o anal (o a través del contacto genital sin inserción del pene). Si tanto tú como tu cónyuge nunca han tenido relaciones sexuales con otro, y los dos son fieles el uno al otro, es poco menos que probable que se contagien de una infección o enfermedad de transmisión sexual. Las posibles excepciones serían esas que se transmiten a través de la sangre, que se podrían contagiar en accidentes de laboratorio, en un pinchazo accidental con una aguja y, muy rara vez, a través de sangre contaminada o de los elementos que se usan para administrarla.

¿Cómo se tratan las infecciones de transmisión sexual?

Algunas infecciones de transmisión sexual pueden tratarse y curarse con antibióticos. Estas son la sífilis, la gonorrea, la clamidia y la tricomoniasis. Sin embargo, esta afirmación puede transmitir demasiada tranquilidad. Por ejemplo, si la clamidia y la gonorrea están presentes y no se detectan, pueden causarle daño a las trompas de Falopio de una mujer y hacer que quede estéril a pesar de que no sepa que está infectada. Una vez que se encuentra la infección, puede tratarse, pero para entonces quizá sea demasiado tarde para su fertilidad. La sífilis puede tratarse con antibióticos, pero esto debe hacerse al comienzo del curso de la enfermedad para reducir al mínimo su potencial impacto irreversible.

Las infecciones virales como el herpes genital y el VIH no tienen cura. Aunque los medicamentos pueden controlar el VIH y el SIDA, una vez que alguien se contagia, casi siempre es para toda la vida. Además, quizá se necesiten los antibióticos inhibidores y el medicamento antimicótico cuando se trata a un paciente con VIH-SIDA. Asimismo, aun cuando la persona tome medicamentos para controlar estas infecciones, todavía pueden transmitirle la infección a una pareja sexual. Las verrugas genitales causadas por el HPV se pueden tratar, pero a menudo es un proceso prolongado e incómodo. Por otra parte, el HPV puede causar cambios precanceroso o cancerosos en el cuello del útero que se deben tratar ya sea con cirugía menor o mayor, e incluso con radiación.

¿Debo hacerme exámenes para ver si tengo infecciones de transmisión sexual?

Si has tenido relaciones sexuales con una persona que tuvo relaciones sexuales con otras parejas, deberías mencionárselo a tu médico y él decidirá si necesitas una evaluación en cuanto a las infecciones de transmisión sexual. En la actualidad se recomienda que todas las mujeres solteras, que tengan actividad sexual y sean menores de veinticinco años, se hagan exámenes para la gonorrea y la clamidia al menos una vez al año. A los hombres solteros y con actividad sexual se les deberían evaluar y someter a exámenes si fuera necesario. A los individuos de alto riesgo, incluyendo a aquellos con una historia pasada de infección de transmisión sexual, se les examina con mayor frecuencia.

Se debería examinar cualquier lesión ulcerosa para ver si no hay herpes genital o sífilis. La mayoría de los individuos también deberían hacerse pruebas para el VIH.

Es importante que le cuentes a tu médico tu historia sexual, ya que ciertos individuos quizá necesiten también exámenes de otras infecciones de transmisión sexual. Cada vez que cambias de pareja sexual o que tu pareja consigue una nueva pareja, aumenta tu riesgo de contraer una infección de transmisión sexual, y deberías consultarle a tu médico si debes hacerte exámenes otra vez. Recuerda, la mayoría de las infecciones de transmisión sexual no producen síntomas, al principio.

La decisión de permanecer en abstinencia sexual hasta el matrimonio, de casarse con un individuo que no esté infectado, y luego de permanecer fiel en la relación matrimonial, asegurará una experiencia sexual mucho más saludable y feliz.

¿Qué debo hacer si pienso que tengo una infección de transmisión sexual?

Cualquier individuo que piense que puede tener una infección de transmisión sexual o que se entera de que su pareja está infectada, necesita que un médico lo evalúe lo antes posible. Es fundamental que seas del todo sincero con tu médico a fin de que te realice los exámenes requeridos. Es posible que se trate de un análisis de sangre, de orina o la extracción de una muestra con hisopo del cuello del útero o de la uretra. Como la mayoría de los individuos no saben que están infectados, es importante que tu médico sepa en cualquier visita, en especial en el examen anual, de cualquier exposición sexual que tuvieras (vaginal, rectal u oral).

¿Qué tan seguro es lo seguro?

Lo que debes saber en cuanto a los anticonceptivos

■■ **¿Los anticonceptivos orales protegen en contra de las infecciones de transmisión sexual?**

No, los anticonceptivos orales solo son eficaces para reducir el riesgo de quedar embarazada. No proporcionan ninguna protección en absoluto contra las infecciones de transmisión sexual.

■■ **¿Qué son los anticonceptivos orales y cómo actúan?**

Los anticonceptivos orales, o píldoras anticonceptivas, son píldoras que contienen estrógeno sintético y progesterona (dos hormonas naturales del cuerpo femenino). Estas hormonas sintéticas trabajan «haciendo dormir a los ovarios». En esta condición, los ovarios no liberan un óvulo al mes. Si los ovarios no liberan un óvulo, la mujer no puede quedar embarazada. También alteran el moco cervical para interferir en la penetración del espermatozoide, y alteran las paredes del endometrio.

Mientras una mujer usa la píldora, sus ovarios no producen estrógeno ni progesterona. El estrógeno y la progesterona para el cuerpo provienen de las píldoras que toma vía oral.

Si las píldoras anticonceptivas se toman a la perfección, son muy eficaces. Menos del uno por ciento de las mujeres que toman las píldoras en forma adecuada quedan embarazadas cada año. El principal problema con las píldoras anticonceptivas es que muchas mujeres olvidan tomarlas o las toman de manera inadecuada. Si se usan en forma indebida, se puede producir un embarazo. Es sorprendente que la tasa de fracaso de la píldora durante el primer año de uso sea del ocho por ciento, debido al uso inconstante o a las dosis inadecuadas. (Además de impedir el embarazo, pueden disminuir el sangrado anormal y doloroso y disminuir el riesgo de formación de quistes en el ovario).

¿Qué es el parche anticonceptivo?
Un parche anticonceptivo es una manera de liberar niveles continuos de hormonas a través de la piel. El parche anticonceptivo contiene hormonas similares a las contenidas en las píldoras anticonceptivas. Los anticonceptivos hormonales no son para todo el mundo, porque los efectos secundarios pueden provocar náuseas, malhumor, cansancio, hinchazón, irritabilidad y que te molestes con facilidad. La mayoría de los efectos secundarios en los parches anticonceptivos no son serios, y esos que lo son se producen rara vez.

¿Qué es un protector bucal?
Un protector bucal es un pedazo cuadrado de látex que se usa con fines higiénicos durante los procedimientos dentales. Los científicos nunca han verificado si el uso de un protector bucal durante el acto sexual oral reduce las posibilidades de una persona de contraer una infección de transmisión sexual. Las recomendaciones de usar protectores bucales durante el acto sexual oral se basan en mitos populares.

¿Cómo funciona la píldora anticonceptiva de emergencia del día después?
La píldora anticonceptiva de emergencia del día después tiene tres posibles vías de acción:

- Inhibe la ovulación, lo que quiere decir que no se libera el óvulo.
- Altera el ciclo menstrual normal, lo cual demora la ovulación.

La condición actual de la sexualidad

- La píldora puede alterar las paredes del útero de modo tal que si falla la primera y segunda acción, el pequeño bebé morirá ya que no puede adherirse a las paredes del útero.

¿Qué son los preservativos y cómo actúan?

Los preservativos son dispositivos hechos casi siempre de goma de látex. Se hacen lo bastante grandes como para que calcen en el pene erecto del hombre. Sin embargo, para que sean eficaces, deben estar lo suficiente ajustados como para permanecer en su lugar durante la relación sexual.

Los preservativos se pueden usar por dos razones. En primer lugar, retienen el semen del hombre cuando eyacula, a fin de que los espermatozoides en el semen no pasen al tracto reproductivo de la mujer. En segundo lugar, el preservativo puede proteger parte de los genitales de una persona de modo que no toquen parte de los genitales de la otra durante la relación sexual.

El gran problema de los preservativos es que a menudo la gente no los usa como es debido o no los usa siempre. Con el fin de reducir el contagio de las infecciones de transmisión sexual, el preservativo debe usarse tanto de la manera apropiada como en forma coherente. Es importante comprender que algunas de estas infecciones son muy contagiosas. Por ejemplo, se estima que una mujer tiene el cincuenta por ciento de posibilidades de contraer gonorrea de un hombre infectado cada vez que tiene relaciones sexuales con él si no se usa preservativo. Es evidente el porqué el uso inconstante o indebido (como el contacto genital previo a la colocación del preservativo) puede llevar con facilidad a la infección. Otro problema es que los preservativos no cubren ni protegen todos los genitales del hombre ni de la mujer, y las infecciones de transmisión sexual que se contagian de piel a piel (como el HPV o el herpes genital) se pueden contagiar igual aunque no haya contacto genital.

Además de estos problemas, el semen puede filtrarse hacia fuera cuando se quita el preservativo y estos también se pueden romper o deslizar, lo que permite que se filtre fluido capaz de contener tanto espermatozoides como gérmenes presentes. Durante el primer año de uso típico, cerca de quince de cada cien mujeres que confían en los preservativos para prevenir el embarazo quedan embarazadas[1]. Si se utiliza siempre un preservativo como es debido, el riesgo de adquirir VIH se reduce a alrededor

¿Qué tan seguro es lo seguro?

del ochenta y cinco por ciento. En el caso de infecciones de transmisión sexual más contagiosas como la gonorrea, la clamidia, el herpes genital y la sífilis, las posibilidades de infección de una persona se reducen entre el cincuenta por ciento o menos si el preservativo se usa en cada relación sexual[2]. Aunque los estudios son limitados, parece existir un riesgo mínimo de reducción para la vaginitis bacterial, para la infección de tricomonas y la de HPV. Con la posible excepción del VIH y del herpes genital, parece no existir reducción del riesgo si el preservativo se usa en forma inconstante. Es lamentable que muy pocos individuos sean capaces de usar un preservativo de manera constante y adecuada durante muchos meses de uso.

Para los que son alérgicos al látex, existen los preservativos masculinos de poliuretano. Parecen tener tasas menores de deslizamiento y de ruptura que los preservativos de látex.

¿Qué es un preservativo femenino?

Un preservativo femenino es un método anticonceptivo que usan las mujeres para prevenir el embarazo y las infecciones de transmisión sexual. Es un dispositivo suave, de plástico (poliuretano), parecido a un tubo, que la mujer puede insertar en su vagina a fin de recoger los espermatozoides y las secreciones. Durante el primer año de uso típico la tasa de fracaso del preservativo femenino se estima que es de un veintiún por ciento[3].

¿Qué es un DIU y cómo funciona?

El dispositivo intrauterino (DIU) es un pequeño dispositivo de plástico que el médico, a través del cuello del útero de una mujer, puede insertárselo en el útero con el propósito de prevenir los embarazos. Este procedimiento se realiza en el consultorio del médico, a menudo durante el período menstrual o inmediatamente después del mismo, de modo que la mujer pueda estar segura que no está embarazada. Nadie sabe con exactitud cómo funciona un DIU, pero parece bastante seguro que el efecto anticonceptivo se produce de varias maneras. En su mayor parte, los DIU parecen matar a los espermatozoides o impedirles que naden a través del útero hasta las trompas de Falopio, así que casi siempre previenen la concepción. También parece que algunas veces interfieren con la implantación, luego de que ya se produjo la concepción. Algunos consideran que esto es un aborto prematuro. Durante el primer año

La condición actual de la sexualidad

de uso típico, la tasa de fracaso estimado de un DIU es menor al uno por ciento[4].

¿Qué es un diafragma?

Un diafragma es un tapón de goma en forma de copa con un borde elástico flexible. En realidad, al diafragma se le debería llamar el anticonceptivo del diafragma más el gel anticonceptivo, porque en sí mismo no produce ningún efecto anticonceptivo significativo. Lo único que hace es contener el gel anticonceptivo contra el cuello del útero; el gel es el que mata los esperma-tozoides. Si el gel anticonceptivo se pone en la vagina sin un diafragma, se «hará un pegote» en un rincón de la vagina, lo cual la hace un tanto ineficaz como anticonceptivo.

Como el diafragma no sella por completo la parte superior de la vagina, el espermatozoide puede nadar alrededor de los bordes del mismo. Cuando lo hacen, los mata el gel anticonceptivo. Aunque tengas un pequeño hueco en tu diafragma, cualquier espermatozoide que nade a través de él morirá por el efecto del gel que se mantiene en su posición gracias al diafragma. Esta forma de control de la natalidad es la que usan a menudo las adolescentes. Durante el primer año de uso típico, la tasa de fracaso estimado de un diafragma es del dieciséis por ciento[5].

¿Qué es la Depo-Provera[6] y cómo funciona?

La Depo-Provera es una hormona sintética (progesterona) que la inyecta un profesional de la salud en la nalga de una mujer o en el músculo del brazo cada tres meses. La Depo-Provera es muy eficaz para prevenir el embarazo. Lo hace al inhibir la ovulación (la liberación mensual del ovario de un óvulo maduro), al cam-biar el moco cervical para ayudar a impedir que los esper-matozoides pasen al útero, y al cambiar la pared uterina a fin de obstruir la implantación del óvulo fertilizado si la mujer ovulara y el espermatozoide alcanzara al óvulo y lo fertilizara. Es difícil que suceda lo tercero porque no es nada común que una mujer ovule si recibe con regularidad su Depo-Provera.

Aunque la Depo-Provera es eficaz para prevenir el embarazo (durante el primer año de uso típico la tasa de fracaso es del tres por ciento[7]), puede ser peligroso que la use una adolescente. El peligro es que se sienta segura para tener relaciones sexuales. Sin embargo, no está segura de ninguna infección de transmisión sexual y, en potencia, se expone a un gran riesgo. Además, la Depo-Provera puede producir pérdida del cabello, acné, aumento de peso, sensación de constante tensión premenstrual e irritabilidad. La mujer que considere el uso de Depo-Provera debe tener en cuenta todos estos problemas.

¿Qué es la planificación familiar natural y cómo funciona?

La planificación familiar natural es una técnica que capacita a la mujer y a su esposo para predecir cuándo ovulará y para evitar la relación sexual desde unos días antes hasta unos días después de la ovulación. Con la capacitación adecuada, la mayoría de las parejas pueden predecir cuándo se producirá la ovulación, y con dominio propio, la pareja puede evitar la relación sexual en el momento del mes e impedir que se produzca el embarazo. Si una mujer tiene ciclos menstruales extremadamente irregulares, es difícil predecir cuándo se producirá la ovulación, y en esta situación no es probable que la planificación familiar natural tenga éxito. Es evidente que no existe protección contra las infecciones de transmisión sexual, por lo tanto, no es una buena técnica para una mujer soltera que puede tener relaciones sexuales con individuos infectados.

¿Qué es un espermicida y cómo funciona?

Los espermicidas son cremas, geles o espumas que contienen un químico que mata los espermatozoides. Existe un solo químico aprobado con este fin: el nonoxinol-9. Los espermicidas se deben insertar en la vagina de la mujer antes de tener relaciones sexuales e incluso entonces la tasa de embarazo con esta técnica es de unos quince a veinte embarazos de cada cien mujeres durante el primer año de uso.

Se ha demostrado que los espermicidas pueden irritar los tejidos vaginales de la mujer. Cabe la posibilidad que esto la haga más susceptible a la infección de VIH. Por esta razón, ahora se recomienda que las mujeres no usen espermicidas para prevenir el embarazo si existe alguna posibilidad de que el compañero sexual pueda estar infectado con VIH. Durante el primer año de uso típico, se estima que la tasa de fracaso de los espermicidas es del veintinueve por ciento[8].

Notas

Reconocimientos

1. Nota de la traductora: Breve aclaración de las equivalencias de títulos o capacitación profesional:

- **MD (Medical Doctor):** Doctor en medicina.
- **RN (Registered Nurse):** Enfermera diplomada.
- **BSN (Bachelor of Science in Nursing):** Licenciado en enfermería.
- **MBBS (Medicinæ Baccalaureus et Baccalaureus Chirurgiæ):** Título que se otorga luego de cursar los estudios de medicina y cirugía en el Reino Unido y en otros países que siguen sus normas.
- **MPAFF (Master of Public Affairs):** Proporciona capacitación en políticas públicas.
- **MA (Master of Arts):** Segundo título universitario.
- **M.P.H. (Master of Public Health):** Es la credencial profesional con mayor reconocimiento en el liderazgo de la salud pública.
- **Ph.D. (Doctor of Philosophy):** En la actualidad, el título abarca otras especialidades además de la filosofía. Sería el equivalente a un doctorado.

Capítulo uno ¿Dónde está la fiesta?

1. Nota de la traductora: Es probable que el título en inglés haga alusión a la canción de Madonna «Where's the party?» [¿Dónde está la fiesta?], cuya letra describe con vívido patetismo la forma de vida de los jóvenes de hoy.

2. H. Weinstock, S. Berman, y W. Cates, «Sexually Transmitted Diseases among American Youth: Incidence and Prevalence Estimates, 2000», *Perspectives on Sexual Reproductive Health* 36, Nº 1, 2004, pp. 6-10.

Capítulo dos ¡Tú eres el gran problema!

1. Linda J. Waite y Maggie Gallagher, *The Case for Marriage: Why Married People are Happier, Healthier, and Better Off Financially,* Doubleday, Nueva York, 2000; R.T. Michael y otros, *Sex in America: A Definitive Survey,* Little, Brown, and Company, Boston, 1994, pp. 140-41.

2. M.D. Resnick, P.S. Bearman, R.W. Blum y otros, «Protecting Adolescents from Harm: Findings from the National Longitudinal Study on Adolescent Health», *Journal of the American Medical Association* 278, 1997, pp. 823-32.

Capítulo cinco: Reglas para el compromiso

1. Resnick, Bearman, Blum y otros, «Protecting Adolescents from Harm», pp. 823-32.

2. *Ibíd.*

Capítulo seis: ¿Alguien tiene preguntas?

1. J.N. Giedd, «Structural Magnetic Resonance Imaging of the Adolescent Brain», *Annals of the New York Academy of Sciences* 1021, 2004, pp. 105-9; E. Sowell, P. Thompson, C. Holmes y otros, «In Vivo Evidence for Post-adolescent Brain Maturation in Frontal and Striatal Regions», *Nature Neuroscience* 2, 1999, pp. 859-61.

2. Ed Schor, MD, *Caring for Your School-age Child*, American Academy of Pediatrics, Nueva York, 1995, pp. 47-48.

3. T.R. Eng y W.T. Butler, editores, *The Hidden Epidemic: Confronting Sexually Transmitted Diseases*, National Academy Press, Washington, DC, 1997, pp. 1-448. Disponible en www./nap.edu/openbook/0309054958/html.

4. Centers for Disease Control and Prevention, HIV/AIDS Surveillance Report 9, N.º 2, junio de 1998.

5. Centers for Disease Control and Prevention, «Hepatitis A Vaccination of Men Who Have Sex with Men—Atlanta, Georgia, 1996-1997», *Morbidity and Mortality Weekly Report* 47, 4 de septiembre de 1998, pp. 34, 708-711.

6. G.M. McQuillan y otros, «Prevalence of Hepatitis B Virus Infection in the United States: The National Health and Nutrition Examination Surveys, 1976-1994», *American Journal of Public Health* 89, Nº 1, 1999, pp. 14-18.

7. L. Corey y A. Wald, «Genital Herpes», in *Sexually Transmitted Diseases*, segunda edición, editores K.K. Holmes, P.A. Mardh, P.F. Sparling y P.J. Wiesner, McGraw Hill, Nueva York, 1999, pp. 285-312.

8. M.A. Lynch y R. Ferri, «Health needs of lesbian women and gay men: Providing quality care», *Clinician Review 7*, 1997, pp. 85-117.

9. Linda Eyre y Richard Eyre, *Teaching Your Children Values*, Simon & Schuster/Fireside, Nueva York, 1993.

Capítulo ocho: Antes viene el amor

1. Nota de la traductora: Esto se refiere a las películas PG que responden a «parental guidance» (guía de los padres).

Capítulo nueve: Tiempo de soltarlo

1. L. Escobar-Chaves y otros, «Impact of the Media on Adolescent Sexual Attitudes and Behaviors», Center for Health Promotion and Prevention Research and University of Texas Health Science Center Houston, 2004, pp. 25-26; J. M. Dempsey y T. Reichert, «Portrayal of Married Sex in the Movies», *Journal of Sexuality and Culture* 4 N.º 3, 2000, pp. 21-36; G.M. Wingood y otros, «Exposure to X-Rated Movies and Adolescents' Sexual and Contraceptive-Related Attitudes and Behaviors», *Pediatrics* 107, N.º 5, mayo de 2001, pp. 1116-9.

2. Joseph Nicolosi, Ph.D., *A Parent's Guide to Preventing Homosexuality*, InterVarsity Press, Downers Grove, IL, 2002, pp. 162-63.

3. *Ibíd.*

Capítulo diez: Dime más

1. Resnick, Bearman, y Blum y otros, «Protecting Adolescents from Harm», 823-32.

2. D. A. Cohen y S. N. Taylor y otros, «When and Where Do Youths Have Sex? The Potential Role of Adult Supervision», *Pediatrics* 110, N° 6 (2002): E66.

3. Resnick, Bearman, y Blum y otros, «Protecting Adolescents from Harm», 823-32.

4. P.R. Reisser, *Focus on the Family's The Complete Book of Baby and Child Care*, Tyndale House Publishers, Wheaton, 1997.

5. Resnick, Bearman, y Blum y otros, «Protecting Adolescents from Harm», 823-32.

6. *Ibíd.*

Capítulo once: Los tontos se apresuran

1. David Popenoe y Bárbara Dafoe Whitehead, *Should We Live Together? What Young Cohabitation before Marriage: A comprehensive review of recent research*, National Marriage Project, Piscataway, NJ, 2002, p. 8.

2. Resnick, Bearman, Blum y otros, «Protecting Adolescents from Harm», pp. 823-32.

3. Los consejos para las citas que se dan en este capítulo se tomaron del programa de capacitación WAIT, de Joneen Krauth Mackenzie, Wait Training, Inc., Denver, CO, 2003.

4. Gary Chapman, *Los cinco lenguajes del amor de los jóvenes*, Editorial Unilit, Miami, FL, 2003.

5. The National Campaign to Prevent Teen Pregnancy, «With One Voice: America's Adults and Teens Sound Off About Teen Pregnancy», abril de 2001, http://www.teenpregnancy.org/resources/data/pdf/chrtbook.pdf.

6. Centros para el Control y la Prevención de las Enfermedades, «Youth Risk Behavior Surveillance — United States, 2003», *Morbidity and Mortality Weekly Report* 53, 21 de mayo de 2004, SS-2, p. 71.

7. The National Campaign to Prevent Teen Pregnancy, «With One Voice».

8. National Campaign to Prevent Teen Pregnancy, «Not Just Another Thing to Do: Teens Talk about Sex, Regret, and the Influence of Their Parents», 2000, www.teenpregnancy.org/resources/data/pdf/teenwant.pdf.

9. *Ibíd.*

10. Weinstock, Berman y Cates, «Sexually Transmitted Diseases among American Youth», pp. 6-10.

11. National Campaign to Prevent Teen Pregnancy, «Not Just Another Thing to Do».

12. D.P. Orr, M. Beiter, y G. Ingersoll, «Premature Sexual Activity as an Indicator of Psychosocial Risk», *Pediatrics* 87, N.° 2, 1991, pp. 141-47.

13. *Ibíd.*

14. National Campaign to Prevent Teen Pregnancy, «Not Just Another Thing to Do».

15. Kaiser Family Foundation, «Substance Use and Sexual Health among Teens and Young Adults in the US Fact Sheet», febrero de 2002, http://www.outproud.org/pdf/CASAFactSheet.pdf.

16. Nota de la traductora: Al ser expresiones de la jerga popular, tienen diferentes acepciones según el país hispanohablante en el que se usen.

17. Nota de la traductora: Para esto, en inglés se usa la palabra *outercourse* en contraposición a la palabra *intercourse* que se refiere a la relación sexual en sí. *Outercourse*, por lo tanto, haría referencia al juego amoroso previo a la penetración.

18. Nota de la traductora: Una vez más nos enfrentamos a expresiones que responden a regionalismos y varían de una comunidad lingüística a otra.

Capítulo doce: Caída libre

1. Resnick, Bearman, Blum y otros, «Protecting Adolescents from Harm», pp. 823-32.

2. R.A. Hatcher y otros, *Contraceptive Technology*, 18º ed., Ardent Media, Nueva York, 2004, p. 395.

3. J. Fitch y otros, «Condom Effectiveness: Factors That Influence Risk Reduction», *Sexually Transmitted Diseases* 29, N.º 12, 2002, pp. 811-17; J. Fitch y otros, *Sex, Condoms and STDs: What We Now Know*, Medical Institute for Sexual Health, Austin, ver. 2.0, 2003, pp. 5-8; National Institutes of Health, «Workshop Summary: Scientific Evidence on Condom Effectiveness for Sexually Transmitted Disease Prevention», 20 de julio de 2001, http://niaid.hih.gov/dmid/stds/condomreport.pdf; S. Ahmed, T. Lutalo, M. Wawer y otros, «HIV Incidence and Sexually Transmitted Disease Prevalence Associated with Condom Use: A Population Study in Rakai, Uganda», *AIDS* 15, 2001, pp. 2171-79.

4. Orr, Beiter e Ingersoll, «Premature Sexual Activity as an Indicator of Psychosocial Risk», pp. 141-47.

5. Teri Reisser, M.F.T., y Paul Reisser, M.D., *A Solitary Sorrow*, WaterBrook Press, Colorado Springs, 1999.

6. Institute of Medicine, *The Hidden Epidemic: Confronting Sexually Transmitted Diseases*, National Academy Press, Washington, DC, 1997, pp. 1-432.

7. *Ibíd.*

8. Giedd, «Structural Magnetic Resonance Imaging of the Adolescent Brain», 105-9; Sowell, Thompson, Holmes y otros, «In Vivo Evidence for Post-adolescent Brain Maturation in Frontal and Striatal Regions», pp. 859-61.

9. *Ibíd.*

10. Encuesta Longitudinal Nacional sobre Salud Adolescente, Wave II, 1996. Para analizar estos datos, véase The Heritage Foundation, «Sexually Active Teenagers Are More Likely to Be Depressed and to Attempt Suicide», *Center for Data Analysis Report* N.º 03-04, 3 de junio de 2003.

11. Gary Chapman, *Los cinco lenguajes del amor*, Editorial Unilit, Miami, FL, 1996.

12. Edward O. Laumann, John H. Gagnon, Robert T. Michael y Stuart Michaels, National Health y Social Life Survey, 1992 [United States] [Computer file]. ICPSR version. University of Chicago and National Opinion Research Center [producer], Chicago, IL, 1995. Inter-university Consortium for Political and Social Research [distributor], Ann Arbor, MI, 1995.

13. *Ibíd.*

14. American Society of Reproductive Medicine, http:/www.asrm.org/patients/faqs.html.

15. Nota de la editorial: Llamado también prueba de Papanicolau. Esta prueba es un examen citológico para la detección de signos cancerígenos.

16. The National Campaign to Prevent Teen Pregnancy, «14 and Younger: The Sexual Behavior of Young Adolescents», 2003, http://www.teenpregnancy.org/resources/reading/pdf /14summary.pdf.

17. Kaiser Family Foundation, «Substance Use and Sexual Health among Teens and Young Adults in the US Fact Sheet», febrero de 2002, http://www.outproud.org/pdf/CASAFactSheet.pdf.

18. *Ibíd.*

Capítulo trece: Cuando se van de casa

1. Institute for American Values, www.americanvalues.org/html/r-wmm.html.

2. Popenoe y Whitehead, *Should We Live Together?*, p. 8.

3. *Ibíd.*

4. *Ibíd.*

5. Deborah Graefe y Daniel Lichter, «Life Course Transition of American Children: Parental Cohabitation, Marriage, and Single Motherhood», *Demography* 36, 1999, pp. 205-17.

6. Popenoe y Whitehead, *Should We Live Together?*, p. 8.

7. Waite y Gallagher, *The Case for Marriage*, p. 93.

8. *Ibíd.*, pp. 110-23.

Capítulo catorce: Verdad o consecuencias

1. Weinstock, Berman y Cates, «Sexually Transmitted Diseases among American Youth», pp. 6-10.

2. X. Castellsague, F.X. Bosch, N. Muñoz y otros, «Male Circumcision, Penile Human Papillomavirus Infection, and Cervical Cancer in Female Partners», *New England Journal of Medicine* 346, N.º 15, 2002, pp. 1105-12.

3. Centers for Disease Control, «Sexually Transmitted Diseases Treatment Guidelines—2002», *Morbidity and Mortality Weekly Report* 51, RR06, 2002, pp. 1-80.

4. Ahmed, Lutalo, Wawer y otros, «HIV Incidence and Sexually Transmitted Disease Prevalence Associated with Condom Use», pp. 2171-79.

5. *Ibíd.*

6. M.N. Swartz, B.P. Healy y D.M. Musher, «Late Syphilis», in *Sexually Transmitted Diseases*, ed. Holmes y otros, pp. 487-509.

7. Ahmed, Lutalo, Wawer y otros, «HIV Incidence and Sexually Transmitted Disease Prevalence Associated with Condom Use», pp. 2171-79.

8. J. Ambroziak y J.A. Levy, «Epidemiology, Natural History, and Pathogenesis of HIV Infection», in *Sexually Transmitted Diseases,* ed. Holmes y otros, pp. 251-67.

9. K.R. Davis y S.C. Weller, «The Effectiveness of Condoms in Reducing Heterosexual Transmission of HIV», *Family Planning Perspectives* 31, N.º 6, 1999, pp. 272-79; J. Fitch y otros, *Sex, Condoms and STDs*, 5; National Institutes of Health, «Workshop Summary: Scientific Evidence on Condom Effectiveness for Sexually Transmitted Disease Prevention».

10. J.K. Benedetti, J. Zeh y L. Corey, «Clinical Reactivation of Genital Herpes Simplex Virus Infection Decreases in Frequency over Time», *Annals of Internal Medicine* 131, 1999, pp. 14-20.

11. D.H. Watts, Z.A. Brown, D. Money y otros, «A Double-Blind, Randomized, Placebo-Controlled Trial of Acyclovir in Late Pregnancy for the Reduction of Herpes Simplex Virus Shedding and Cesarean Delivery», *American Journal of Obstetrics and Gynecology* 183, 2003, pp. 836-43.

12. D.T. Fleming, G.M. McQuillan, R.E. Johnson y otros, «Herpes Simplex Virus Type 2 in the United States, 1976-1994», *New England Journal of Medicine* 337, N.º 16, 1997, pp. 1105-11.

13. W. Cates, «Estimates of the Incidence and Seroprevalence of Sexually Transmitted Diseases in the United States», *Sexually Transmitted Diseases* 26, 1999, suplemento 7.

14. B.E. Sirovich y H.G. Welch, «The Frequency of Pap Smear Screening in the United States», *Journal of General Internal Medicine* 19, N.º 3, 2004, pp. 243-50.

15. Castellsague, Bosch, Muñoz y otros, «Male Circumcision», pp. 1105-12.

16. Centers for Disease Control, *Report to Congress: Prevention of Genital Human Papillomavirus Infection*, 2004; L.E. Manhart y L.A. Koutsky, «Do Condoms Prevent Genital HPV Infections, External Genital Warts, or Cervical Neoplasia? A Meta-Analysis», *Sexually Transmitted Diseases* 29, N.º 11, 2002, pp. 725-35.

17. Centers for Disease Control, *Report to Congress: Prevention of Genital Human Papillomavirus Infection*.

18. D.A. Baker, «Hepatitis B Infection in Pregnancy», in *Protocols for Infectious Diseases in Obstetrics and Gynecology*, ed. Mead y otros, Blackwell Science, Maiden, MA, 2000 pp. 208-14.

19. F. Sorvillo, L. Smith, P. Krendt y otros, «Trichomonas Vaginalis, HIV, and African-Americans», *Emerging Infectious Diseases* 7, N.º 6, 2001, pp. 927-32.

20. Centers for Disease Control, «Sexually Transmitted Diseases Treatment Guidelines — 2002», pp. 1-80.

21. M.J. Silverberg, L. Grant, A. Muñoz y otros, «The Impact of HIV Infection and Immunodeficiency on Human Papillomavirus Type 6 or 11 Infection and on Genital Warts», *Sexually Transmitted Diseases* 29, 2002, p. 427.

22. J. Schachter, «Chlamydia Trachomatis Infection of the Adult», in *Sexually Transmitted Diseases*, ed. Holmes y otros, pp. 407-22.

23. A.R. Lifson, P.M. O'Malley y otros, «HIV Seroconversion in Two Homosexual Men after Receptive Oral Intercourse with Ejaculation: Implications for Counseling Safe Sexual Practices», *American Journal of Public Health* 81, 1991, pp. 1509-11.

24. Ahmed, Lutalo, Waver y otros, «HIV Incidence and Sexually Transmitted Disease Prevalence Associated with Condom Use», pp. 2171-79; J. Fitch y otros, *Sex, Condoms and STDs*, 5; National Institutes of Health, «Workshop Summary: Scientific Evidence on Condom Effectiveness for Sexually Transmitted Disease Prevention»; J. Fitch y otros, «Condom Effectiveness: Factors That Influence Risk Reduction», *Sexually Transmitted Diseases* 29, N.º 12, 2002, pp. 811-17.

25. R. Piatt y otros, «Risk of Acquiring Gonorrhea and Prevalence of Abnormal Adnexal Findings among Women Recently Exposed to Gonorrhea», *Journal of the American Medical Association* 250, N.º 23, 1983, pp. 3205-9.

26. J. Mann, C. Stine y J. Vessey, «The Role for Disease-Specific Infectivity and Number of Disease Exposures on Long-Term Effectiveness of the Latex Condom», *Sexually Transmitted Diseases* 29, N.º 6, 2002, pp. 344-49; Centers for

Disease Control, «Sexually Transmitted Diseases Treatment Guidelines – 2002», *Morbidity and Mortality Weekly Report* 51, RR06, 2002, pp. 1-80.

27. Fitch y otros, «Condom Effectiveness».

Capítulo quince: ¿Qué tan seguro es lo seguro?

1. R.A. Hatcher y otros, *Contraceptive Technology*, p. 226.

2. J. Fitch y otros, *Sex, Condoms and STDs*, 5; Ahmed, Lutalo, Waver y otros, «HIV Incidence and Sexually Transmitted Disease Prevalence Associated with Condom Use», pp. 2171-79.

3. R.A. Hatcher, J. Trussel, F. Stewait y otros, *Contraceptive Technology*, Ardent Media, Nueva York, tabla 9-2, p. 226.

4. *Ibíd.*

5. *Ibíd.*

6. Nota de la Editorial: La Depo-Provera es una marca comercial del fármaco anticonceptivo inyectable denominado acetato de medroxiprogesterona, una forma sintética de progesterona.

7. R.A. Hatcher, J. Trussel, F. Stewait y otros, *Contraceptive Technology*, Ardent Media, Nueva York, tabla 9-2, p. 226.

8. *Ibíd.*

Índice